戦後初期 学校体育の研究

広島県の小学校を手掛かりとして

崎田　嘉寛

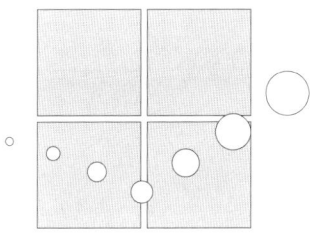

溪水社

目　次

序　章　本研究の目的と課題 …………………………… 3
第 1 節　本研究の目的 ………………………………………… 3
第 2 節　本研究の課題と方法 ………………………………… 6
第 3 節　本研究で使用する資料 ……………………………… 7

第 1 章　軍国主義学校体育の形成と展開 …………… 11
第 1 節　学校体育行政の戦争体制への傾倒 ………………… 11
　　第 1 項　学校体育の軍国主義化と教練の重視　11
　　第 2 項　学校体育の国家主義化と武道の重視　12
　　第 3 項　「学校体操教授要目」(1936年) の方針　13
　　第 4 項　教育審議会答申 (1938年) における体錬科の創設　14
　　第 5 項　「国民学校令」と「国民学校体錬科教授要項」の公布　15
　　第 6 項　戦時訓練としての体錬科　16
第 2 節　広島県における軍国主義学校体育の実施 ………… 18
　　第 1 項　「国民学校体錬科教授要項」の普及徹底　18
　　第 2 項　安芸郡瀬野尋常高等小学校　21
　　第 3 項　広島高等師範学校附属国民学校　24
　　第 4 項　賀茂郡西条町立西条国民学校　31
　　第 5 項　広島市立大河国民学校　34

第 2 章　敗戦直後の学校体育 …………………………… 41
第 1 節　文部省と GHQ / SCAP による軍国主義学校体育の撤廃 …… 42
　　第 1 項　敗戦直後における学校体育に関する行政処置　42
　　第 2 項　学校体育界における敗戦直後の新体育構想　49

i

第 2 節　広島県における軍国主義学校体育の清算 ……………… 52
　　第 1 項　敗戦直後の広島県における教育状況　52
　　第 2 項　敗戦直後の広島県における学校体育をめぐる状況　55
　　第 3 項　広島県内の学校体育行政と現場教師の対応　59
　　第 4 項　敗戦直後の広島県内における国民学校の学校体育実践　62

第 3 章　戦後初期における学校体育の形成 ……………… 79
第 1 節　戦後学校体育改革の理念と枠組み ……………………… 79
　　第 1 項　学校体育の「民主化」構想　79
　　第 2 項　『学校体育指導要綱』の理念と内容　86
第 2 節　広島県における戦後学校体育改革の受容 ……………… 97
　　第 1 項　広島県における『学校体育指導要綱』体制の展開　97
　　第 2 項　広島県における「新体育」の理論化　108

第 4 章　戦後初期における学校体育の展開 ……………… 131
第 1 節　IFEL 保健体育部門の活動と影響 ……………………… 131
　　第 1 項　IFEL 保健体育部門の活動　131
　　第 2 項　IFEL 保健体育部門への広島県からの参加者　143
第 2 節　小学校教員研究集会における地域リーダーの育成 …… 145
　　第 1 項　小学校教員研究集会の概要　145
　　第 2 項　小学校教員研究集会の特徴　146
　　第 3 項　小学校教員研究集会における保健体育に関する内容　148
　　第 4 項　小学校教員研究集会への広島県からの参加者　153
第 3 節　広島県における小学校体育教員の育成 ………………… 155
　　第 1 項　『小学校体育の実際指導』（広島県，1949.4）の伝達講習会　155
　　第 2 項　広島県における小学校体育教員の育成　158

第5章　戦後初期広島県における小学校体育の実践
　……………………………… 167
第1節　小学校カリキュラムにおける体育科の位置づけ ……… 167
　　第1項　広島県における小学校カリキュラムの動向　167
　　第2項　広島県の小学校カリキュラムにおける体育科の位置づけ　170
第2節　広島県における小学校体育科の実践……………………… 186
　　第1項　広島県下小学校の体育科の方針と内容　186
　　第2項　広島県下小学校の体育科の授業実践　212

終　章………………………………………………………………… 237
第1節　戦後初期広島県における小学校体育の特色 ……………… 237
第2節　本研究のまとめ …………………………………………… 239

補遺　「エスキーテニス」の成立と普及……………………… 241

　あとがき ……………………………………………………………… 253
　資料 …………………………………………………………………… 255
　参考文献 ……………………………………………………………… 260
　事項索引 ……………………………………………………………… 269
　人名索引 ……………………………………………………………… 273
　書名索引 ……………………………………………………………… 275

凡　　例

1　旧漢字はなるべく新字体に改めている。しかしながらすべてを新字体にしたわけではない。たとえば，「体錬科」を「体練科」とすると言葉のもつ意味が変わってしまいかねないからである。
2　資料あるいは引用の中で判読不能な文字は，□で示している。
3　誤字や欠字は筆者の判断で修正している。
4　本文中で使用している「文部省」とは2009年現在の文部科学省を表す。
5　注は章ごとに一括して掲げている。
6　同じ資料や書籍からの引用が連続して注が煩雑になる場合，「項」あるいは「目」の範囲内で，本文中にページ数のみを<24>のような形式で注記している。

戦後初期学校体育の研究
──広島県の小学校を手掛かりとして──

序章　本研究の目的と課題

第1節　本研究の目的

　戦後初期の学校体育改革に関する研究は，政府や文部省における学校体育政策の成立過程の解明に重点が置かれている。そのため，「地方」や「実践」を視点とした研究は限定的にしか行なわれていない。戦後初期の学校体育改革について，地方に目を向け，さらに学校教育現場の実践レベルに立ち入って研究することで，第二次世界大戦中の軍国主義学校体育を具体的にどのように克服したのか，あるいは克服できなかったのか，また，連合国軍最高司令官総司令部（General Headquarters of Supreme Commander for Allied Powers; 以下，GHQ/SCAP と省略）の民間情報教育局（Civil Information and Educational Section; 以下，CIE と省略）を中心とした占領教育政策や文部省の政策の意図をどの程度まで実際の授業に反映できたのか，あるいはできなかったのか，できなかったとしたらそれはなぜなのかを知ることができる。これは，戦後初期の学校体育改革のなかで，現場の教師は，何に影響され，どの程度の主体性をもって授業を構想し，実際の授業に臨もうとしたのかを明らかにすることである。また，戦後初期に学校や教師を中心に展開されたコア・カリキュラム研究や地域カリキュラム研究の実態は，現在の学校教育全体のなかでの体育科の位置づけや，教科としての体育の在り方を再考する契機となるであろう。

　戦後初期の学校体育改革に関する歴史的研究は，学校体育を通史的に研究したもの[1]，占領軍側資料に基づいた研究[2]，日本側資料に基づいた研究[3]に分類することができる。①学校体育を通史的に研究したものは，通史的研究という記述上の制約があるために，文部省の政策を中心として展

開される傾向がある。②占領軍側資料に基づいた研究は，戦後初期の学校体育史研究における日本側資料ではわからなかった新しい事実と知見が提示されている点で重要である。ただし，占領軍側資料に基づいた研究は，基本的には政策レベルの研究が中心となるため，学校体育の実践や実態にまで踏み込んで検討が及んでいない。また，占領軍側資料のなかでも，地方軍政部を中心とした戦後初期の学校体育に関する資料の発掘と分析については未だなされていない。③日本側資料に基づいた研究は，戦後の学校体育の原点を問うという視点が少なからず含まれていることが必要となる。依拠する資料についてみてみると，1970年代後半までの論文については，学校体育関係の雑誌が中心とされていたが，1980年代より国立教育政策研究所所蔵の「戦後教育資料」が使用されるようになり，1990年代より民間体育研究団体や地域や地方の実践を明らかにするための新資料の発掘が行なわれるようになっている。論点としては，1970年代までは戦後初期の学校体育における理念の解明が中心とされたが，1970年代後半には，「戦前・戦後の連続性と断続性」といった新たな視点が盛り込まれてくる。また，学習指導要領の内容や変遷を主軸に据えた従来の研究[4]に対して，1990年代以降は，戦後初期の学校体育改革の全体像をより実態に即して把握するために，学習指導要領を相対的に捉える方向になっている。

　しかしながら，都道府県を対象とした資料の発掘および分析は十分になされていない。具体的には，都道府県レベルの教育行政の取り組みや，教師の質的向上に関わる講習会や研究集会の実態，地方や学校レベルでの取り組みにおける成果と課題について明らかにするまでに至っていない。

　そこで，本研究は，戦後初期における学校体育の形成と展開を明らかにすることを目的とする。その際，広島県内の小学校で主体的に取り組まれた学校体育実践を取り上げる。

　ここで，広島県という地域を対象とする理由および小学校での実践を取り上げる理由について簡単に触れておきたい。広島県という地域を対象とする理由として，まず，広島県では学校体育に関して戦前に積み上げられてきたものが戦後どのように影響したのかを窺い知ることができる，とい

う点が挙げられる。というのも，広島県では戦前に広島県体育同好会という体育サークルが結成されたり，西条小学校（現在の広島県東広島市）のように戦前から全国的に注目された教育実践が行なわれたりしていたからである。次に，広島県での取り組みを明らかにしていけば，地方の取り組みがどのようにして国の政策に反映されていったのかというプロセスを明らかにできる，という点も挙げられる。たとえば，戦後初期の広島県で県独自の体育教材として採用した「エスキーテニス」は，1951年の『中学校高等学校学習指導要領保健体育科体育編（試案）』に採用されている。つまり，広島県における学校体育政策が国の政策内容に影響を及ぼした一つの事例を確認することができるのである。

　小学校での実践を取り上げる理由は，本研究が対象とする時期の小学校では，中学校や高等学校に比べて，コア・カリキュラムや合科カリキュラムに代表される多様な教育実践が数多く行なわれているからである。

　なお，本研究では，「戦後初期」という時期を1945年8月の敗戦から1953年に文部省が発行した『小学校学習指導要領体育科編（試案）』までとした。『小学校学習指導要領体育科編（試案）』には，「全国的に体育科の学習指導に関する研究が進められ，自主的に有効な調査書や研究資料が作成された。これは小学校体育科教育の振興のために役だったと同時に，文部省が，体育編を改訂するのに有力な資料としてまとめるのに多くの便宜を与えた。……（中略）……ことばをかえていえば体育関係者のかたむけた情熱と，なみたいていでない苦心とが，実を結んだものが，この本の基盤的役割を演じた」[5]と示されている。つまり，同書の発行をもって敗戦直後から行なわれた学校体育改革の成果がある程度結実したと考えられ，1952年に占領が終了したことを踏まえると，一つの大きな区切りを迎えたと捉えることができるからである。さらに，本研究では「戦後初期」という期間を，敗戦から1947年8月の文部省による『学校体育指導要綱』（以下，『要綱』と省略）の公布までと，それ以後の二つに区分した。前者の期間を学校体育改革の形成過程，法制化過程である「学校体育の形成期」として，後者の期間を学校体育改革の実施，修正過程である「学校体育の展

開期」として，捉えている。

第2節　本研究の課題と方法

「学校体育の形成期」(敗戦から『要綱』の発行まで) について，学校体育に関する特筆すべき事柄は，文部省による暫定措置の期間 (1945年11月から1946年6月)，アメリカ教育使節団の来日 (1947年3月)，『新教育指針』の発行 (1946年11月)，日本体育指導者連盟の設立 (1946年12月)，教育基本法の制定・施行 (1947年4月)，学校教育法の制定・施行 (1947年4月)，そして『要綱』の発行 (1947年8月) がある。この期間の事柄については，先行研究で分析と考察がなされてきている。しかしながら，敗戦直後からの文部省による暫定措置期間に公布された一連の通牒は，実際に現場の教師に徹底されたのか，あるいは『要綱』はどの程度まで現場の教師に配布され読み込まれたのか，という単純な疑問が残る。そこで本研究では，広島県の教育行政機関が，GHQ／SCAP・CIEや文部省による敗戦直後の教育政策課題をどのように受け止めたのか，そして戦後初期の学校体育の方向と枠組みを提示した『要綱』の具現化をどの程度サポートできたのか，を明らかにすることを第一の課題とする。

「学校体育の展開期」(『要綱』の発行以後) について特筆すべき事柄としては，『学習指導要領小学校体育編 (試案)』の発行 (1949年9月)，占領政策の終了 (1952年)，『小学校学習指導要領体育科編 (試案)』(1953年) がある。この期間について，先行研究では，カリキュラム問題や「新体育」，「生活体育」といった理念について学校体育界内部で議論された内容の検討が中心的になされている。しかしながら，教育の地方分権化を推進する一つの契機であった教育委員会法の公布 (1948年) に関してはほとんど触れられていない。また，『要綱』や『学習指導要領小学校体育編 (試案)』が法的拘束力をもたないために各学校で多様な学校体育計画が可能となったのであり，この多様性を明らかにするには各学校に焦点を当てて分析す

る必要がある。つまり，各学校の取り組みを鳥瞰的に眺めたときに，戦後初期の学校体育改革の全体像がみえてくるのであり，改革に関する評価および再構成が可能になると考えられる。そこで，広島県下の小学校では学校体育がどのように具体化されていったのか，さらに実際の内容がいかなるものであったのか，を明らかにすることを第二の課題とする。第一の課題では地方教育行政の取り組みに重点が置かれたのに対して，第二の課題では，地域独自の主張や各学校の対応の実態に重点が置かれることとなる。

　最後に，戦後初期の広島県における学校体育の形成と展開過程を鳥瞰的に眺め，戦後初期の学校体育改革の全体像を解明する一助としたい。

第3節　本研究で使用する資料

　本研究で使用する資料は，まず，戦後初期に文部省等の政府行政機関から刊行された書籍，雑誌，報告書である。ここには，「戦後教育資料」（国立教育政策研究所所蔵）における学校体育関係資料や，当時，文部省体育課内に設置された学校体育研究同好会の書籍も含まれる。また，全国を対象とした講習会の報告書も含まれる。これらは，木下秀明（編）『体育・スポーツ書解題』（不昧堂，1981）および各種データベースを参考に，本研究に関連するものを収集した。

　次に，広島県の教育行政に関連する資料として，戦後初期に広島県教育委員会等の教育行政機関から刊行された書籍，雑誌，報告書，通牒を使用する。ここには，中国地区を対象とした講習会などの報告書も含まれる。

　さらに，戦後初期に刊行された広島県の学校体育関係の書籍，雑誌，研究報告書に関しては，国立国会図書館，広島県内の公立図書館および文書館，大学図書館を中心に収集を行なっている。また，プランゲ文庫の資料も使用する。プランゲ文庫とは，アメリカメリーランド大学が所蔵する占領期における日本の雑誌，新聞，図書などの貴重な資料である。本研究では，国立国会図書館に所蔵されているプランゲ文庫の資料から本研究に関

連するものを使用する。

　最後に，戦後初期に作成された広島県内の各小学校の研究報告書に関しては，2002年4月に広島県下の小学校609校に「広島県下の小学校における教育資料保存状況に関する調査」を実施して，各小学校における資料保存状況を確認している[6]。この状況を踏まえて，個人所蔵も含め可能な限り収集できたものを使用する。

注

1）次のような文献がある（括弧内の数字は，巻末の参考文献に付した番号と対応する）。
日本語文献：岸野雄三，竹之下休蔵（25），今村嘉雄（7），岡津守彦（19），井上一男（4），前川峯雄（118），川島虎雄（23）。英文文献：Jacqueline G. Haslett（1）。

2）次のような研究がある（括弧内の数字は，巻末の参考文献に付した番号と対応する）。
牧野共明（120, 121, 122），草深直臣（34, 35, 39, 41, 42, 43），木原成一郎（28），新野守，草深直臣（72），木村吉次（30），鈴木明哲（73）。

3）次のような研究がある（括弧内の数字は，巻末の参考文献に付した番号と対応する）。
丹下保夫（81, 82, 83），関春南（75, 76），水田嘉美（129），草深直臣（32, 33），前川峯雄（119），坂入明（56, 57, 58），小玉一彦（53, 54, 55），高津勝（49），山本徳郎（139），中村敏雄（91）。

4）学習指導要領を主軸として，目的，内容，方法の変遷を論じたものは多数ある（括弧内の数字は，巻末の参考文献に付した番号と対応する）。
辻野昭（85），蜂須賀弘久ほか（94），大西國男（15），岩田靖，竹田清彦（6），刈谷三郎ほか（22），丸山真司（126），趙乃虹，永田靖章（84），馬場桂一郎（95），栗原武志，森博文（47）。

5）文部省『小学校学習指導要領体育科編（試案）』明治図書出版，1953，1ページ。

6）「広島県下の小学校における教育資料保存状況に関する調査」では，広島県内の小学校609校にアンケートを配布した（休校の学校は除く）。そのうち，回答があった学校数は，224校であり，回答率は，36.8％であった。アンケート結果を，以下に示す。

序章　本研究の目的と課題

【1】「これまでに記念誌・学校史を発行したことがある」という問いに対して,「はい」123校,「いいえ」84校,「無記入」17校であった（回答のあった224校を対象とした）。

　【1－1】記念誌・学校史等がどのような種類であるかを年代順に分類した（上記【1】で「はい」と答えた123校を対象とした。複数回答）。「〜30年」38校,「30〜50年」10校,「50〜100年」25校,「100年〜」73校,「その他」21校であった。

【2】「現在,図書館あるいは書庫等に学事関係の書類が保存されている」という問いに対しては,「はい」79校,「いいえ」111校,「無記入」34校であった（回答のあった224校を対象とした）。

　【2－1】学事関係の書類がどのような種類であるかを分類した。（上記【2】で「はい」と答えた79校を対象とした。複数回答）。「学校沿革史」53校,「学校日誌」30校,「卒業証書台帳」12校,「その他」28校,であった。

【3】「1945年（昭20）から1955年（昭30）の間における活動について」という問いに対しては,「県等の研究指定校」13校,「研究発表会の開催」27校,「独自の研究組織」32校,「独自の研究雑誌」3校,であった（回答のあった224校を対象とした）。

第1章　軍国主義学校体育の形成と展開

第1節　学校体育行政の戦争体制への傾倒

第1項　学校体育の軍国主義化と教練の重視

　学校体育に軍国主義的な要素が浸透しはじめるのは,「大正年間」である[1]。この根拠となるものが，1917年10月25日の臨時教育会議に提出された「兵式体操振興に関する建議」案[2]であり，1925年4月13日の勅令第135号「陸軍現役将校学校配属令」である[3]。陸軍現役将校学校配属令は，「教育全体の軍部への従属を決定付け，軍事を中心とする国民統合をはかる『総力戦体制』の布石となった」[4]と指摘されている。

　このように,学校体育に軍国主義的な要素がどれほど浸透しているかは，「教練」の内容と比重から一端を窺い知ることができる。1926年に公布された「学校体操教授要目」については，次のように指摘されている。「小学校の低学年の体操教材は最も簡単な運動が配当されているが，教練では一年から二列縦隊の行進や伍々左（右）が配当されている。分隊教練は六年で行われるが，この際は，クラスを四～五分隊に区分し，それぞれ分隊長を指定し，その号令，位置，態度などについて指揮運用の点まで指導された。分隊の団結や協同の精神が強調されたが，それは号令に対する敏速な反応と全員の動作が揃うことを基準に裁定された」[5]。小学校における「教練」の内容にも，すでに軍事的訓練の予備という要素の一面が表れていることがわかる。そして，1941年の「国民学校体錬科教授要項」については，次のように指摘されている。「軍隊の歩兵操典を基準として，徒手各個教練，徒手部隊密集教練，礼式（単独，部隊ノ敬礼，閲兵，分裂），指揮法（三年から），陣中勤務などに分けられ，軍事訓練的要素が強化され

た」[6]。このように,「教練」の内容が拡充され比重が増す中で,小学校の学校体育にも軍国主義的な要素が深く浸透していったのである。

第2項　学校体育の国家主義化と武道の重視

　学校体育が国家主義的な色彩を帯び始めるのは,武道が導入されてからである[7]。1926年に公布された「学校体操教授要目」で,従来の「撃剣」と「柔術」が「剣道」と「柔道」に改められた。この名称変更については,「『術』の『道』への転換は,その教材の如何にかかわらず,『武道』の精神性・イデオロギー性の優位を示す布石」[8]と捉えられている。その後,体育運動主事会議[9]は,1928年に「国民思想の善導に関し体育運動実施上留意すべき事項」に対する答申で,「尚武の精神」を涵養する武道を強調している[10]。また,1936年10月29日の「教学刷新評議会答申」[11]における「体育運動に関する事項」では,「体育運動に於ては,我が国古来の武道の精神に則り,敬虔剛毅の気風を盛にし,公明正大の態度を重んじ,殊に選手制度に伴ひ易き各種の弊害を除去し,又その研究は単なる機械的・生理的及至心理的法則の如きもののみならずして,心身一体の具体的法則の研究を盛ならしめ,なほ指導者の養成を重視し」と示し[12],武道の精神性を格段に強調している。

　小学校については,1939年5月29日に文部省訓令として「小学校武道指導要目」が制定される。「小学校武道指導要目」では,「地方長官は宜しく各学校長をして本指導要目に基き地方の情況に即する指導細目を定めて之を実施せしめ以て児童心身の錬成を図り真に国民たるの人格を陶冶するに遺憾なきを期せらるべし」[13]と明示されている。そして,この実施要項の第一項では,「武道（剣道及柔道）の簡易なる基礎動作を行はしめ心身の錬成を図り武道精神を涵養するを本旨とすること」[14]と趣旨が説明され,具体的な内容の他に「講話」が付加されている。この「講話」は,「修身,国語,国史等の教材の内容と緊密なる連絡を保ち小学校に於ける武道精神の目的,意義並に武道精神の涵養に資すべきものを選び随時行ふこと」[15]とされている。

「小学校武道指導要目」制定からほどなく，1939年6月9日には「小学校武道指導要目の趣旨徹底に関する件」が通牒され，「本指導要目は正課に準して実施せしむる場合のものにして従来各地に於て実施せる指導を禁止するの趣旨に非さるは勿論其の指導に際しては自ら本要目の精神を尊重せしむるに努むること」[16]と示され，正課における武道の扱いが徹底されている。「小学校武道指導要目」は，1942年に「国民学校体錬科教授要項」が制定されたことによって廃止される[17]。しかしながら，武道は「国民学校体錬科教授要項」に「体錬科武道」として組み込まれており，そのためより拡充し徹底して行なわれるようになる。

第3項 「学校体操教授要目」（1936年）の方針

学校体育における教練の拡充や武道の重視は，学校体育を軍国主義的あるいは国家主義的に傾倒させた主要な要因であった。それでは，体操についてはどうであろうか。軍国主義学校体育における「体操」について，「『教練』と『体操』とは別個の事柄ではなく，主従関係でもって，体育の内容を構成していた」，あるいは「『体操』と『形式主義』とは殆同義であった」と指摘されている[18]。この指摘に基づいて，1936年に公布された「学校体操教授要目」の方針を確認してみたい。

1936年に公布された「学校体操教授要目」の前文には，次のように示されている（下線引用者）[19]。

> 学校体操教授要目左の通改正す地方長官は宜しく各学校長を督励し本改正教授要目に基き且学校教練教授要目との連係を保ち克く地方の情況に適切なる教授細目を定めて之を実施せしめ以て生徒児童の身体の健全なる発達を期し人格を陶冶するに於て遺憾なきを期せられるべし

まず，「基き」については，前要目の「準拠し」が改められたものである。文部省の見解は，「示された教材中から若干のものを選ぶとか，或はこれを単なる標準として，これに類似の教材を他から求めてもよろしいと

言う方針ではなく，少なくとも要目中に示された教材を基礎として，努めて十分に修練，錬磨する」[20]というものであった。つまり，「基き」の文言は，要目の拘束性をより一層強化し，体操科の方針を規律主義的なものとしている。

次に，「生徒児童の身体の健全なる発達を期し人格を陶冶するに於て遺憾なきを期せられるべし」については，「人格を陶冶する」という言葉が新たに追加されている。このことに関して，文部省が明らかにした見解を，次に示す。「どの教科に於ても，その終極の目的を人格に置き，精神訓練の忽せにすべきでないことは，言うまでもないが，特に体操科に於ては，身体の修練と共に情意の陶冶に資すべき機会極めて多く，精神的効果の大なるものがあるのであって，此のことは既に体操科の要旨に於ても，特に明示されている点である。然るに従来動もすれば体操科の教授が技術の末に走り，方法に捉はれて，身体の修練，技術の習熟のみを以て足るかの如く見られ易い欠点があったため，特に今回は『人格、、、』の字句を挿入して此点を強調した」[21]。すなわち，「人格を陶冶する」という文言を追加することによって，体操科の方針として精神主義をより前面に押し出す方向へと展開している。

第4項　教育審議会答申（1938年）における体錬科の創設

1937年12月10日に「教育審議会官制」が定められている。教育審議会は，1938年12月8日の第十回総会で「国民学校，師範学校及幼稚園に関する件」を答申する[22]。

> 国運未曽有の伸張に伴ひ，東亜並に世界に於ける我が国の地位と使命とは重大を加ふるの秋に当り，教学の本旨に則り，時代の要望に応じ，教育の内容及制度を全面的に刷新せんが為先ず国民全体に対する基礎教育を刷新し其の拡充整備を図り，新学制の根底を確立すると共に克く皇国の負荷に任ずべき国民の基礎的錬成を完からしむること最も根本にして極めて緊要の国策なるを認む。依て茲に義務教育を八年となし，其の内容に刷新を加へ，皇国の道の修練を旨として国民を錬成し，国民精神の昂揚，知能の啓

培，体位の向上を図り，産業並に国防の根本を培養し，以て内に国力を充実し外に八紘一宇の肇国精神を顕現すべき次代の大国民を育成せんことを期せり

このように，戦争へ向けての初等教育の抜本的改正が答申された。国民学校における学校体育に関する事項として，「身心一体の訓練を重視して児童の養護，鍛錬に関する施設及制度を整備拡充」が示されている。内容は，「(一) 特に都市児童の為郊外学園等の施設を奨励すること，(二) 全校体育，学校給食其の他の鍛錬養護施設の整備拡充を図ること，(三) 学校衛生職員に関する制度を整備すること」とされている。

教科に関する事項としては，「体操科」から「体錬科」へ教科名が変更されている。新設の体錬科の内容は，「武道・体操（教練，遊戯及競技，衛生を含む）」と規定されている。さらに，体錬科の取り扱いについては，「体錬科の武道は第五学年以上の男子に之を課し，女子に在りても之を課することを得ること」，「行事を重視し出来得る限り之を組織化すること」が指示されている。このように，1938年の教育審議会の「国民学校，師範学校及幼椎園に関する件」を受けて，小学校が国民学校に改められ，体錬科が始動することになる。

第5項　「国民学校令」と「国民学校体錬科教授要項」の公布

1941年2月28日に小学校令が改正され，「国民学校令」および「国民学校施行規則」が公布されている。「国民学校令」では，「国民学校は皇国の道に則りて初等普通教育を施し国民の基礎的錬成を為すを以て目的とす」[23]と国民学校の位置づけと目的が示されている。教科としての「体操科」は「体錬科」に正式に改称され，「体錬科は之を分ちて体操及武道の科目とす但し女児に付ては武道を欠くことを得」[24]と規定されている。

「国民学校施行規則」における体錬科の趣旨は，「身体を鍛錬し精神を錬磨して闊達剛健なる心身を育成し献身奉公の実践力に培う」と明示されている。また，体錬科の方針は，「躾，姿勢其の他訓練の効果を日常生活

に具現せしむるに力むべし」、「特に児童の心身の発達、男女の特性を顧慮して適切なる指導を為すべし」、「衛生養護に留意し身体検査の結果を参酌して指導の適正を期すべき」、「強靭なる体力と旺盛なる精神力とが国力発展の根基にして特に国防に必要なる所以を自覚せしむるべし」と指示されている[25]。内容に関しては、体錬科体操が「体操、教練、遊戯競技及衛生を課し心身の健全なる発達を図ると共に団体訓練を行ひ規律を守り協同を尚ぶの習慣を養うものとす」、体錬科武道が「武道の簡易なる基礎動作を習得せしめ心身を錬磨して武道の精神を涵養するに質せしむるものとす」[26]と規定されている。

ただし、1941年3月27日「国民学校及同施行規則実施に関する件」では、「国民学校体錬科教授要目は近く制定の予定なるを以て当分の間国民学校に於ける体操及武道は従来の学校体操教授要目及小学校武道指導要目に基き地方の情況に適切なる授業細目を定め之を実施すること」[27]と示されている。そして、1942年9月29日に「国民学校体錬科教授要項」が示され、同年10月10日に「国民学校体錬科教授要項実施細目」が制定される。

制度的にみてみると、1936年の「学校体操教授要目」から1942年の「国民学校体錬科教授要項」への移行はわずか6年である。この間に加速度的に学校体育は戦争へ組み込まれていったことがわかる。ただし、「一九三八年末にすでに体錬科要綱の作成を終わっており、一九四〇年頃から講習会を通じて現場は体錬科方式に移行しはじめていた」[28]と指摘されているように、学校体育は現場ではさらに早い段階で戦争体制に従事していったのである。

第6項　戦時訓練としての体錬科

1943年以降、戦局が悪化するにつれ、学校体育の戦時訓練化を加速する通牒が矢継ぎ早に出される。

　　　1943年　1月7日「学徒冬季鍛錬に関する件」
　　　　　　　3月29日「戦時学徒体育訓練実施に関する件」

　　　　　5月28日 「学徒武道試合要領」
　　　　　6月16日 「学徒体育訓練に関する行事開催に関する件」
　　　　　　　　　「学徒夏季心身鍛錬実施に関する件」
　　　　　7月24日 「夏季学徒体育訓練大会に関する件」
　　　　　9月23日 「学徒体育訓練実施に関する件」
　　　　　12月20日 「国民学校体錬科体操教材の指定追加に関する件」
　　1944年　2月8日 「教育に関する戦時非常措置方策に伴う学徒の軍事教練強化要綱」
　　　　　4月22日 「戦時学徒体育訓練実施に関する件」
　　　　　8月15日 「学徒征空体錬実施要綱」

　1943年3月29日の「戦時学徒体育訓練実施に関する件」の前文には，次のように記されている。「大東亜戦争は正に決戦段階に入れり。この秋，国運推進の原動力たるべき青年学徒の体育訓練は必然平時の夫と同じかるべきに非ず。即ち今こそ最大の限度に之が強化徹底を図るを要すると共に，其の目標を最も明確に戦力増強の一点に置き，之に向ひて最も適切有効なる実施方策を講ずるを要す」[29]。この時点ですでに「体育の理念は不在化」[30]していたことがわかる。
　1943年6月25日に「学徒戦時動員体制確立要綱」，同年10月12日に「教育に関する戦時非常措置方策」[31]が閣議決定され，戦力増強および戦争遂行がさらに強力に推進される。これら閣議決定を受けて，1943年12月20日の「国民学校体錬科体操教材の指定追加に関する件」では，「授業時間の一部を割き実施し得る体操教材」として，「通信訓練（手旗信号，モールス信号）」が初等科第5学年に課せられることになった[32]。また，1944年2月8日の「教育に関する戦時非常措置方策に伴う学徒の軍事教練強化要綱」では，国民学校の教練が「初歩の軍事的基礎訓練」[33]として取り扱われることとなった。1944年8月の「学徒征空体錬実施要綱」では，「国民学校及中等学校に於ける男子児童及生徒の体錬に付，之を航空適正強化の見地より一層整備拡充して其の実施の徹底を期し，以て児童及生徒の将来航空要因たる基礎体力の錬成に遺憾無からしめんとす」と示され，「国民学校

体錬科教授要項」に航空適正強化のための教材を追加し，教材の取り扱いに工夫を求めた[34]。もはや国民学校でさえ，体錬科の内容は戦時訓練そのものであり，教育的枠組みや理念を失っている。

1945年3月18には「決戦教育措置要綱」が閣議決定され，「国民学校初等科を除き学校に於ける授業は昭和二十年四月一日より昭和二十一年三月三十一日に至る期間原則として之を停止」とされた。ただし，「国民学校初等科にして特定の地域に在るものに対しては昭和二十年三月十六日閣議決定学童疎開強化要綱の趣旨に依り措置す」とあるように，国民学校初等科では縁故疎開，集団疎開等[35]が実施され，授業は大幅に制限された。1945年5月5日の「国民闘力錬成要項」では，「戦局今や激化の一途を辿り，神州に一角既に醜的の穢すところとなる。一億国民総決起し，国土防衛に進軍すべき秋は来た。而して之が重責完遂の為には，何よりも先ず国民の皆武装を必要とし，旺盛なる闘魂と共に基本闘技を確と身に着ける事が肝要である」[36]と趣旨説明されている。闘技の内容は「一つは機動性の確保を目指す歩走運動であり，他は格闘力増強を目途とせる格技である。而して後者の錬成法は徒手にて行ふものと，武器を使用して行ふものとに岐れ，武器としては丸太（刀）竹槍（銃剣）瓦石（手榴弾）の類が択ばれる」[37]とされた。もはや，原子爆弾という科学兵器に対して，原始的な竹槍戦術をもちいらざるを得ない悲惨な状況を窺い知ることができる[38]。

第2節　広島県における軍国主義学校体育の実施

第1項　「国民学校体錬科教授要項」の普及徹底

1940年6月4日の「国民学校教員講習会実施要綱」制定を受けて，1940年8月27日から31日までの5日間，明治神宮外苑競技場および日本青年会館を会場として，文部省の主催による体錬科講習会が実施されている。広島県安佐郡緑井国民学校（当時）に勤務していた佐々木武男は，この講習会に広島県から参加した教師の一人である。彼が記した講習記録[39]から，

体錬科講習会の内容を概観する。

まず，橋田邦彦文部大臣の訓示と下村文部省督学官の講話が行なわれている。橋田の訓示では，「身心学道」と「師弟共育」を主な内容としており，次のように述べられている<191>。

「身心学道」
身をもって学び，心をもって学ぶ。心の満ち満ちたものが本当の身体である。体錬は教育である。学問は人が人になる道である。教育は言葉のみではできない。身をもって行うことが大切である。まねをすればいいような言葉，態度で教育者はあるべきではない。

「師弟共育」
児童と共に伸びていく教師であるべきだ。教えまたは教えられることが，真の教育である。共に進み，共に学ぶのが教育である。彼のみ進み，我が進まぬのは教育ではない。頭を使わないで，体錬はできない。心の動き体の動きについて，全面的に把握していなければ，児童の指導はできない。ここに指導者の訓練が必要となる。

続いて，下村の講話では，国民学校の方針と目的の趣旨徹底を主な内容としており，以下のように述べられている<191-192>。

抽象的観念的なものから，実践的なものへ変わってきたのが国民学校である。日本国家の一員としてとらえた教育をする。即ち児童を国民としてとらえるとき，具体的なものとしてとらえることができる。国民学校という名もここから生まれた。……（中略）……内容としては，皇国の道に則って，普通教育をする。方法としては，基礎的練成をする。日本的教育を，児童を真の日本人としてとらえて教育するのである。皇国の道とは，教育勅語に示された，この道のことである。すべてが国のために尽くすことに外ならぬ。お国の役に立つ人間をつくるのが教育の目的である。従来の小学校教育においては，各教科は平行して進められ一つの目標に向かって，集中統合される部面がなかった。即ち従来は個人をありのままに育てるのであったが，国民学校においては皇国民の練成をするのである。

19

その他に，橋本重次郎（東京高師教授）は「身心一体の原理」と「体育の国家的意義の原理」<192>を主な内容とした体錬科の目的に関する講話を行ない，大谷武一（東京高師教授）が「体錬科体操及び武道」<192-193>の具体的実践の取り扱いについての講話を行なっている。
　このように，1940年8月27日から行なわれた体錬科講習会では，1941年の「国民学校令」や1942年の「国民学校体錬科教授要項」に先駆けて，体操科から体錬科体制への移行を展開していることがわかる。つまり，国家主義的あるいは軍国主義的な要素を包み隠さず全面に押し出し，体錬科で具現化するよう現場に強制しているのである。
　次に，1942年11月13日から開催された文部省主催の国民学校体錬科講習会についてみてみる<193-196>。この講習会には，石井文部省体育課長，本間茂雄（東京高師教授），野口源三郎（東京高師教授）が講師として参加している。この講習会が開催される段階では「国民学校体錬科教授要項」と「国民学校体錬科教授要項実施細目」が公布されている。そのため，具体的な指導内容と方法の講習が実施されている。たとえば，「転回及び倒立」は，「前転，後転は身の安全をはかり，軍隊教育の基礎訓練として重要である」<194>と示されている。また，「投擲」は，「砂嚢投げ，重さ三〇〇グラム。危険防止上，投法としては，上投げのみとする。なお左右両方とも練習させる。投げる姿勢としては，立姿勢，腰掛姿勢，膝立姿勢，臥姿勢を練習させる」<195>とされている。さらに，「格力（相撲）」では，「格力は，勇猛果敢な精神を養うのに適している。……（中略）……勝負は，押し，つき，よりの正攻法により，大いに敢闘精神を錬れ」とされている。このように，まさに戦時訓練講習であったことがわかる。
　これらの講習会には広島県から6名が参加しており，県内各地区での伝達講習会で各学校からの参加者に趣旨徹底をはかった，と佐々木は述べている<196>。佐々木を除いた他の参加者5名が誰であるか，広島県内の伝達講習会がいつ，どのような規模で行なわれたのかは不明である。ただし，1942年末以降，広島県内各小学校に戦時訓練化した体錬科の趣旨および指導法が伝達され実施され続けたことは，佐々木の記録から明らかである。

第1章 軍国主義学校体育の形成と展開

第2項 安芸郡瀬野尋常高等小学校

瀬野尋常高等小学校では，1940年に「献身奉公への心身練磨は意志の修練であり体位向上であらねばならない」[40]として，体錬科の体系を図1－1のように構想している。

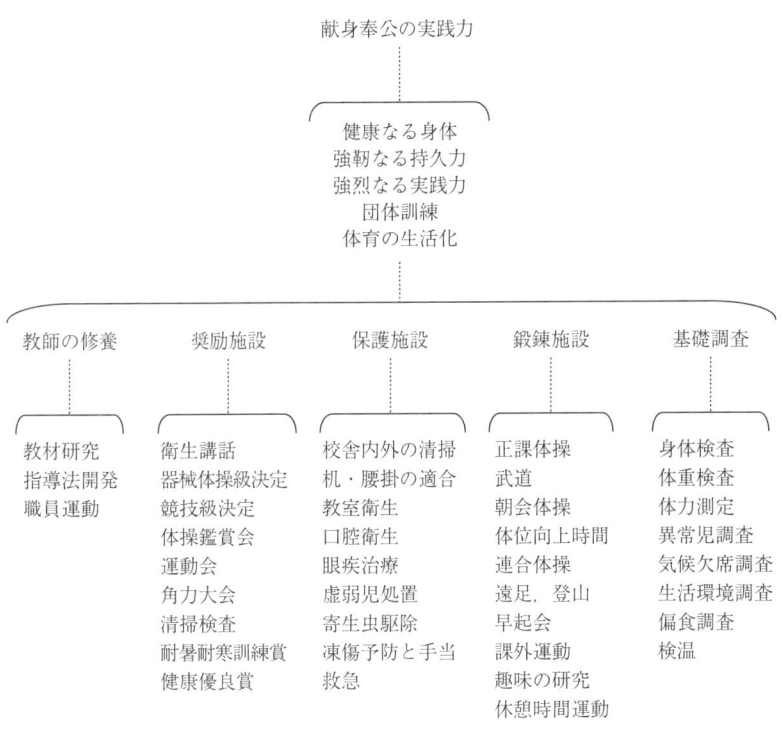

図1－1 体錬科の体系

出典：広島県安芸郡瀬野尋常高等小学校『我校の体育施設研究冊子』第四号，1940，から改変引用。

まず，体錬科の方針として<1>，

　　身体運動及び衛生教育に拠り児童の心身を国家の為に発展せしめることは

21

体育として真に価値を持つものであり，かかる指導原理に立脚して育てられた児童は天壌無窮の国体を理解し日本民族精神を理解し皇国日本を悠久に発展邁進せしむるに充分なる強健な体力と旺盛なる精神力を兼備する者でなくてはならぬ

と示し，最上位に「献身奉公の実践力」を掲げている。次に，この「献身奉公の実践力」の下位目標として，5項目が示されている。ここでは，国家主義的あるいは軍国主義的な理念を前面に掲げており，その内容の一部を以下に示す<3-4>。

1．常に児童の人格完成に意を向けた，この健全なる身体の発育を期す
　単なる体的訓練に止って人格陶冶を否定するのではなく，そこに行く為に身体健康を第一に必要としそれを体育の目的とするものである。
2．強烈なる実践力を鍛錬す
　身体的鍛錬を重んじ実際的技能に重きを置いて覇気，持久力，素朴的強靭，作業能力，敏捷性を錬り，同時に児童自らの力に依りて完成して行く根本的動力─実践的意志，強靭なる体躯を養ふ。
3．強靭なる持久力を練磨す
　身体を鍛錬し，自己を否定し，苦痛を忍び然して之を超越した真の持久力を体得して，無限の自由と言ふ人格陶冶にまでの意志の鍛錬をなす。
4．団体的訓練をなす
　強国民錬成の体育は只単に霊肉一体としてより善き人に導き人格を育成することのみにて満足出来るものではなく同時に団体訓練に依りて総合的生命の流動する人間，部分よりも全体的，個人よりも社会，国家民族的に強靭なる心身，統合体としての精神力を錬らねばならぬ。それには，
　（一）一切の利己心を捨て，奉仕する精神を養う。
　（二）公明正大，規律厳守，協同，服従の精神を涵養して国防の強化を図る。
　（三）武道精神を体得し，旺盛なる気力と強靭なる体力を養ひ国民精神を昂揚す。
　（四）経済動員に協力し，勤労奉仕を体認して質実剛健の風を養ふ。

一方で，「体育の生活化を図る」という項目も掲げられている<4>。

体育が教育作用として考へて居る時に止まらず訓練の効果が日常生活に具現され更に進んで自覚的に自主的に其の健康と体力との増進を企図するように，生活の中にまで入り込んだ時が体育の究極目的である。そうする為に，日々の話題に於て体育に関する問題を取扱ふとか，学校生活全体を体育的に生活化し，習慣化し，更に感情化するとか，学校体操を教授時間より発展せしめて学校及び家庭生活は勿論，社会に出て後も習慣として不断に実行し，充分効果を収め得る様に各教材や動作に工夫を加へ，興味化し生活化し，更に社会一般に行なはれる様な諸種の保健体操を実施す。

ここでの「体育の生活化」は，あくまで「献身奉公の実践力」を養うためのものである。また，同校が掲げている「体育の生活化」という理念は，戦後の「新体育」で展開された体育の生活化という理念と実践を受け止められるほどの理念とは考えにくい。

さらに，同校における1940年から三年間の体錬科の年次計画は，次のようになっている<5-14>。

昭和十五年度
　過去を反省し更に学校家庭に於ける体育生活の強化。保護体育の強化。国民学校案に則りたる体育の研究。
昭和十六年度
　体育施設の万全を期す。全村体育，社会体育と共力し，よく積極消極体育の強化をはかる。国民学校案に依る体育の実施。
昭和十七年度
　皇国民錬成としての体錬教育を強化し普く，絶へず，正しく体育境の実現を期し，生活具現の体育を継続す。

具体的な実践内容については触れられていない。授業の実施については，「細目に基づき学級担任は本村並に学校，学級の状況に依り適当に取捨選択して，定められた月案用紙に記入し，校長の検閲を受け，授業の前日，日案用紙にその主眼点を相当欄に記入し，他教科同様に其の朝提出して検閲を受く」<27>と指示されており，校長が体錬科実施の全責任を負う仕組

みになっている。

第3項　広島高等師範学校附属国民学校

　広島高等師範学校附属国民学校で体錬科が本格的に議論されだしたのは、同校学校教育研究会が発行する雑誌『学校教育』[41]によれば、1939年9月の「国民学校案の研究」(324号)が特集されてからである。「国民学校案の研究」(324号)では、「国民学校、師範学校及幼稚園に関する件」で示された体錬科の記述をもとに、中尾勇が「身体教育の改善と体錬科」[42]を論じ、来馬欽吾が「体錬科指導精神の考察」[43]を論じている。両者は、『学校教育』の紙面上に、1940年は体錬科の理念および目的を盛んに論じ、1941年からは体錬科の指導法や具体的実践を示している（表1－1）。そのため、国民学校令や同施行規則といった法規が整備された時には、体錬科の踏み込んだ具体的実践が行なわれていたと考えられる。この時期の成果は図書によって刊行され、広く影響を与えたと考えられる[44]。また、1941年6月に『学校教育』が休刊されてからも、体錬科の実践的研究は進められており、その成果は図書によって刊行されている[45]。

　1944年の『国民学校体錬教育の実際』には、1942年9月29日の「国民学校体錬科教授要項に関する件」で示された「国民学校に於ける体錬科の教授は自今本教授要項に拠り克く地方の情況に即応する授業細目を定めて之を実施せしめ」[46]を受けて、「授業細目」が示されている。授業細目は、「国民学校体錬科教授要項」における「教材一覧」と「国民学校体錬科教授要項実施細目」における「運動の目的、方法、錬成目標並進度、指導上の注意」に基づき「一年間の見通しをつけ、各月に教材を配当し、更に各週に指導の重点を定めたもの」[47]と説明されている。授業細目は、児童、環境、季節、行事、錬成目標という立案の方針に基づいて作成されている。初等科五年生一学期の授業細目を表1－2に示す。このように、同校では、文部省による「国民学校体錬科教授要項」および「国民学校体錬科教授要項実施細目」、そして独自に作成した「授業細目」を基礎として、いわゆる年間計画を立案している。

第1章　軍国主義学校体育の形成と展開

表1－1　体錬科に関する論文一覧

年	号 (発行月)	テーマ	執筆者	内容（項目）
1940	328号 (1月)	奉祝行事と体育の真義	来馬欽吾	奉祝としての国民体育，祝典体育の意味，国粋武道と奉祝，集団体操の使命（我が国集団体操の起因，集団体操の精神内容，日本民族としての迫力感，国民体位の厚生）
	328号 (1月)	夏季体錬の反省(続・完)	中尾　勇	運動能力について，精神方面の考察
	331号 (3月)	学童体力の基礎的錬成	来馬欽吾	体力と其の培い，体力錬成の目標，体力錬成と主教材，体力錬成の要諦
	332号 (4月)	体錬科の本義と皇道帰一	中尾　勇	国民学校の基本方針，体錬科の地位，体錬科の目的，皇道帰一と体錬科，大国民の養成と体錬科，修道としての体錬
	332号 (4月)	体錬科の帰一点と基本方向	来馬欽吾	皇民錬成と体錬科，体錬科の基本方向（身体力の基礎錬磨，統一的人格の錬成，国民的な陶冶訓練，大国民としての錬成）
	333号 (5月)	時代性と国民体錬の目標	来馬欽吾	時代の要求と体錬，国民力涵養と体錬科（実践窮行力，創造的発展力，国家的団結力，国防能力）
	334号 (6月)	体錬科に於ける基礎的錬成	中尾　勇	国民学校の目的論と基礎的錬成，錬成の意義，体錬科に於ける基礎的なるもの，体錬科に於ける錬成の方途
	334号 (6月)	皇国民の基礎的錬成と体錬科の使命	来馬欽吾	皇国民の性格，皇民の基礎と体錬科（皇民としての体的基礎錬磨，皇民たる性格陶冶と体錬），基礎錬成上の守則（普遍的科目による普遍的陶冶，心身の発育に即応して，衛生，養護，鍛錬の一体化，有機的関連）
	335号 (7月)	体錬科の要旨について	中尾　勇	方法（身体の錬磨，精神の錬磨），目的（闊達剛健なる心身），究極（献身奉公の実践力），独自の領野，統合連絡，良習慣の養成（訓練と教授，良姿勢の保持，躾）
	336号 (8月)	体錬科体操の研究（一）	来馬欽吾	体錬科体操の目的，体錬科教材の配列（初等科に於ける体操教材，高等科に於ける体操教材，衛生について，現要目はどうなるか）

25

	号	題目	著者	内容
	336号 (8月)	体錬科の要旨について(二)	中尾　勇	児童の心身発達の顧慮，男女の特性の顧慮（女子固有の教材，指導上の注意），衛生養護に留意，国防の自覚
	337号 (9月)	体錬科教育法上の主要問題	中尾　勇	体錬科独自の領野，心身錬磨の過程，実践力の啓培，鍛錬養護の一体化，統合関連（国民科，理数科，芸能科）
	337号 (9月)	体錬教育の根本方法	来馬欽吾	心身一体の修練方法，強壮なる心身育成の方法，団体訓練の方法，鍛錬養護の一体的方法，武道精神の涵養方法
	338号 (10月)	体錬科の実施に当って	中尾　勇	心構え，時間割の作製に就いて，指導過程の新構成（正規の指導案に対する反省，主教材の指導過程，綜合的遊戯的指導の過程，過渡的形成指導の過程，中心的錬成的指導の過程，一週に於ける各時限内の中心教材の配当）
	340号 (12月)	体錬科に於ける躾と訓練	来馬欽吾	体錬科の訓練内容，訓練の本質，訓練の本質方法，訓練方法の順序，訓練の要諦
1941	341号 (1月)	来馬訓導体錬科体操研究授業記録	体錬科研究部	指導案，指導の実際，批評会
	344号 (3月)	体錬科経営の具体案	来馬欽吾	時数の増加と実施者の苦慮，体錬時間表の作成について，指導内容の協定，指導法の工夫，校外地の利用
	344号 (3月)	人口問題の指導	中尾　勇	序，人口の統計，我が国人口の過去及将来，出生率と死亡率，人口の年齢的構成，平均寿命と平均余命
	345号 (臨時)	初等科第三学年以上の体錬科体操指導	中尾　勇 来馬欽吾	体錬科指導に対する態度，初等科第三学年の指導，初等科第四学年の指導，初等科第五・六学年の指導，高等科第一・二学年の指導，高学年に於ける律動遊戯の指導，衛生の指導
	345号 (臨時)	体錬科武道の指導	中尾　勇 来馬欽吾	武道の指導について，剣道教材，柔道の指導，薙刀の指導

出典：広島高師附属小学校学校教育研究会『学校教育』328号-345号，1940-1941，から引用者作成。

第1章　軍国主義学校体育の形成と展開

表1−2　体錬科の授業細目（一部）

種別	類別	運動及課目	4月の進度	5月の進度	6月の進度	7月の進度
体操及遊戯競技	歩走	各種歩走		百米走（男一七秒）（女十八秒）	同左	
		継走	折返継走	回旋継走	同左	
		障碍走	障碍走	同左		
		軍艦遊○			軍艦遊○	
	跳躍	徒手跳躍	片脚跳両脚跳	同左	同左	同左
		跳上下	跳箱三十糎	同左	同左	同左
		肘立跳越	跳上、開脚跳越	同左	閉脚跳越	同左
		高跳		男九五種女九十種	同左	
	回転及倒立	前転	手のみで支へて前転	跳上前転距離（六十糎）	跳箱の前転	
		倒立○	補助倒立	倒立歩く		
	懸垂	棒登	漸次手のみにて登る	同左	同左	同左
		懸垂屈肘	男三回女二回	同左	同左	同左
		逆上脚懸上	逆上	脚懸上	同左	
		回転	肘立回転	脚懸回転	同左	
	投擲	球技		十五米前方の的当	同左	
		短棒投	男十五米女十米	同左		同左
	運搬	重量運搬	背負行進	挙背負	同左	
		騎馬戦○		騎馬戦○	同左	
	格力	押合引合	押合、引合	同左	同左	同左
		棒倒○			棒倒○	同左
		相撲○	相撲基本動作	同左	同左	同左

27

			順送球 投捕球 投避球	順送球	同左 投捕球	方形投避球	同左
	球技						
	音楽遊戯△		基本歩法	足尖歩及足尖歩に態勢結合	交換歩 交換跳歩 前後進回転時の態勢結合	一拍跳歩 三拍歩 各方進及回転態勢結合	片脚跳歩 足尖歩 態勢結合
			態勢				
	水泳					水泳	水泳
教練	徒手各個教練		一、二、三、四、五、六、七の諸動作	各個教練は指揮法と関連して練習する	特に速歩行進に於て歩幅六五速度一分間百二十歩とす	同左	同左
	徒手部隊密集教練		一、二、三、四、五、六の諸動作	分隊教練を主眼とす	同左		
	礼式		単独及部隊の敬礼	単独及部隊の敬礼	閲兵 分裂		
	指揮法		指揮法	各個教練と連絡して行ふ	同左	同左	
	陣中勤務		行軍	二十粁行軍	同左		
	銃剣術						
	其の他		方位判定 距離測量	行軍の際実施	同左 三百米以内の目標		
衛生	身体の清潔		身体の清潔 口腔の清潔	手足の清潔	顔の清潔 歯の清潔	髪の清潔	体の清潔
	皮膚の鍛錬		薄着	上半身裸出	同左	同左	同左
	救急看護		救急看護	創傷の手当			

注：表中の○印は男児のみの教材を示し、△印は女児のみの教材を示す。また、「徒手各個教練」と「徒手部隊密集教練」の「運動及課目」に示された数字は、「国民学校体錬科教授項目実施細目」における「課目」に示された数字と対応する。

出典：学校教育研究会『国民学校体錬教育の実際』宝文館、1944、262-263ページ、から改変引用。

第 1 章　軍国主義学校体育の形成と展開

　それでは，具体的な体錬科の授業（指導過程）はどのように展開されたのであろうか。「初等科第五学年女子体錬科体操指導案」をみてみよう。目的は，「本時は懸垂運動を主として練習し，懸垂回転の指導をなす。又臂立跳越や重量運搬の運動も加へて，跳力及運搬力の錬成をも期することとする」<147>とされている。ここでは，まず，教材観として「本時は懸垂，跳躍，運搬等の教材を主教材として，運動能力を錬成して行くのであるが，特に懸垂運動に重点をおいて指導する。懸垂運動は懸垂力を強め巧緻性を増すと共に胸郭の発育を促し，忍耐力を養ふに効果のある運動である。従って発育期にある児童には筋骨の発育を図る上に，大切な運動で，女子にも男子同様にこの運動を課して，発育の助長，能力の進度を図らねばならぬ。但し女子には服装容儀に就いて特に留意する必要がある」<146>と示されている。次に，「国民学校体錬科教授要項」に示された各教材に対する，この学級の現状が示されている<146>。

1	棒　　登	五米のものを登り得るもの（38人中38人）
2	懸垂屈臂	二回以上出来るもの（38人中32人）
3	逆　　上	低鉄棒で出来るもの（38人中38人）
		高鉄棒で出来るもの（38人中35人）
4	脚懸上	出来るもの（38人中36人）
5	臂立回転	前後方の出来るもの（38人中33人）
		前方のみ出来ないもの（38人中5人）
6	懸垂跳上	出来るもの（38人中32人）
7	脚懸転回	後方回転出来るもの（38人中32人）

　「懸垂屈臂」と「脚懸転回」の進度が他のものより遅れていることをふまえて，「脚懸及脚懸回転を主に指導する」ことが確認され，「他の主教材として選んだ臂立跳越は踏切の距離を児童の能力相応に大きくして，跳躍力の錬成を図る。又最後に配した運搬は当校児童は一般に重量運搬力が弱いので，毎時間背負行進や手運を短時間づつでも加へて，この能力をつける事に努力しているが，本時に於いてもこれを行ふことにしたものである」

29

と補説されている。以下、「初等科第五学年女子体錬科体操指導案」である<147-149>。

「初等科第五学年女子体錬科体操指導案」
（一）始めの錬成
　　1．徒手体操
　　2．歩走　イ.足踏，ロ.速歩行進，駈歩行進
（二）中の錬成
　　1．懸垂（低鉄棒）イ.懸垂跳上，ロ.逆上——前回下，ハ.臂立回転及後方回転，ニ.脚懸上，ホ.脚懸回転……後方回転
　　2．跳躍（跳箱）イ.両脚跳……臂側挙振，開閉脚跳
　　　　　　　　　　ロ.臂立跳越……閉脚跳越，跳箱の高さ一米，踏切距離は各自の能力相応とし，漸次高めて行く。
　　3．運　搬　イ.背負行進……団体的によく歩調を合せて行進し得るように訓練する。距離約四十米。
　　　　　　　　ロ.手　運……三人一組となり，二人で中間の一人を運ぶ。交替を順序よく。距離約五十米。
（三）終りの錬成
　　1．徒手体操（下肢，胸，体側，呼吸）
　　2．教練

　次に，体錬科における武道の授業（指導過程）についてである。同校における体錬科武道では，指導過程を決定するものとして，次のことが考えられている。「武道が体錬科である限りその過程は体育的でなければならぬ」，「其の時限での中心錬成教材の徹底を期すための最善の過程でなければならぬ」，「体錬科武道としての剣柔一体の姿を活かした実践的な武道の過程を重視せねばならぬ」<206>。また，「実戦的」指導過程が重視され，次のように説明されている。「国民学校の武道が柔剣一体の武道であり，

其の指導に於てはなるべく実戦的しかも戦争的な武道本来の姿を活かしたものでなければならない。実戦的と云うのは唯野外で運動場で戦争の様な真似をやると云ふものではない，児童の一斬突，一打突の中に実戦的な気魂が籠り，お互ひの相対的な武道の中にも実戦的な雰囲気が溢れて居り，しかもその指導の流れまでが実戦的であり，児童の精神活動を十分旺盛ならしめ得る所の指導過程でなければならない」<208>。「初等科五年体錬科武道授業案」を，以下に示す。<213-215>。

　　「初等科五年体錬科武道授業案」
　　（一）始の錬成（戦場前の準備）
　　　　秩序　　集合，礼，開列（徒手）
　　　　準備運動　足踏，体の側屈，体の前後屈，体の側転
　　　　基本斬突　面，左右面，右籠手右胴，突
　　　　当身技　　前方突，後方突
　　　　体の運用　後方左右捌（教師前方突に対して）
　　（二）中の錬成（戦場先ず執刀，徒手，組打）
　　　　（執刀）基本斬突　二段斬突，連続斬突，切返
　　　　　　　　基本斬突　二段斬突（打込台，打込棒）
　　　　（徒手）極技　前突，横打（教師の技を約束せざる攻撃に対し児童の
　　　　　　　　攻撃）
　　　　　　　　児童対児童にて行ふ
　　　　　　　　　イ．一撃一足の間合にて（教師の号令）
　　　　　　　　　ロ．歩行前進中に実施（教師の号令）
　　　　　　　　　ハ．駈足前進中に実施（教師の号令）
　　　　（投技）浮腰の交互掛
　　（三）終の錬成
　　　　（執刀）刀の上下動作
　　　　秩序　集合，奉誦，講評，礼，解散

第4項　賀茂郡西条町立西条国民学校

　西条国民学校は，1941年の国民学校令の公布を受けて，「大和魂を堅持

し真に皇国臣民の念に燃えて働き得る西条人を育成せんと念願する我々は健全なる体育によってねばりある強健なる身体を作らねばならぬ」という体錬科の態度を示し,「師弟一如となりたる有機的なる即ち相談による体操教授」を提唱する[48]。同校では,児童は,「自己の身体は自己の力によって健全に発育せしめるといふ強い決意」である「自発心」が何よりも求められ,教師は,「児童各自の個性,体質,心理に即応して心から児童のためのよき相談相手」となることが求められている<170-171>。

教授過程としては,「自識」,「構案」,「解決」の過程で仕組まれている。「自識」とは,「自己の研究せんとする事項を考察し,吟味し,而して自己の不知とする点即ち問題を自識する事」<171>と説明されている。この段階には,「準備品の点検」,「研究範囲の限定」,「自由練習」,「自発問題の提出」などが含まれている<171-173>。「構案」とは「自識せる問題に就きて児童自ら工夫し,構案せんとする段階」であり,「授業の骨子にして学習のクライマックスに相当すべきもの」である<173>。この段階で,教師は「個性的取扱と児童の全般的活動に留意し,相談に応じ解決への光明を与へてやる」<173>ことが求められている。「解決」とは,「自己の研究事項が客観的妥当性を有するや否やに就いての吟味を行う段階」<173>であり,「研究発表」を方法とするものと説明されている。そして,この解決の最終段階で「一斉練習」を行なうよう示されている。

ここでは,初等科五年男子の懸垂逆上の授業案をみてみよう。授業の目的は,「逆上の伸膝して行ふ場合を研究し,屈膝逆上との相違点を自識させ之に応ずる諸点について工夫せしめ,上肢帯並に胸部の諸筋を修練させ,胸郭の拡張を図ると共に全身の巧緻,軽捷性を向上せしめたい」<175>と示されている。指導案を表1-3に示す。

具体的にみるために,「講案」段階の教師における巡視相談の様子を,以下に示す<178-179>。

　A児　先生僕は脚が両脚揃って挙りません。どんなにしたらなほりますか。
　教師　肘を途中で伸しはしませんか,それからきめてかからねばなりませ

表1－3　初等科五年男子体錬科体操授業案

教授過程	題材順	始めの姿勢	用具
自識 1．用具の準備点検 2．服装検査 3．研究範囲の限定 4．既得題材の練習 5．逆上自由研究 6．自発問題の提出 **構案** 1．研究問題の吟味 2．自由研究 　　（担任者との相談） 3．相談すべき予想問題 　イ．体は鉄棒に近くか否か 　ロ．屈肘か伸肘か 　ハ．屈膝を排して屈腰のみで **解決** 1．研究事項の発表 　イ．児童相互の検討 　ロ．児童の研究発表 2．補説及示範 3．一斉練習 4．反省	1．集合整頓 2．横隊行進，開列 3．肘前挙振挙踵屈膝 4．頭前後屈 5．肘側上伸 6．片肘側開体側転 7．肘脚側挙振 8．肘斜上挙胸後屈 9．前歩 10．片肘上挙体側屈 11．足後出掌反体後屈 12．肘上挙振体前屈 13．逆上 14．肘立跳越 15．縦隊行進（正常歩，挙股歩） 16．肘側挙振挙踵 17．掌反体後屈 18．肘上挙側下 19．解散	手胸開脚 開脚 開脚 開脚	平均台 跳箱

出典：桧高憲三『西条教育』第一出版会，1941，175-177ページ，から改変引用。

	ん。
A児	始めは屈げているが途中で伸びる様です。
教師	脚を挙げるのでもやはり懸垂ですから肘はしっかり屈らねばなりません。うんと力を入れて見てごらん。
B児	僕は肘を屈めていても脚が挙がりませんがどうしたのでせう。
教師	一回やってごらん（実演を見て）それではいけません。それはあなたの立っているところは鉄棒の真下です。うんと前に出して挙げてごらん，そしたら挙ると思ひますがね。
B児	一，二回実演をする。
教師	どうです前よりよく挙がるでせう。
B児	脚を前にうんと出して順々後にさげて練習すればよいですね。
教師	さうです，それでうんと練習してごらんなさい。

　この一例に限ってみれば，教師の巡視相談は非常にやさしい言葉づかいで行なわれているように感じられる。また，指導案上では，あらかじめ児童の疑問や問題を予想し，さらに実際には個別に対応していることがわかる。

　ここまでみてきたように，同校の体錬科では，国民学校令の体錬科要旨に基づいて「闊達剛健なる心身」と「献身奉公の実践力」を育成し，方法としては独自の相談による教授方法を採用した。この教授方法は，画一的，形式的な教授方式ではないが，あくまで児童を自発的に「献身奉公」へと育成するものであった。

　しかしながら，相談による教授方法は，戦後の新教育に理念転換した西条小学校を支える教授方式となっている。

第5項　広島市立大河国民学校

　大河国民学校では，「国民学校体錬科教授要項」を受けて，『体錬科経営要録』を作成している。ここでは，体錬科の方針を「身体の錬磨のみでなく精神の錬磨を不可欠なる要素としている故に体錬科は常時真正なる体錬科の下に経営せられ至純なる皇国民錬成の一途に帰すべきは論を俟たない

第1章　軍国主義学校体育の形成と展開

表1-4　授業案における「中の錬成」（一部抜粋）

学年	担任	運動	錬成目標	指導上の注意
1	河崎	基本の練習 鉄棒遊び ガッタカッとノハル 回鏡争	・歌声によくあわす ・姿勢正しく伸々と軽快に行う ・鉄棒正しく握れる ・辛抱づよく ・仲良く落ち着くする ・回図をよく守る	・体形は方形（ゆふやけ・えんぞく） ・歌曲（ゆふやけ・えんぞく） ・握り方は任意とする ・歌唱をはつらつと力強く愉快に行ふやう ・円をみださないやうに行う ・きまりよく応援し順番をまつ ・女児……一生懸命走るやう
初3男	田坂	引合（一）（二）前回転（一）（二）回旋継走	・手を離さないこと ・口をとぢとぢ目を主転回すること ・転回後の姿勢を正すこと ・短棒を落さないこと	・手を堅く握り合はす ・手友足を代へて行はす ・真直に転ずるやうに習慣づける ・短棒を落した時はその者に拾はす
初6男	平松	教練 不動の姿勢 集合体形変換 行進、方向体形変換 懸垂跳上、背立回転 騎馬戦	・要領を取得はす ・上り方下り方を正す ・礼儀正しく行ふこと ・堂々と戦ふこと	・歩立運動と連繋して指導する ・敏捷に行動をさす ・個々の運動を正確に指導し連繋の準備とす ・下り方は後に指導する ・帽子を手で待たない ・品暴をさせない ・乱暴をさせない ・取つた帽子は投げすてない ・縦横約三十米の範囲内に於いて
1	中村	鉄棒遊 回転坐 鬼遊び　一人鬼	・順番を守ること ・鉄棒運動になれさせる ・合図をよく守ること ・列をみださないこと ・言ひつけを守ること	・親指を下に回して握らせる ・鉄棒に近づいて□□□□（判読不能） ・力のそろつてゐる児童を組あはせること ・国旗又は軍艦旗を指導する時は特に慎重に ・鬼遊を過労させしめない
2	笹村	鬼遊び 子鬼し鬼 棒登り 投捕球	・言ひつけを守ること ・背のびをしない ・球をよく見ること	・始めの鬼は主人ともの初めの鬼とす ・体力の強さを指示すること ・範囲を点検すること ・用具を指示すること ・球の強さを加減さす
初3女	横田	折返継走 背負行進 重量運搬 指導法、不動姿勢 教練 整頓	・味方のために力走すること ・真棒をみだないこと ・真面目に我慢して運ぶ ・要領を概ね会得こしむ	・受渡しを確実に ・五十米 ・なるべく体重の等しい者を組合はすこと ・適宜交代してこなしむ

注：「運動」の項の（一）、（二）は、「国民学校錬科教授要項実施細目」の「方法」に示された数字と対応すると考えられる。
出典：広島市大河国民学校経営要録『体錬科経営及授業案』1943、から改変引用。

所である。斯の如き理念の下に身体の錬磨と精神の錬磨とを併せ行ひ以て国民的大使命を完遂するの体力と実践力を有する児童を育成する」[49]と示している。さらに，学校の地理的特徴とその特徴に基づいた児童の様子を次のように補説している。「本校は比較的市の周辺に位している為児童は概して強健であって且旺盛なる敢斗精神を有しているのであるが我等は更により強靭なる体力とより烈々たる気魂を有して敢然身を延して国家の要求に応じ得る皇国民の錬成に絶まざる精進を続けているものである」[50]。

『体練科経営要録』には，「附視察日程表及授業案」が付録として掲載されている。指導案については「国民学校体練科教授要項実施細目」とほぼ同じものが掲載されている（表1－4）。こここでは，国の政策を忠実に実践しようとすることしか窺えない。

注

1) 岸野雄三，竹之下休蔵（共著）『近代日本学校体育史』東洋館出版社，1959，119ページ。木村吉次「戦前・戦時下の学校体育行政」岡津守彦（編）『教育課程（各論）戦後日本の教育改革7』東京大学出版会，1969，366ページ。草深直臣「戦後日本体育政策研究序説――その1．戦後初期の体育政策――」『立命館大学人文科学研究所紀要』第25号（1977），25ページ。入江克己『日本ファシズム下の体育思想』不昧堂出版，1986，45ページ。
2) 「兵式体操振興に関する建議」案は，その後字句修正を経て「兵式教練振作に関する建議」として可決されている。（文部省『資料臨時教育会議』第一集，1979，80ページ，153-154ページ，214ページ。)
3) 大橋伸次「配属将校制度の成立過程について」『教育学雑誌』第19号（1985），118-130ページ。
4) 草深前掲書1），22ページ。
5) 岸野前掲書1），152ページ。
6) 同上書，217ページ。
7) 岸野前掲書1），178ページ。木村前掲書1），367-368ページ。草深前掲書1），26-30ページ。
8) 草深前掲書1），27ページ。
9) 「体育運動主事会議」とは，「大正十五年に体操指導監督者協議会から発展したもので，以来毎年大臣の諮問をうけて，体育に関する種々の専門的な事

項を答申した機関であった。しかも，この会議は，上からの要求に答えながら，現場の実情を考慮して，体育に関する改善策についても種々協議した重要な機関であった」と説明されている。岸野前掲書1），165ページ。
10）草深前掲書1），27ページ。
11）教学刷新評議会は「国体観念，日本精神を根本として学問，教学刷新の方途を議し，宏大にして中正なる我が国本来の道を闡明し外来文化の摂取の精神を明瞭ならしめ，文政上必要なる方途と主たる事項を決定し，以て我が国教学刷新の歩を進めその発展を図らんとす」として設置された。
12）日本文化協会『教学刷新評議会答申及び建議』1937，14-15ページ。
13）「小学校武道指導要目」，近代日本教育制度史料編纂会（編）『近代日本教育制度史料』第二巻，大日本雄弁会講談社，1956，213ページ。
14）同上書，213ページ。
15）同上書，214ページ。
16）「小学校武道指導要目の趣旨徹底に関する件」，同上書，216-217ページ。
17）「小学校武道指導要目廃止」，同上書，297ページ。
18）草深前掲書1），21ページ，25ページ。
19）井上一男『学校体育制度史（増補版）』大修館書店，1970，340ページ。
20）文部省「学校体操教授要目改正の要旨並改正の要点」『文部時報』575号，近代日本教育制度史料編纂会（編）『近代日本教育制度史料』第六巻，大日本雄弁会講談社，1956，245ページ。
21）同上書，245-246ページ。
22）「国民学校，師範学校及幼稚園に関する件」答申。本研究では，学校教育研究会（編）『国民学校案の研究』宝文館，1940，329-336ページにある付録を用いた。
23）「国民学校令」，前掲書13），219ページ。
24）同上書，219ページ。
25）「国民学校令施行規則」，同上書，233-234ページ。
26）同上書，234ページ。
27）「国民学校及同施行規則実施に関する件」，同上書，261ページ。
28）木村前掲書1），372ページ。
29）「戦時学徒体育訓練実施に関する件」，渡辺一郎『武道史研究資料Ⅲ』1982，1ページ。
30）木村前掲書1），377ページ。
31）この要綱では，国民学校について「義務教育八年制の実施は当分の内之を延期す」と示されている。
32）「国民学校体錬科体操教材の指定追加に関する件」，前掲書13），316ページ。

33) 岸野前掲書1), 224ページ。
34) (不明)「学徒征空体錬実施要綱」天照皇道報恩会事業部三井商会, 1944, 1ページ。
35) 学童疎開については, 1944年6月30日に「学童疎開促進要綱」, 1945年1月20日に「昭和20年度学童集団疎開継続に関する措置要領」, 1945年3月20日に「学童疎開強化要綱」が閣議決定されている。
36) 今村嘉雄『日本体育史』不昧堂出版, 1970, 598ページ。
37) 同上書, 598-599ページ。
38) 同上書, 599ページ。木村前掲書1), 378ページ。
39) 佐々木武男「国民学校体錬科の指導内容」, 広島市退職校長会「戦中戦後における広島市の国民学校教育」編纂委員会『戦中戦後における広島市の国民学校教育』1999, 191-196ページ。以後, 本項に限り同書からの引用は, 本文中に<191>のようにページ数だけを注記する。
40) 広島県安芸郡瀬野尋常高等小学校『我校の体育施設研究冊子』第四号, 1940。以後, 本項に限り同書からの引用は, 本文中に<5>のようにページ数だけを注記する。
41) 広島高師附属小学校学校教育研究会が発行する『学校教育』は, 1941年6月まで刊行されている。その後, 5年間の休刊を経て, 1946年6月に復刊される。
42) 広島高師附属小学校学校教育研究会『学校教育』324号, 1939, 192-201ページ。
43) 同上書, 202-217ページ。
44) 次のようなものが挙げられる(括弧内の数字は, 巻末の資料に付した番号と対応する)。
学校教育研究会 (15, 16, 17, 18, 19), 中尾勇 (57, 58, 59, 60), 来馬欽吾 (31)。
45) 次のようなものが挙げられる(括弧内の数字は, 巻末の資料に付した番号と対応する)。
学校教育研究会 (20, 21, 22, 23, 24, 25)
46) 文部省『国民学校体錬科教授要項並に国民学校体錬科教授要項実施細目』1942, 1ページ。
47) 学校教育研究会『国民学校体錬教育の実際』宝文館, 1944, 129ページ。以後, 本項に限り同書からの引用は, 本文中に<129>のようにページ数だけを注記する。
48) 桧高憲三『西条教育』第一出版会, 1941, 169-170ページ。以後, 本項に限り同書からの引用は, 本文中に<169>のようにページ数だけを注記する。

49）広島市大河国民学校『体錬科経営要録附視察日程表及授業案』1943。
50）同上書。

第2章　敗戦直後の学校体育

　1945年8月15日，多くの日本人は，昭和天皇の玉音放送によって終戦の詔書を聞き，戦争が終ったことを知る。

　ただこのとき，沖縄はアメリカ軍の占領下となっていた。また，日本の主要都市は空爆により焦土となり，広島と長崎には原子爆弾が投下されて一瞬にして数十万人の命が奪われ，国民の生活は破壊されていた。学校教育についても，すべてが戦争と結びついており，学童疎開や勤労動員などによってほとんど機能していなかった。このようにして，8月15日という日を迎えたのである。

　城丸章夫は，「戦争が終ったとき，誰もが『助かった』と思い，もう二度とこんなことがあってはならないと思いました。そして誰いうもなく『いのちを大切にしよう』ということが，私たちの合言葉になりました。また『いのちを大切にしよう』と，公然と言うことができることが，戦前と戦後のちがいだと思うようになりました」[1]と述べている。このように，1945年8月15日という日は，すべての価値を「死」から「生」へ転換させたのである。学校体育に関しても，この「生」と「生の充実を図る」ための実践として再出発していくことになる。

　ところで，戦後教育改革は，ポツダム宣言に立脚して GHQ/SCAP 主導によって行なわれる。ポツダム宣言における教育に関する規定は，「日本国国民の間に於ける民主主義的傾向の復活強化に対する一切の障礙を除去すべし。言論，宗教及思想の自由並に基本的人権の尊重は確立せらるべし」[2]という条項が該当すると考えられる。すなわち，教育の民主化こそが，ポツダム宣言に基づく教育改革である。

第1節　文部省と GHQ/SCAP による軍国主義学校体育の撤廃

第1項　敗戦直後における学校体育に関する行政処置
（1）文部省による軍国主義学校体育の自主的処置

　1945年8月15日からおよそ3ヶ月の間に，文部省によって軍国主義学校体育に対する自主的な処置がとられる。まず，ポツダム条項に示された戦時教育の停止と一掃に関する措置に基づいて，1945年8月24日に「学徒軍事教育並戦時体錬及学校防空関係諸訓令等の措置に関する件」が通達されている。この通牒によって，1941年11月27日発令の「学校教練教授要目」以降の教育の軍事訓練化に関する訓令および通牒の廃止が決定される（表2-1）。

　次に，1945年9月15日に文部省は，「新日本建設の教育方針」を発表している。この方針のなかで，「体育」に関する項目は，次のように教示されている[3]。

> 戦時中勤労動員や疎開に依り身心共に疲労している学徒も相当多いので，衛生養護に力を注ぎ体位の回復向上を図ると共に，勤労と教育の調整に重点を置き食糧増産，戦災地復旧等国民生活に関係深き作業を教育的に実施する外，明朗闊達なる精神を涵養する為め大いに運動競技を奨励し純正なスポーツ復活に努め，之が学徒の日常生活化を図り以て公明正大の風尚を作興し，将来国際競技にも参加するの機会に備へ運動競技を通じて世界各国の青年間に友好を深め理解増進にも資せしめんとしている

　ここでは，勤労作業を体育的に実施することが示されると同時に，運動競技が奨励され，スポーツの正常化と日常生活化が方向付けられている。このことに関して草深は，「『純正スポーツの復活と日常生活化』を天皇制政府自身が唱わざるを得なかったことに，『献身奉公ノ実践力ヲ培フ』体育観，軍事的実用性への極度な偏向，狂言的非合理主義の破綻にたいする

第2章 敗戦直後の学校体育

表2－1 「学徒軍事教育並戦時体錬及学校防空関係諸訓令等の措置に関する件」

件　　　名	日付及び番号
学校教練教授要目	1941.11.27　訓令第30号
学校教練教実施に関する件	1941.11.27　発体第59号次官通牒
海軍軍事教習実施に関する件	1944.1.29　次官通牒
学徒体錬特別措置要綱に関する件	1945.4.4　発体37号
教育に関する戦時非常措置方策に伴ふ学徒の軍事教育強化要綱	1944.2.8　発体28号次官通牒
学徒軍事教育特別措置要綱に関する件	1945.4.20　発体42号
陸軍現役将校学校配属令，同施行規程中戦時特別措置に関する件	1945.7.13　官体48号
学徒隊教職員幹部学徒講習会実施に関する件	1945.6.10　発体51号
学徒特技訓練実施に関する件	1945.4.30　発体41号
学徒戦時航空特別訓練実施に関する件	1945.5.1　発体47号
学校教員滑空訓練並滑空機修理講習会開催に関する件	1945.5.1　発体46号
学校教員滑空機修理講習に関する件	1945.5.6　発体48号

出典：『戦後教育資料Ⅱ－9』国立教育政策研究所所蔵。および，近代日本教育制度史料編纂会（編）『近代日本教育制度史料』第二十五巻，大日本雄弁会講談社，1958，542ページ，から改変引用。

一定の反省を読み取ることができる」[4]と評している。

　さらに，学校体育の非軍事化にかかわるものとして，次のものが通牒されている[5]。

　　1945年9月19日「武器引渡し命令に対する学徒教練用銃兵器処理に関する件」（官体47号）

1945年10月3日「時局の急転に伴ふ学校教育に関する件」(発体67号)
1945年10月3日「学徒の軍事教育に関する件」(発体67号)
1945年11月5日「陸軍現役将校学校配属令施行規程廃止」
　　　　　　(陸軍・文部省令第1号)
　　　　　　「陸軍現役将校配属学校教練査閲規程等廃止」
　　　　　　(陸軍省令第52号)

　これらの通牒にみられるように，戦時体制下の学校体育に要求された軍事訓練項目が徹底的に廃止された。

(2) GHQ / SCAP による軍国主義学校体育の処置

　GHQ / SCAP は，1945年10月2日に民間情報教育局（以下，CIE と省略）を発足させる[6]。また，同年12月末までに教育改革に関わる指令として，1945年10月22日に「日本教育制度に対する管理政策に関する件」[7]，「教育及教育関係者の調査，除外，認可に関する件」(10月30日)[8]，「国家神道，神社神道に対する政府の保証，支援，保全，監督並に広布の廃止に関する件」(12月15日)[9]，「修身・日本歴史及び地理教育停止に関する件」(12月31日)[10]を日本政府に発する。

　学校体育に対しては，「日本教育制度に対する管理政策に関する件」で示された「軍国主義的及極端なる国家主義的イデオロギーの普及を禁止すること」，「軍事教育の学科及び教練は凡て廃止すること」[11]という条項に基づき，軍事的色彩の一掃に努めるべく次々と通牒がだされる。

　1945年11月6日の「終戦に伴ふ体錬科教授要項（目）取扱に関する件」における国民学校に関する内容を，一部抜粋しつつみてよう[12]。

　　(廃止，削除，中止すべき事項)
　・昭和19年8月15日附発体158号に依る学徒航空適性強化体錬に関する件通牒。
　・武道(剣道，柔道，薙刀)の授業。
　・体操及遊戯競技（歩調をとりて歩く，軍隊遊，へいたいごっこ，軍か

第 2 章　敗戦直後の学校体育

ん，兵たいさん，魚形水雷）。
　(教材の取り扱いに関する事項)
・徒手体操は要項に拘らず授業中主として実施する教材の準備，調整，矯正並に補助として之を実施せしむることとし画一的指導は努めて之を避くること。

　このような「他教科での所謂『すみぬり教科書』に相当する」[13]措置が取られている。これと同時に，学校体育にかかわる新しい方向を暫定的ではあるが，次のように提示している。

　(教材に関する事項)
・籠球，排球等適切なる教材へ適宜実施しおること。
・土地の情況，季節，天候，設備等に応じ実施教材の選択配合を適切ならしむること。
　(指導法に関する事項)
・児童の自然要求を考慮し遊戯競技的取扱に重点を置き時に明朗潤達の気象を振起せしむると共に道義心の昂揚に力むること。
・児童の個性，発育，栄養の状態並に運動能力等を考慮し指導の適正を期し特に運動と休養との調整を図ること。
・授業に当りては児童の自発能動性を重んじ特に高等科に在りては教材の選択指導方法等中等学校に準じて之を実施すること。
・運動場の管理を適切ならしめ特に危険防止に留意すること。

　しかしながら，「戦災等により失はれたる体育施設の復旧に努むると共に校外に於ける自然の環境を体育的に活用するやう指導上創意工夫に力むること」，「食糧増産，戦災復旧等の作業を通じ体育的効果を収むる様体育と勤労とを緊密に連繋して指導すること」とあり，学校体育をまずもって勤労作業に振り替える必要が示唆されている。竹之下は「終戦に伴ふ体錬科教授要項（目）取扱いに関する件」について，「教科内容が細かい点まで上から与えられ，教師中心の画一的指導に慣れた目で見れば，頗る異質的であり，余りにも児童中心に偏ったものとしてうつったであろう」[14]と

45

述べている。すなわち，現場の教師は混迷せざるを得なかったのである。そのため，1945年12月26日に「学校体錬科関係事項の処理徹底に関する件」[15]，1946年6月28日に「秩序，行進，徒手体操等実施に関する件」[16]が通達され，暫定措置に関する趣旨説明が繰り返されることとなっている。

「学校体錬科関係事項の処理徹底に関する件」では，前文で「終戦に伴ふ学校体錬関係事項の処理に関しては屢次の通牒に依り夫々万全を期せられつつあることと存ずるも諸情報に依れば一部に尚遺憾の点存するを以て之が処理徹底方に関し一般の御配意相成度」としたうえで，次の3項目が示された。

（1）学校の内外を問わず軍事教練的色彩を一掃すること。
（2）教練用銃兵器等の処理に遺憾なきを期すること。
（3）学校又は附属施設に於て武道を実施せしめざること。

なかでも，（1）の事項で「体操，作業等実施中の指導態度，指導方法等は素より体操，作業時以外に於ける集合，行進，敬礼，登下校等の方法に関しても習慣伝統等の如何を問はず軍事教練的色彩は即時之を一掃し」と示し，「大変強い口調」[17]で指示している。

「秩序，行進，徒手体操等実施に関する件」の前文では，「夫々万全を期せられていることと存じますが，尚細部については種々疑問等も生じ，そのため指導の上に積極性を欠いている向もありますので此の際特に別記一例を送付いたしますから更に参考として其の取扱に遺憾のないやうにして下さい」とあるように「非常にていねいな言葉」[18]が使用されている。内容については，「秩序運動」，「行進」，「徒手体操」などの取り扱いについて通達されている。

（秩序運動）
・秩序運動として必要な命令，号令，指示，例へば「気を付け」「休め」「右（左）向」「回れ右」「整頓」「番号」等は最小限に止め，且軍事的色

彩がなく愉快な気持を与えるやうに行うならばさしつかえない。然しそれ自体を反復訓練することは避けねばならない。
（行進）
・隊列を組んでの行進は場所を移動する目的で行ふならば従来行っていたやうな正常歩行進や音楽に合して調子よく歩くことはさしつかえない。然しながら隊列行進それ自体の訓練を目的として行ふことは避けねばならない。又行進間に「一一二」「左一右」等と調子を唱えることは適当でない。
・軍隊で行ったような股上げ行進（速歩行進）は絶対に避けねばならない。
（徒手体操）
・徒手体操は非軍事的態度で行はなければならない。此の意味で必要があれば全校の合同体操を行ふこともさしつかえない。
・「集れ」「体操隊形をとれ」等の命令，号令，合図は行ってさしつかえない，然し軍隊式の口調や態度をとらないようにしなければならない。従って必要あれば各種の開列（たとえば片手間隔，二歩間隔，自由開列等）をすることはさしつかへない。
　然しながら，開列のしかたについて特別に訓練することは避けねばならない。
・指導者の呼称は最小限度に用ひ然も愉快な調子で非軍事的に行わねばならない。
・全員で呼称をとることはよくない。
・体操に音楽を用ふることはよいことである。
・新しいラジオ体操は授業の一部として行ってよい。
・合同体操を行ふ場合は画一的な形式，調子，回数等にとらはれて個人差を無視しないようにしなければならない。
（其の他）
・操伝器，回伝器（フープ）等，航空適性強化を目的として使用した器具類を学校の施設内に使用することは適当でない。

「秩序，行進，徒手体操等実施に関する件」については，「まことにこまごました指示を行っているのであり，ここに当時の現場における混迷の様相をうかがうことができる。教師にとって，軍事的と非軍事的とを主体

的に判断することはきわめて困難であった。占領下の文部省当局も確固とした方針をもって対処していたとはみられないが，依然として教師の方は中央からの細部にわたる指示をまつ姿勢が強かったのである」[19)]と指摘されている。

最後に，極東委員会（Far Eastern Commission）による1947年3月27日の「日本教育制度改革に関する政策」[20)]の第十項を確認しておきたい。そこでは，次のように規定されている（括弧内引用者）[21)]。

> すべての教育機関において，軍事的教科の教授は全面的に禁止されるべきである。生徒が軍国調の制服を着用することも禁止されるべきである。剣道のように好戦的精神（Martial Spirit）を助長する古典的スポーツもすべて廃止されなければならない。体育はもはや"精神教育（Seishin Kyouiku）"に結びつけるべきではない。純粋な柔軟体操や訓練よりも，競技や他のレクリエーション活動が，より多く強調されなければならない。もし，元軍人が実技教師としてあるいは体育やスポーツに関係して雇用されるときは，入念な適格審査がなされなければならい。

すなわち，「体育の非軍事化＝脱精神主義化」[22)]であったことがわかる。このことは，1949年に学校体育研究同好会（文部省内）が発行した『通牒集』でさえも，「徒手体操で精神的なものをねらうのは無理ではありませんか。徒手体操の起源からみても，それはより肉体的なものであるべきで，それに精神的なねらいを持たせようとしたために徒手体操の本質が失われたことは確かですね」[23)]と指摘していることからも窺える。

ここまで，敗戦直後における学校体育に関する行政処置について概観してきた。文部省主導の学校体育に関する行政処置では，戦時体制下からの脱却からはじまり，教練的要素を取り除くことで軍国主義や国家主義の排除が目指された。そして，占領軍主導のもとに教練的要素と武道，および画一的指導法の排除が徹底されている。それは，学校体育と精神教育を断絶することであった。もちろん，学校体育の新しい内容や方法の方向性が示されていたが，暫定的な内容でしかなかった。ただし，暫定措置とはい

え，ここで示した一連の通牒は，文部省から発行された1947年8月の『学校体育指導要綱』や1949年4月の『学習指導要領小学校体育編（試案）』を補完するものであることが確認されている[24]。

第2項　学校体育界における敗戦直後の新体育構想
（1）学校体育界における敗戦の受容

敗戦直後の学校体育界は，戦時下の学校体育をどのように受け止めていたのであろうか。

敗戦後間もなく，本間茂雄は，雑誌『学徒体育』の中に「体育の新発足を論ず」[25]と題した文章を執筆している。彼は，この文章の中で「吾国戦時体育の瞥見」という項目を立て，1937年以降の学校体育界の動向を述べている。この中で，彼は，戦時体育を「歪められ特殊化された」[26]ものと位置づけつつ，「指導を誤ったことも否定し得ぬ事実」[27]と自身の責任を認めている。さらに，戦時下の学校体育界について，「目的と手段とを混同し且つ行き過ぎてしまって，一般体育の原理と方法までが否定され或は忘れられ，独断的な，しかも特殊体錬の理論と方法が体育全般唯一の考え方であるかの如き主張が余りにも多かった」[28]と指摘している。そして，「体育人が正々堂々と体育の本議論を掲げて対立し得なかったのは，凝り固まった考えに容れられねという見通しがあったことによりますが，其の見識と実力不足を物語る以外の何物でもなく，吾等自ら省みて遺憾とする処であります」[29]と述べている。

また，石津誠は，「民主的体育の針路と其の根本理念（一）」[30]と題する論文の中で，戦時下の学校体育界の態度を論じている。彼は，「戦争への犠牲としての体育」という項目で，戦時下の学校体育界について，次のように述べている。「体育の根本目的に反する事ではあるが，それが日本の戦争目的を達成する為の要素であるならば，之を喜んで享受すると言う態度，この態度が寧ろ体育の根本目的な態度であるかの様に錯覚して仕舞ったのである。対象たる青少年は，実に当然の事の様に之の迫害を甘受し，其処に栄誉さえ感じて居たのである。否感じさせられて居たと言った方が

49

妥当であろう」[31]。

　このように，敗戦直後の学校体育界では，戦時下の学校体育に対する反省がかろうじて行なわれている。

　一方で，先行研究によっても明らかなように[32]，学校体育界の指導的役割を果たした人々は，敗戦からの精神的な切り替えが容易にできなかったのである。1946年1月に発行された『新体育』の中で，森悌次郎は「体育人そのもの迄が，いつとも知れず時局の波に押し流され目を蔽はれて唯ひたむきに戦勝を最終の目的として進んで来たのではないか。実に私自身もその一人であったのである。頭の切り換えは容易の如くあって実は仲々困難なことである」[33]と述べている。また，同年4月に発行された同誌では，大谷武一が「民主主義は真理である，人間は真理に忠実でなければならぬ，等々といくら条理の通った講釈を聞かされても，永い間，封建的思想の支配下に育成されて来た，吾々お互い取っては，そう簡単に頭の切り換えの出来る道理がない。たとえ口頭では，どうにか民主主義者になり得たとしても，行為は随所にその言葉を裏切るのである」[34]と述べている。

　ここまでみてきたように，戦後の学校体育界は，敗戦をどのように受け止めて，どう位置づけるのかを明確に示し得なかったことがわかる。

（2）学校体育界における敗戦直後の新体育構想

　学校体育界は，敗戦直後からの新しい体育をどのように構想していたのであろうか。この点に関しては，丹下保夫の研究[35]によって明らかにされている。丹下は，「教練，武道を排し，体操中心の画一的指導の体育を民主主義につながるスポーツ中心の自発的指導の体育への切りかえの理論化と実践化」[36]がどのように構想されたかという問題を設定し，学校体育界関係者の論稿[37]に基づいて，次のようにまとめている。「体操中心の体育からスポーツ中心の体育への転換を否定する意見は殆どみられない。誰もがスポーツ中心の体育へ転換すべきことを主張している。しかし，無条件にスポーツ中心で良いといっている者もまた殆どいない。いずれも戦前のスポーツが体育的見地からみれば許し難い弊害をもっていたとみている。

或る者はスポーツマンシップの欠如といい，技術主義といい，オリンピック主義の選手制度による少数精鋭主義の非民主主義組織運営から来る弊害を指摘し，ある者は身心の発達の阻害を強調した。しかし戦前のようなスポーツの弊害を認め，再びそれを繰り返してはならないという点では共通である」[38]。

次に，丹下は，体操中心の体育からスポーツ中心の体育への転換を方向付けた学校体育の理念についても，学校体育界関係者の論稿[39]を手がかりに，次のようにまとめている。「多くは体育は身体を対象とする教育であるという立場から，身体論を基盤としている。それは心身二元論を克服し，心身一元論から心身の関係をみ，そこから体操的体育からスポーツ的体育えの転換の原理としようとした。……（中略）……心身一元論の立場に於てもその立場に違いはあるが，新カント派といわれる篠原助一氏の立場，橋田邦彦氏の全機の生理学ないし哲学，あるいは生哲学にその根拠を求めていたとみることができる。この心身一元論に立つ身体論は体操は勿論のこと，スポーツの技術やスポーツマンシップなどの精神の問題も説明つけることは可能である」[40]。続けて，丹下は，「しかしスポーツが教育的にみて弊害をもっているといわれ，その弊害はなぜ起るか，どうすることがよいのかという原理は，この身体論で十分であろうか」[41]と問題提起している。そして，1946年11月発行の『新体育』に掲載された坂本彦太郎による「体育を論ずる態度について」[42]という論文，あるいは1947年1月発行の『新体育』に掲載された高尾菊雄による「スポーツに於ける民主主義の実現」[43]という論文を再考し，「当時のこのような身体論では，体操中心の体育からスポーツ中心の体育への転換となる体育観としては十分でないことを示しているための批判とみることができる」とし，「急速な体育の転換における体育理念の不十分さが顕著であったことは拒めないようである」[44]とまとめている。

ここまでみてきたように，敗戦から数年間の学校体育界は，各種の禁止措置を受け入れることで，学校体育を新たに出発させようとした。しかしながら，学校体育を先導する立場にあった学校体育界は，軍国主義学校体

育を克服する方策を十分に有していなかったといえよう。このことは，敗戦の位置づけと，それをどのように受け止めたかを明確に示し得なかったこと，学校体育の理念の転換を十分に行なうことができなかったことから窺える。また，鈴木明哲が指摘するように，「ミリタリズム的指導者の連続」[45]も真に軍国主義学校体育を克服できなかった要因の一つと考えられる。そして，敗戦直後という時期に学校体育が何のためにあるのかという存立基盤を学校体育界が明らかに示しえなかったことは，後の学校体育政策のみならず現場での実践に重要な影響を与えることになったと考えられる。

　次節では，日本の学校体育を先導する立場の関係者が混迷するなかで，広島県における現場の教師がどのように民主主義に基づく学校体育を模索したのかをみていきたい。

第2節　広島県における軍国主義学校体育の清算

第1項　敗戦直後の広島県における教育状況

　広島県内の主要都市は，敗戦直前に壊滅的な被害を受けている。広島市は，1945年8月6日に，アメリカ軍の戦略爆撃機B－29から世界で初めて原子爆弾を投下される。原子爆弾が爆発した直後の広島市は，爆風，熱線，放射能により，筆舌に尽くしがたいほど悲惨な状況となった。死傷者数は，およそ20数万人に達したと推定されている。広島市の土地利用面積の92％が罹災し，また約40％が焦土となっている[46]。呉市では，同年3月から7月にかけて，計6回の空襲を受けている。呉市の被害状況は，死者数が約3,700人，罹災者は約125,000人とされている[47]。福山市では，同年8月8日に空襲を受け，被害状況は，死者数354人，市街地の約80％が焼失し，罹災者は47,326人（市民の81％）となっている[48]。

　1945年9月15日に広島県兵事教学課が調査した結果から，広島県内における国民学校の空襲被害状況と罹災児童・職員数がわかる。広島県内における国民学校の空襲被害状況を，表2－2に示す。

表2－2　広島県内における国民学校の空襲被害状況

(学校数)

市　別	全壊・全焼	半壊・半焼	大　破
広　島	21	7	4
呉	9	5	3
福　山	3	3	－
三次以外	3	－	－
(計)	36	15	7

出典：藤原浩修「広島県の教育改革」『広島県史研究』第6号 (1981)，16ページ，から改変引用。

　敗戦直前に空襲を受けた，広島市，呉市，福山市の国民学校で被害が大きかったことがわかる。広島市においては，原子爆弾の爆心地から2km以内の国民学校が全焼区域となっており，原子爆弾による被害は甚大であった。広島市内において，全焼区域あるいは建物倒壊区域を免れた国民学校（高等科のみは除く）は，38校中17校であった。

　広島県内における罹災児童・職員数については，児童生徒死亡者数が2,144名，職員死亡者数が141名，戦災孤児生徒が575名であった[49]。

　疎開児童の引揚げについてみてみると，文部省が疎開児童の復帰を通達したのは1945年9月26日であるが，広島県では8月30日に広島市学務部長が広島市関係国民学校長宛に「集団疎開児童に関する件」を，9月1日には広島県内政部長が広島・呉市長，関係国民学校長宛に「集団疎開学童引揚げに関する件」[50]を通牒している。広島市では9月12日に江波，牛田，宇品の三校の児童537人[51]が，呉市では9月8日に阿賀校児童が復帰したのを皮切りに，ほぼ10月末までに引揚げを終了している。また，原爆孤児になった59人が，12月1日に佐伯郡五日市町に開設された広島市戦災児育成所に入所している[52]。

　教職員の補充状況についてみてみると，当時，広島市立中野国民学校に勤務していた植野武は，次のように述べている。「戦後，国民学校の再出

発に当たって，各校長の最大の課題は，教職員の著しい不足である。一日も早く確保するということに全力を傾注された。採用対象は，旧制中学を卒業し，地域の人から教職員として尊敬される人柄で，農業を兼業し，安い給料でも食べることの心配のない人であった」[53]。このように教職員の人選と補充は急務の課題であった。

戦災による教職員の減少もあったであろうが，なかには敗戦の虚脱状況ゆえに教職を控えているものもいた。室積新太郎は，敗戦まで中国の日本国民学校に赴任していたが，1946年3月21日に中国から帰国している。彼は，帰国後，何をするとなく家の近くにあった旧工兵作業場開墾などをしており，「食料を得るのが目的というよりも，虚脱状態から抜け出し，自分を見つめ直す過程だったかもしれない」[54]と述べている。そして2ヶ月月後にようやく，広島市立牛田国民学校に勤務することができるようになったのである。

さらに，占領軍の学校視察が行なわれている。当時，広島市立牛田国民学校に勤務していた室積は，「昭和二十一年五月二十一日は，進駐軍が学校視察に訪れた。十二時から十五分間程度の視察」[55]と述べている。また，「九月十日にも再度指令通達の徹底状況について，進駐軍の学校視察を受けた。奉安殿寺の施設を中心とした抜き打ち的な視察のようであったが，学校教育の変革にかなり強い執念を持っていることを感じた」[56]と述べている。また，別の教師は，「進駐軍の学校視察は，特に軍の物資があった関係もあり厳しい内容だった」[57]と述べている。さらに，別の教師は，「進駐軍が学校に来るとのうわさもあり，不安な気持ちはどの学校にもあった。大林国民学校は旧安佐郡の最北部に在り，ここに来ることはないであろうと言っていた。ところが，二十年の十一月半ばであったと思うが，……（中略）……通訳を含めた四名の進駐軍兵士の訪問である」[58]と述べている。

このように，空襲被害，学童疎開，教職員の補充，占領軍による学校監視をみても，敗戦直後の広島県における教育状況は極めて困難な状況であったといわざるを得ない。すなわち，戦後の教育の出発点は，「教育」以前に学校機能の回復から行なわれなければならなかったのである。

第2項　敗戦直後の広島県における学校体育をめぐる状況

　敗戦直後の広島県における学校体育をめぐる状況として，児童の食糧事情，児童の体格，学校の体育用具設置状況についてみていきたい。まず，児童の食糧事情についてみてみたい。広島県では，1946年2月中旬に「食糧事情による臨時休業に関する件」が通達され，食料不足対策として夏季休暇の20日間繰り上げ，臨時休暇，午後の授業の打切りなどが指示されている[59]。このような食糧事情の悪化について，当時の教師たちは，次のように述べている。ある教師は，1946年6月から7月にかけて給食に野草の団子を出したと回想しており，「当時は学校に弁当を持参するような状態ではなかった」[60]と述べている。また，別の教師は，「食糧事情の悪化のため，子どもたちの気持ちもすさみがちであった」[61]と述べている。ただ，「校庭のかたすみに児童といっしょに畑をつくり，汗を流して野菜づくり，花づくりをしながら収穫の喜びを共にした」[62]とも述べている。

　食糧事情の悪化と関連があると考えられるのが，児童の体位や疾病状況である。1948・1949年度の広島県における身長，体重の平均と全国平均を，表2－3に示す。これらをみると，1948年度に比べて1949年度は発育の回復がみられるが，全国平均と比べると下回っていることがわかる。

　次に，広島県内の栄養要注意児童および要養護児童に関する統計を，表2－4に示す。栄養要注意児童および要養護児童の割合は，市部は郡部に比べて高い数値を示している。すなわち，発育という視点からみれば県内では地域差があったと考えられる。また，表中には示していないが，トラホームや伝染性皮膚病などの割合について，郡部は市部に対して高い数値を示しており，衛生環境に差があったと考えられる。

　最後に，1949年度の県内小学校における体育用具の設置状況について調査された結果を，表2－5に示す。

表2－3　広島県における児童の身長と体重（1948・1949年度）

身　　長　　　　　　　　　　（cm）

			1年	2年	3年	4年	5年	6年
男子	広島県	1948年度平均	107.7	112.2	116.9	121.4	125.9	129.6
	（全国）		(108.1)	(112.8)	(117.4)	(121.9)	(126.1)	(130.4)
	広島県	1949年度平均	108.4	113	117.6	122.1	126	130.5
	（全国）		(108.6)	(113.4)	(118.1)	(122.3)	(126.5)	(130.6)
女子	広島県	1948年度平均	106.9	111.3	116.1	120.7	125.3	130.2
	（全国）		(107.3)	(111.9)	(116.4)	(121.1)	(125.7)	(130.8)
	広島県	1949年度平均	107.5	112.2	116.8	121.3	126	130.9
	（全国）		(107.7)	(112.7)	(117.3)	(121.7)	(126.8)	(130.9)

体　　重　　　　　　　　　　（kg）

			1年	2年	3年	4年	5年	6年
男子	広島県	1948年度平均	18.2	19.8	21.8	23.7	25.8	27.9
	（全国）		(18.4)	(20.1)	(22.9)	(24)	(26)	(28.2)
	広島県	1949年度平均	18.3	20.1	22	24.1	26.1	28.3
	（全国）		(18.5)	(20.3)	(22.3)	(24.2)	(26.3)	(28.4)
女子	広島県	1948年度平均	17.6	19.1	21	23.1	25.2	27.9
	（全国）		(17.9)	(19.5)	(21.3)	(23.4)	(25.6)	(28.2)
	広島県	1949年度平均	17.8	19.5	21.4	23.5	25.7	28.5
	（全国）		(17.9)	(19.6)	(21.5)	(23.6)	(25.8)	(28.5)

出典：広島県教育委員会事務局調査室『教育調査統計』広島文化社，1949，70ページ，から改変引用。

表2−4　広島県における栄養要注意・要養護児童数

	<男　子>			<女　子>			(総計)
	郡部	市部	計	郡部	市部	計	
検査人員（人）	95,290	36,383	131,673	91,117	35,900	127,017	258,680
栄養要注意（人）	1,916	1,010	2,926	1,628	874	2,502	5,428
（割合％）	(2.1)	(2.8)	(2.2)	(1.8)	(2.4)	(2)	(2)
要養護（人）	2,208	1,564	3,772	2,061	1,416	3,477	7,249
（割合％）	(2.3)	(4.3)	(2.9)	(2.3)	(3.9)	(2.7)	(2.8)

出典：広島県教育委員会事務局調査室『教育調査統計』広島文化社，1949，76-77ページ，から改変引用。

表2−5　広島県内の小学校における体育用具の設置状況

人　員　区　分

	用　具　名	100以下	101〜300	301〜500	501〜1000	1001以上
1	ドッジボール	1.9	3.8	1.0	9.1	11.3
2	ソフトボール	0.7	1.4	1.0	2.6	3.4
3	ワンアウトボール	1.4	3.1	1.0	5.5	6.9
4	野球（軟）ボール	1.8	2.7	3.1	4.5	5.9
5	野球（硬）ボール	0.0	0.0	0.0	0.0	0.2
6	バスケットボール	0.0	0.0	0.1	0.0	0.2
7	ハンドボール	0.0	0.0	0.0	0.0	0.1
8	バレーボール	0.9	1.6	2.0	2.3	2.8
9	ラグビーボール	0.0	0.0	0.0	0.0	0.1
10	タッチフットボール		0.0	0.0	0.0	0.2
11	アメリカンフットボール		0.0	0.0		
12	サッカーボール	0.0	0.0	0.2	0.1	0.3
13	テニス（軟）ボール	1.1	2.4	2.6	3.2	3.3
14	テニス（硬）ボール	0.0	0.0	0.0	0.0	0.0
15	卓球ボール	2.8	4.9	2.9	3.7	5.6
16	蹴送球用ネット	0.0	0.0			
17	野球用バックネット	0.0	0.0	0.2	0.2	0.3
18	バレーネット	0.2	0.5	0.5	0.9	1.0
19	テニスネット	0.2	0.5	0.2	0.5	0.6
20	野球用バット	0.5	1.3	1.4	2.0	1.6

21	野球用グローブ	0.6	1.5	2.0	2.4	2.6
22	野球用ミット	0.2	0.3	0.5	0.5	0.4
23	野球用マスク	0.0	0.0	0.0	0.0	0.0
24	野球用胸当			0.0		
25	野球用脛当	0.0		0.0		
26	野球用ベース	0.0	0.2	0.3	0.5	0.6
27	卓球台	0.5	0.7	0.5	0.6	0.7
28	卓球用ラケット	1.4	1.7	1.3	1.5	2.5
29	卓球用ネット	0.6	0.9	0.6	0.8	0.7
30	棒高跳用支柱	0.1	0.2	0.1	0.1	0.1
31	棒高跳用棒	0.0	0.1		0.1	0.0
32	走高跳用支柱	0.5	0.5	0.5	0.5	0.5
33	走高跳用バー	0.3	0.2	0.1	0.5	0.4
34	砲丸	0.7	1.2	1.2	1.0	0.8
35	円盤	0.2	0.4	0.5	0.6	0.4
36	槍	0.0	0.0	0.1	0.0	0.1
37	ハードル		0.0	0.0	0.2	0.5
38	スターティングブロック		0.0			
39	跳箱	0.9	1.7	2.1	2.7	3.0
40	マット	0.1	0.6	0.7	1.0	0.8
41	平均台	0.7	1.7	2.1	2.3	2.6
42	移動式平行棒	0.0	0.0	0.0	0.0	0.0
43	移動式鉄棒	0.4	0.7	0.3	0.4	0.7
44	腰掛	3.7	6.8	7.3	8.6	8.3
45	綱引用綱	0.5	0.3	0.3	0.6	0.6
46	なわ跳用なわ	2.0	3.1	6.5	11.9	28.9
47	巻尺	0.9	1.2	1.3	1.4	1.6
48	ストップウォッチ	0.0	0.4	0.5	0.8	1.0
49	出発合図用ピストル	0.4	0.8	1.0	1.2	1.3
50	空気入れ	0.6	1.0	1.0	1.0	1.2
51	ライン引き	0.0	0.1	0.2	0.2	0.4
52	テニスラケット		0.0			
53	エスキーテニスセット	0.1	0.1	0.1	0.0	0.0

注：調査学校数は，656校である。内訳は，生徒・児童数が100人以下の学校81校，101～300人の学校250校，301～500人の学校160校，501～1000人の学校119校，1001人以上の学校46校である。人員区分欄は在校生徒，児童数による区分である。表中の数字は各体育用具について各人員区分による学校1校当りの数を示すものである。

出典：広島県教育委員会事務局調査室『教育調査統計』広島文化社，1949，42-43ページ，から改変引用。

敗戦後，学校体育から軍国主義的な内容と教材が一掃され，その代替案としてスポーツが奨励されている。しかしながら実際には，スポーツ用具は著しく不足していたのである。広島一中に勤務していた林弘は，「食糧事情が悪くて疲労と無気力な生徒を笛の合図で集め，これからソフトボールの授業をやるといってバット1本にボール1個を与え，ソフトボールの試合だといってゴムボール1個というお粗末さで，50人の生徒を教えざるを得ない情けない有様だった」[63]と，用具不足の実態を述べている。敗戦直後における広島県の学校体育をめぐる状況は，児童の状態，体育設備の状況からみて，十分な状況であったとは言い難い。

第3項　広島県内の学校体育行政と現場教師の対応

1946年2月10日に広島県庁内教育部学務課内で，広島市付近の中等学校体育関係者10名が集まり，戦後初めての学校体育検討会である「広島県体育指導者連絡会議」が開催されている[64]。会議への参加者は，吉岡隆徳（広島文理大学助教授），岡田俊彦（広島高等工業助教授），林弘（広島第一中学教諭），武田馨（広島第一高女教諭），宮里正治（広島第二中学教諭），石本松人（広島商業教諭），青木親善（修道中学教諭），久保専三（広島市立高女教諭），諸岡信二（呉第一中学教諭），山崎正晴（呉第一高女教諭）である。協議された内容を，以下に示す[65]。

1. 「終戦に伴ふ体錬科教授要項（目）取扱に関する件」についての検討。
2. 「学校体錬科関係事項の処理徹底に関する件」についての具体的検討。
3. 大日本学徒体育振興会広島支部解消についての説明。
4. 学徒の自主性を基調とする学校体育の民主団体結成についての検討。

具体的内容については明らかではないが，協議題目をみる限り，文部省の学校体育に関する暫定措置についての検討が中心議題となっている。このことは，暫定措置として公布された通牒に記載された内容だけでは，現場では主旨を徹底しつつ授業を行なうことが困難であったことを窺い知る

ことができる。

　当時広島一中に勤務していた林弘は,「終戦に伴ふ体錬科教授要項(目)取扱に関する件」について,「具体的内容についてはつまびらかではなかった」,「現場の教師は困惑しながらそれぞれの思い思いの自己判断で,『号令をかけてはいけないだろう』とか『秩序運動や行進運動はどうであろうか?』『軍とか戦争の名称の教材はどうすればよいか?』等々の判断に苦しんだ」[66]と回想している。

　さらに,呉市では次のような状況であった。「(1945年)11月にはいりようやく授業に手をつけ始めたが,施設備品は皆無に等しく,そのうえ教練・武道は廃止され,号令も教練的口調でなく指示すればよいのだという理由から説明を笛・太鼓の合図でした……(中略)……。また女子の場合も軍国的歌曲の伴奏によるダンス指導が禁止され,この種のレコードを廃棄したり,隠し,それに代わって『荒城の月』などの小学唱歌を主題としたものを取り扱った」(括弧内引用者)[67]。

　文部省は,学校体育から軍国主義的内容の排除を通牒によって示したのみで,どのようにどの程度行なうかという最終的な判断を現場の教師に委ねている。そのために,表層的な転換として形式的に行なわれたケースもあると考えられる。先述した林は,「こんな状況下においてはスポーツ中心の授業にならざるを得ない」[68]と回想しているように,軍国主義的内容を排除するためには,スポーツ中心にすればいいという安直な状況が少なからずあったのである。また,「忘れかけたスポーツルール集を引き出してにわかに勉強したり,用具のない授業でその場のお茶をにごすといった状況であった。しかし,生徒は,今までの戦技訓練でしぼられた授業に比べて自由で珍しい球技に目を輝かし,楽しそうに懸命に活動してくれた」[69]との回想からは,現場教師のジレンマを知ることができる。このように,学校体育でスポーツを教材として扱うことの意義が現場には十分に伝わっていなかったことがわかる。

　軍国主義的内容の排除が形式的に行なわれた背景には,教師の精神的な転換が困難であったこともその一つの要因として考えられる。たとえば,

第2章　敗戦直後の学校体育

広島県のある体育教師は，次のように述べている[70]。

> 私は外地より引き揚げ，再び内地の教師となったが，民主主義の美名にかくれた当時の教師や生徒の物の考え方・行動に対して，戦前から教師をしている私は強い反感を感じた。そして私はどうしてもこのような考え方にはついてゆけず，いさぎよく教育界を去って行った。そして故郷の広島に帰り商売を始めた。その後心が落ち着いたので再び教師になった。

また，別の教師は，次のように述べている[71]。

> 南方の戦線から教育現場に帰ったが，私にはどうしても戦前の教育のイメージが忘れられない。またそのことは決して悪いことではないと自分は強い自信をもっていた。戦後の生徒たちは目標もなく，ただその日その日をなんとなく生きながらえている状態で，これをなんとかしなければならないと思った。そこで民主主義を唱えている現在，それはスポーツを通じ，私の戦前のイメージを生かした教育により彼等1人1人に正しい生きがいのある道を与えるほかないと考え，何も考えず，スポーツの指導に専念した。

さらに，別の教師は，次のように述べている[72]。

> 私は正しいと思って，戦前は体育教師として国策にそって少しでも強い軍人を作るために専念したし，軍人として応召された時は良い軍人になろうと軍務に専念した。そのあげくが敗戦による終戦である。私はくやしかった。そして再び強い軍人を作らねばと思って教育現場に帰った。ところが民主主義が叫ばれている学校教育は，教師も生徒もまさに手さぐりであり，一貫したものが見い出されず，その日その日を暮らすのに精一杯という状態に私は困惑し，一種の"あいそ"すら感じて教育現場を去ろうとした。しかし現実に目の前に路頭に迷う青年を見る時それもならず長い間悩みつづけた。

城丸章夫は，「軍部という後立てを失ったとき，それに代わる何を見出し，あるいは見出さなかったかこそが，戦後体育を解明する重要な鍵とな

る」[73]と述べている。ただ,敗戦直後における大部分の現場の体育教師にとっては,主体的に新しい何かをみつけることはとりわけ容易ではなかったと考えられる。

第4項 敗戦直後の広島県内における国民学校の学校体育実践
(1) 沼隈郡松永町松永国民学校

　松永国民学校は,1946年11月に『学校経営概案』[74]を公表している。同校は,戦後における教育の出発点を「人間本然の性たる成長発展の原理に従ひ,真(新)教育を展開せんとす」<2>と定め,「世界文化に貢献し得る真人育成の教育を樹立」<6>することを教育目的としている。そして,各教科の教材は,「個人をして各々社会生活に参加せしめ,各自に知的に技能的に道徳的に,其の責任を果し得る,民主的性格陶冶の教育を立てんとする」<9>と定められている。学校体育に関する指導方針をみてみると,「理想的学校体育の補導とその一般化に努む」<17-18>,「実際的基礎的な生理衛生の素養を持たせる」<18>と提示されている。

　学校体育(体操)における指導の重点は,「運動能力」,「調済力」(ママ),「其の他」という能力別に分類され,表2－6に示したように配分されている。指導の重点配分は,各学年でわずかに違いが認められる。しかしながら,基本的にはすべての学年で均等に配分されていると言えよう。

表2－6　体育科における指導の重点

	学年	機能 運動能力	(心力) 調済力	其の他
初等科	1・2	30%	30%	40%
	3・4	30%	40%	30%
	5・6	35%	35%	30%
高等科	1・2	35%	35%	30%

出典:松永国民学校『学校経営概案』前市謄写印刷所,1946,12ページ,から改変引用。

また,「運動能力」,「調済力」,「其の他」の具体的な考査(評価)の指標が,次のように示されている<12-14>。

運動能力
　　走力—要目に示せる各学年教材で速度測定。
　　跳力—立巾,走巾,走高,で巾と高さの測定。
　　投力—スポンジ球,ドッジ球により投擲距り測定。
　　懸垂力—臂立伏臥臂屈伸又は懸垂屈臂により回数測定。
調済力—平均,懸垂(鉄棒),跳躍(跳箱)倒立,転回,音遊,球技等により動作の巧拙を観察。
其の他—学習態度
　　　　(イ)積極的活動的か否か。(ロ)自律的創造的か否か。
　　　　(ハ)誠実努力の程度。(ニ)公明正大の態度であるか否か。
　　体育に対する思慕
　　　　(イ)運動趣味と運動愛好の精神について考察。
　　　　(ロ)体育に関する知識の程度—筆答或は口答。
　　此の外
　　　　姿勢(静的・動的),発育状況(身体検査),健康度(欠席・見学)等。

　学校経営の基本的態度として,「連軍の司令部指令の徹底」<2>を明示しているために学校体育の内容から軍事的教材は排除されている。ただ,「運動能力」や「調済力」の考査(評価)内容をみる限り,体操中心の教材となっており,積極的にスポーツや遊戯教材が取り扱われていないようである。ただ,「正課=遊戯化,競技化,班(級)別個別指導」<19>と提示されており,スポーツや遊戯教材の取り扱いは,今後の課題であったことが推察される。
　さらに,「体育保健教育特に競技上留意すべき点」として,次の項目が掲げられている<18-19>。

1. 公正明朗,真の妥協精神涵養。

2．勝つのみに捉われぬ，負けても尚挫折せぬ努力により高い修練のある
　　ことをしらせる。
　3．興味本位になる余り品性陶冶を忘れることなき様注意す。
　4．社会協同の精神涵養に特に留意する。
　5．保健衛生指導に注意する。

　ここでは，「真の妥協精神涵養」，「品性陶冶」，「社会協同の精神涵養」といった文言が使用され，指導を行なう際に精神面の育成が根強く考えられていたことがわかる。
　同校での学校体育の運営は，文部省や占領軍の暫定措置に忠実に基づき行なわれるよう企図されているが，戦前の体錬科における欠点を主体的に洗い出し，克服するまでには至っていない。

（2）広島師範学校女子部附属国民学校
　広島師範学校女子部附属国民学校は，1946年12月に『学習形態の研究』[75]を公表している。同校では，教科課程として次の教科を設置している<4-5>。

　1．国民科（公民訓練，地理，国史，国語科）
　2．理数科（算数，理科）
　3．体育科（座学一時間，午後体操）
　4．芸能科（音楽，習字，図画，工芸）
　5．生活科（家事，裁縫，作業，生活訓練）

　学校方針として体育科を設置した目的は，「体錬という鍛錬性を主としたものより体育を楽しむといったスポーツとして取扱い，自由な然も自己規制的なものとし且つ保健衛生思想の普及徹底と相俟って，健全な体育を目的とするものである」<5>とされている。同校では，「終戦と同時に」<109>体錬科を体育科と改め，教科として位置づけている。また，体育科の内容として「体操」と「保健衛生」を設けている。「保健衛生」を独

第 2 章　敗戦直後の学校体育

立科目とした理由は，「此の問題は以前から痛感していたので昨年実行に移った。アメリカでも保健衛生は独立科目としている様である」<111>としている。体育科の週あたりの授業時間数は，体操が 5 時間（内訳は，午前中に基本体操を 1 時間，午後にスポーツを 4 時間），保健衛生が 1 時間（午前中）と構想されている。

　同校では体育科を運営するにあたって，まず，「児童の基本調査」を行なっている。具体的には，次のような項目が調査されている<109-110>。

・身体的基本調査（定期身体検査，体重測定，疾病児の調査）。
・能力基礎調査（昭和十七年より要目を標準とせる標準表に依り実施）。
・遊戯基本調査（児童遊戯の実情調査，児童の好む遊戯種目）。
　此の調査より次の結果を得た。
　（イ）教育上禁止すべきもの。
　（ロ）少し指導すれば教育的効果のあるもの。
　（ハ）体操時に採用すべき遊び。
　（ニ）遊戯に依る児童の性格。
　（ホ）身心発育段階と遊戯の内容。

　次に，同校における体育科の学習指導についてみてみたい。体育科の学習指導を行なうにあたって，最初に「教材の選択」についての基礎となる条件と留意事項が，以下のように考えられている<113>。

（教材配当の基礎的条件）
　（1）児童心身の発育程度を考慮すること。（2）男女の性的考慮。
　（3）土地の状況，設備，環境に応ずる。（4）季節的考慮。
　（5）学校の施設行事との調和。
（留意すべき事項）
　（1）新教材と既習教材の配合。（2）団体運動と個人的な運動。
　（3）基本的な運動と遊戯的な運動。
　（4）同一時間に行う他の学級との関係。
　（5）運動量の多いものと比較的少ないもの。

65

また，「学習指導の体系」として，同校の体育科では児童の発達段階を「第一期（一年）」，「第二期（二，三年）」，「第三期（四，五，六年）」，「第四期（高等科）」と捉えている<114-116>。これは，1947年に文部省より発行される『学校体育指導要綱』の発達段階とは異なる考えがなされている。

　体育科の指導過程についてみてみると，「始めの運動」，「中の運動」，「終の運動」の三過程で構成されている。「始めの運動」<116>では，集合，整頓，番号，開列，準備運動を行なうとしている。留意点として，集合や整頓については，「訓練の目的にしてはならない又形式に流れて目的なく集合せしめることも意味のないこと」，「低学年であれば子供が自由に遊んでいるのをそのまま体操の授業に進んでよい」とされている。番号については，「人数を調べるとか次の運動に必要ならばやってよい」とされ，準備運動については，「主教材に対する心身の準備を整える運動であるから主運動の種類運動量に相応した運動を行わせることと徒手体操独自の目的達成のために行わせる」，「一期（第1学年）の児童には無理にやらせなくてもよいが二期（第2・3学年）以後はやらせることを本体とし度い。教師は教練的にならない程度で呼称もつけてもよいが児童に呼称を呼ばせてはならない」（括弧内引用者）とされている。これらの留意点は，文部省による敗戦後の一連の通牒を背景としたものであると考えられる。

　「中の運動」<117-118>については，「時間的にも運動量の上からも最も力を注ぐべき」段階であるとし，取り扱う教材数について「一期（第1学年）の児童では四（個）又は五（個），二期（第2・3学年）で三（個），四（個），三期（第4・5・6学年）で二（個），三（個），四期（高等科）で二（個）又は一（個）位を標準」（括弧内引用者）としている。また，バスケットボールを具体例として，「試合→反省→基礎練習→試合」という指導例を提示している。この方法で指導を進めるのであれば，「非常に興味が湧くし，又基本練習の必要性を自覚する」としている。そして，「従来の様にいきなり基本練習から進めて行ったのでは興味もないし基本練習の重要性も考えない」，「児童は試合を楽しむのであるから試合を抜きにした指導は意味がない」とし，スポーツを教材とした指導展開を提示している。

「終の運動」<118>では，児童の興奮を抑えるために体操を行ない，そして個人的，全体的に反省を促し，他人のよい所を褒めることが示されている。この段階でも，体操の取り扱いには配慮することが示されている。

ここまで同校の体育科の運営についてみてきたわけであるが，この時期に，基本調査，教材の選択，学習指導の体系（発達段階），スポーツを教材とした指導展開を示し，学校体育の再出発に積極的に取り組んでいることがわかる。

この背景には，「満州事変を契機としてスポーツは次第に影を潜め，軍部の強硬なる命令に依って戦技訓練一本の姿に衣替し，純粋無邪気な幼児に至るまで強制的，命令的，画一的な訓練を課せられ校門より営門へと繋がれたのであった。何れも体育の本道を外れた進み方であった」<104>という反省と，「敗戦が一大悲惨事であることは言うまでもないことであるが，一面文化建設の一大転換期であり，体育的にも大転換をなすべき絶好の機会であって，新体育確立への根強い気力と旺盛なる研究心を以って邁進せねばならない」<104>という学校体育の新出発に対する決意がある。この決意に対する具体的な覚悟として，「『これからの体育は子供の自由に委せて置けばよい』等と考えて教官室でタバコを吹していたり，ボール一個与えて遊んでいたのでは体育指導は出来ないであろう。先ず教師自ら体育を研究し，はっきりした体育観と指導観を持って技術的にも優れていなくては当底初期の目的を達することは出来ない。新要目こそ従来に数倍する工夫研究と努力が要るのではないかと予想するのである」<108>と示し，教師による主体的な学校体育研究の必要性を表明している。

（3）広島高等師範学校附属国民学校

広島高等師範学校附属国民学校の体育担当教官であった加藤清英の取り組みをみてみたい。以下の「体操風景」[76)]は，彼が授業内容を回想的に記述したものである。

「体操風景」
(時：晩秋の一日第三時限，児童：4年（男40名　女30名））

　大気が，ひんやりと，肌につめたい。幸いに雲はなく，風も静かだ。やがて始業の鐘。ボールを追いかけていた一群，相撲に興じていた児童たちが，「蹴塁球」「一部と二部の試合」といいながらとんでくる。明るい子供達。すなおな元気な子供達だ。「整頓」児童達は，口をとじて機敏に列を正す。はりきった顔に，瞳が輝く。
　「今日は押出のけいこ，それから一部と二部の蹴塁球の練習試合」と話しかけると。「やあ，うまい」とＡ君が叫んだ。皆がどっと笑う。すこし心がはずみすぎているなと思った私は，「きまりよくできますか」と注意を促す。「はい」とやや落着きをみせた。
　「さあ，まず徒手体操で，うんと体を柔らかにしておきますよ」と体操隊形にひからせる。
　側に挙げた臂が，肩よりもさがらぬところ，元気のよいしるしだ。ほめるかわりに，にっこりと皆をみまわす。やがて寒い冬がくる。
　この冬にそなえて，短い間に，体のあたたまる押出競争が，きまり正しく，できるよう指導しておかねばと思いながら，脚の運動をごくかんたんに，体の屈伸，側転，前後屈をやや数回をかさね，ついで掛声いさましく，臂脚屈伸を了る。「深呼吸，いちー，にいー」と突然，「三人組をつくれ」とやった。子供達は，はじかれたように，「わあー」ととび回って手をつなぐ。「五人」「十人」笛の合図までに，できないものは，皆のまわりを一まわりせねばならぬ。ゆだんはできない。漸くなごやかな，明るい気持ちに全体がつつまれる。
　私は，組つくりをやらせながら，直径三米の円周を三つ書いておいた。
　「円の中にはいれ」「きまりは三つ，1，押出された人は，円外から円内のものをひき出す。2，倒れた人も円外に出る。3，笛の合図で，ぱっとやめる。それから，しりもちをついて，痛い人は泣きなさいよ」というと「泣きません」といいかえす。これで心構えも大丈夫だ。気の弱いものもがんばらぬわけにはいかない。「はじめ」おし出せ，おし出せ，と掛声しながら精いっぱいだ。ぐるぐる回るもの，内へもぐりこむもの，一人ずつ押し出そうとはかりごとするもの，「ピリリッ」。

第2章　敗戦直後の学校体育

> どの円からも7，8名おし出されていた。「おい，B君一寸，B君，えらいのだよ」と言うと，皆不思議そうな顔をする。私は正しく，遊戯する精神を養い上げねば，と児童達を，注意深く見ていた。Bは体力もすぐれ，もし調子よく頑張るならば，最後まで残る方なのだ。「B君は一寸とひざをついたのだ。ほとんど誰もきづかないくらいだった。しかし，B君は，自分にはっきり，わかっていたのですぐ外にでた。すこしもごまかさぬところえらいね」児童達本当にうなずいてくれる。「よし，つづいてはじめ」三回，五回とくりかえす。十分を経過した。ぽかぽかと暖かい。暫く体を休める。（以下略）（21.11.18）

　ここに，授業中の教師の考えや態度を窺い知ることができる。まず，学習の形態として，教師一人が男女合せて70名の児童を指導しなければならなかった当時の現状がわかる。また，「さあ，まず徒手体操で，うんと体を柔らかにしておきますよ」といった指示の出し方に，徒手体操の取り扱いがいかに配慮されていたかがわかる。さらに，「きまりよくできますか」といった声かけや，ほめるかわりに微笑んだり，生徒の心構えを気にしたり，正しく遊戯する生徒への賞賛，休憩などからは，児童への配慮が十分になされていることを窺い知ることができる。
　では，この時期の加藤清英の体育理念について，『学校教育』に掲載された「体育の本質から方法へ」[77]（以下，引用は同論文から）という論考を参考にみてみたい。彼は，「戦時中体育の原理原則を無視し，その方法上に於て多くの過誤を犯していることを否む事は出来ないのであって，これに対しては厳正な批判を惜しんではならない」と戦時体育を反省し，「一日も早くこの混乱の状態から脱却」することで学校体育実践の確立を目指している。そして，「健康」を希求し，学校体育の教育的意義について「発育する身体」，「発達する身体」，「社会人としての身体」，という身体論からアプローチしている。また，「スポーツ」については，その弊害として「発育を偏頗ならしむる恐れがある」としながら，「体育の本質に照らしてスポーツを眺め，スポーツ以外に運動教材の特質も合せ考えて健全な方法を選ばねばならない」としている。すなわち，教材としてのスポーツの

意義を早くから意識していたことがわかる。

　方法論については,「形式主義の方法は子供の生命を枯死せしめた。画一主義の方法は凡ての児童の個性を殺してしまった。模倣主義の方法は彼等の自活活動を封鎖した」として,「今後は人間性に立脚し,自由な精神により,個性を生かしつつ自強自育する方法,それは彼等の自活活動を促しつつ正しい体錬へ導く方法」を確立していくことを課題として掲げている。具体的には,「事情の許す限り毎日一時間の体錬の時間」を設け,「一週六時間のうち三時間を各自が選んだ運動の練習時間とし,二時間を教師指導のもとに体錬をはげむもの」,「残りの一時間は一週間の反省と次への計画,或は体力検査,体育知識の啓培に費す」と構想している。そして,「各自が選んだ活動は一週間つづけてこれを行ふを原則とし,次の週は他の運動を選ばねばならない」とし,その根拠を「運動の偏することが児童生徒の真の健康を望む所以でなく,人間として具ふべき凡ての力を具へることができないと云ふ,体錬の原理にそむかないため」としている。また,「各自は各自の練習過程を克明に知る必要がある」とし,体育手帖を各自で用意させることで,「自覚的体育の態度が養はれるに違いない」としている。

　彼が構想した「自覚的体育」については,『学校教育』に掲載された「体育指導の態度――興味的指導から自覚的体育まで――」[78]（以下,引用は同論文から）に,徒手体操を例にあげながら具体例が掲載されている。ここでは,徒手体操について,「体育価値の極めて大なるものあるにかかわらず,児童達はまことに倦悪に満ちた表情を以て,手足を無意味に動かしているのを度々見受ける」とし,「興味が沸く様な教師の工夫が必要」であるとしている。

　その工夫として低学年では,「模倣式取扱」,「遊戯式取扱」,「創造式取扱」を提示している。

実践例
　「大きな頭や,小さな頭や,沢山並んだね。どれお口をしっかりしめて

先生に見せてごらん。ほう臼みたいだね。さあ，そのお臼をごろごろ回してごらん。ごろごろ，ごろごろ，よく回りますか。さあ，少し早く，今度はゆっくり，よし止め。さあ今度は反対に回すよ。おいおい，そんなに肩をゆするとお豆がこぼれるよ」

と初めの時間は，これだけの冗言が必要であるが，次の時間には，

「さあ，今日もお豆をひきませう。皆臼を回して下さい。ごろごろ，ごろごろ，ごろごろ，ごろごろ」

と頭の運動がなされるのである。

「今度は船頭さんになって，向うの島まで船を漕いでいきませう。鉢巻をしめて（真似をする），左足を出して，C君，もっと出さないとぐらぐらするよ。元気よく漕いで下さい。はい初め，最初はゆっくり，それ波が荒くなるよ元気を出しませう。さあ，もう少しだ，掛声をかけて急いで漕ごうよ。よいしょ。よいしょ。よいしょ。よいしょ」

と背と腹の運動がなされるのである。

中学年については，「比較式取扱」，「交互式取扱」，「示範式取扱い」，「進級式取扱」を提示している。

実践例

「皆さん，一寸D君を見て下さい。とても体が柔かく仲々と前と後に屈るよ」

と言ってD君にやらせる。他生は自分もD君の様にやって見たいと思う。D君は認められていよいよ一生懸命になる。この興味の湧いた瞬間にすかさず動作の要点を指示する，

「D君，もう一度やってごらん，それ，頭が股の中に入るよ。後に反る時は思い切って頭をおとして，臍と同じくらいの高さだ。とても仲々と気持よさそうだね」

と級友の上手に出来るものを巧みに捉えて，他生の注意と努力とを正しい体操の方向へと導くのである。或は前列と後列とを交互にやらしてみる。級友から見られるところに緊張と興味が湧いてくる。時には教師が正しい体操を示範し，体操の持つ美しさとその精神を感得させるという風に。しかも絶えず個々の進歩の跡に留意し，それへの賞賛を怠らぬ様にする。「E

君，よく伸びるね，きびきびして気持がよいよ」「F君にも仲々調子がよいよ」と認めてやる。認められるということほど児童にとってよろこばしいことはない。認められることは自覚の緒であるから，いくらかづつ自分は進歩しているのだというところにこの時期の興味をつないでいく。

　高学年については，「解剖生理説明式取扱」，「体操鑑賞会式取扱」，「自練式取扱」を考えている。具体的には，次のように説明されている。「説明式とは簡単明瞭に適当な機会を捉えて解剖生理の知識を与え，身体運動についての科学的理解をなさしめ，自己の身体運動に絶えざる反省を加えながら体操をなす様な習慣を養う。自練式とは個々の児童が同じ形式の体操で満足しているとはいえない。そこで各自，自分の程度に応じて自分の体操を選ばしめ，自己修練の体操となさしめる。こういうところに，自律的な精神も養われ，号令なくとも，各自準備運動としての体操も真面目になされるということになろう。そして時々その体操或は教師が前もって与えた（課題新ラジオ体操等）によって体操の鑑賞会を行う。即ち五名及至十名度ずつ音曲に合せながら一連の体操を実施させ，速度の緩急・力の強弱・動作の大小・正確不正確・緊張と解禁等について鑑賞させる。そして児童の身体運動の美しさを自覚せしむる」。このように，児童の興味にあわせて指導する段階から，漸次的に児童が自主的に行なう授業を構想している。

　ここまで加藤清英の取り組みをみてきた。重要なことは，教師自らが戦争を反省し，自らの努力によって新しい体育を模索しようとした試みもあったということである。

注
─────────────
1）城丸章夫「いのちを大切にすること」『体育・スポーツ評論1985年版』不昧堂出版，1985，6ページ。
2）前川峯雄（編）『戦後学校体育の研究』不昧堂出版，1973，317-319ページ。
3）同上書，351-353ページ。

第 2 章　敗戦直後の学校体育

4）草深直臣「体育・スポーツの戦争改革」『スポーツの自由と現代』下巻，青木書店，1987，464ページ。
5）「学徒軍事教育並戦時体錬及学校防空関係諸訓令等の措置に関する件」『戦後教育資料Ⅱ－9』国立教育政策研究所所蔵。および，近代日本教育制度史料編纂会（編）『近代日本教育制度史料』第二十五巻，大日本雄弁会講談社，1958，543-544ページ。
6）久保義三『新版昭和教育史――天皇制と教育の史的展開――』東信堂，2006，672-674ページ。
7）近代日本教育制度史料編纂会（編）『近代日本教育制度史料』第十八巻，大日本雄弁会講談社，1957，501-503ページ。
8）同上書，503-504ページ。
9）近代日本教育制度史料編纂会（編）『近代日本教育制度史料』第十六巻，大日本雄弁会講談社，1957，542-546ページ。
10）前掲書7），508-510ページ。
11）同上書，501ページ。
12）「終戦に伴ふ体錬科教授要項（目）取扱に関する件」『戦後教育資料Ⅱ－9』国立教育政策研究所所蔵。以下，「終戦に伴ふ体錬科教授要項（目）取扱に関する件」に関する引用は，同資料のものを使用した。
13）江橋慎四郎「戦後の学校体育行政――小学校の学習指導要領の改訂を中心にして――」岡津守彦（編）『教育課程（各論）戦後日本の教育改革7』東京大学出版，1969，379ページ。
14）岸野雄三，竹之下休蔵（共著）『近代日本学校体育史』東洋館出版社，1959，238ページ。
15）「学校体錬科関係事項の処理徹底に関する件」『戦後教育資料Ⅱ－9』国立教育政策研究所所蔵。以下，「学校体錬科関係事項の処理徹底に関する件」に関する引用は，同資料のものを使用した。
16）「秩序，行進，徒手体操等実施に関する件」『戦後教育資料Ⅱ－29』国立教育政策研究所所蔵。以下，「秩序，行進，徒手体操等実施に関する件」に関する引用は，同資料のものを使用した。
17）草深直臣「戦後日本体育政策研究序説―1―戦後初期の体育政策」『立命館大学人文科学研究所紀要』第25号（1977），25ページ。
18）前掲書14），240ページ。
19）木村吉次「学校体育の理論と実践」岡津守彦（編）『教育課程（各論）戦後日本の教育改革7』東京大学出版，1969，412ページ。
20）鈴木英一『日本占領と教育改革』勁草書房，1983，228-267ページ。久保義三『対日占領政策と戦後教育改革』三省堂，1984，107-142ページ。

21) 鈴木同上書、265-267ページ。
22) 前掲書4)、463-471ページ。
23) 学校体育研究同好会『学校体育関係法令並びに通牒集』体育評論社、1949、112ページ。
24) 同上書、109-110ページ。
25) 本間茂雄「体育の新発足を論ず」『学徒体育』第5巻第4号、1945年10・11月合併号、6-16ページ。
26) 同上書、7ページ。
27) 同上書、7ページ。
28) 同上書、8ページ。
29) 同上書、8ページ。
30) 石津誠「民主的体育の針路と其の根本理念（一）」『新体育』1947年8・9月合併号、7-11ページ。
31) 同上書、9ページ。
32) 前掲書2)、36-38ページ。
33) 森悌次郎「我等の体育」『新体育』第6巻第1号、1946年1月号、14-15ページ。
34) 大谷武一「スポーツの民主化（巻頭言）」『新体育』第6巻第4号、1946年4月号、2ページ。
35) 丹下保夫「戦後における学校体育の研究——特に新教育制度までの体育について——」『東京教育大学体育学部紀要』第4巻（1964）、1-14ページ。
36) 同上書、3ページ。
37) ここで取り上げられた論文を、以下に示す。
 ・大谷武一「これからの体育」『学徒体育』第5巻第4号、1945年10・11月合併号、1-5ページ。
 ・本間茂雄「体育の新発足を論ず」『学徒体育』第5巻第4号、1945年10・11月合併号、6-16ページ。
 ・野口源三郎「学校体育と学徒のスポーツ」『学徒体育』第5巻第5号、1945年12月号、1-4ページ。
 ・高田通「学校体育の新発足」『新体育』第6巻第1号、1946年1月号、3-7ページ。
 ・浅川正一「新体育への指向」『新体育』第6巻第1号、1946年1月号、22-23ページ。
 ・笠井恵雄「スポーツ政策への提言」『新体育』第6巻第2号、1946年2月号、3-9ページ。
38) 前掲書35)、6ページ。

39) ここで取り上げられた論文を，以下に示す。
・浅井浅一「体育思想の発達」『学徒体育』第5巻第5号，1945年12月号，8-11ページ。
・浅井浅一「日本体育の新構想」『新体育』第6巻第3号，1946年3月号，10-17ページ。
・竹之下休蔵「将来の体育を規定する二三の問題」『新体育』第6巻第1号，1946年1月号，26-28ページ。
・竹之下休蔵「文化現象としてのスポーツ」『新体育』第6巻第4号，1946年4月号，9-13ページ。
・竹之下休蔵「身体」『新体育』第6巻第8・9号，1946年8・9月合併号，5-12ページ。
・竹之下休蔵「体育の転換」『新体育』第6巻第12号，1946年12月号，1-6ページ。
・田中耕太郎「体育の目標」『新体育』第6巻第5号，1946年5・6月合併号，1-4ページ。
・江橋慎四郎「体育の目標について——田中文相の論文を読んで——」『新体育』第6巻第10・11号，1946年10・11月合併号，20-21ページ。
・石津誠「民主的体育の針路と其の根本理念（一）」『新体育』1947年8・9月合併号，7-11ページ。
・高尾菊雄「スポーツにおける民主主義の実現」『新体育』第7巻第1号，1947年1月号，8-15ページ。
・坂本彦太郎「体育を論ずる態度について」『新体育』第6巻第10・11号，1946年10・11月合併号，3-9ページ。
40) 前掲書35)，11ページ。
41) 同上書，11ページ。
42) 坂本彦太郎「体育を論ずる態度について」『新体育』第6巻第10・11号，1946年10・11月合併号，3-9ページ。
43) 高尾菊雄「スポーツにおける民主主義の実現」『新体育』第7巻第1号，1947年1月号，8-15ページ。
44) 前掲書35)，11-12ページ。
45) 鈴木明哲「戦後日本体育・スポーツにおける自由主義者をめぐる問題」『体育学研究』47巻第6号（2002），593-606ページ。
46) 広島市役所（編）『広島原爆戦災誌』第1巻第1編総説，広島市，1971，151-152ページ。
47) 呉市史編さん室（編）『呉の歩み』呉市役所，2002，238ページ。
48) 福山市史編纂会（編）『福山市史』福山市史編纂会，1978，934-958ページ。

49) 藤原浩修「広島県の教育改革」『広島県史研究』第6号 (1981), 16ページ。
50) 同上書, 17-18ページ。
51) 『中国新聞』1945年, 9月15日付け。
52) 広島市役所（編）『広島原爆戦災誌』第4巻, 広島市, 1971, 8ページ。
53) 植野武「国民学校教育の特色」『戦中戦後における広島市の国民学校教育』広島市退職校長会, 1999, 165ページ。
54) 室積新太郎「牛田国民学校に就任して」同上書, 169ページ。
55) 同上書, 169ページ。
56) 同上書, 170ページ。
57) 本家樺三「県内学校給食の先駆け」, 同上書, 159ページ。
58) 樫原輝躬「国民学校から新小学校へ」, 同上書, 178ページ。
59) 『中国新聞』1946年, 6月14日付け。
60) 前掲書54), 172ページ。
61) 八木競「復員後の学校勤務」, 前掲書53), 161ページ。
62) 同上書, 162ページ。
63) 林弘「わたしの回顧断片」増田忠夫（編）『広島県高体連20年の歩み』文化印刷株式会社, 1965, 47ページ。
64) また, 広島県内の大学, 中等学校の体育関係者16名が参加した協議会もある。日時不詳のため, ここに協議内容のみ示す。
  ・軍政部の教育行政政策の情報（アメリカ教育使節団の報告内容の一部, マ司令部民間情報教育局長の占領政策下の体育スポーツ方針）
  ・文部省学校体育指導要項の基本的改定案の説明
  ・学校体育指導者連盟の再現について
  ・体育用具の斡旋・スポーツ用品の製造について, 物資統制令で規制されているものを文部省より商工その他関係者へ交渉する事情
  ・民主的・自主的な学校体育スポーツ団体の組織作りについての中央の意向
  ・国体および中等野球の開催について
  ・体育指導者に対して主食の増配方を農林省へ陳情の件
65) 増田忠夫（編）『広島県高体連20年の歩み』文化印刷株式会社, 1965, 9ページ。
66) 前掲書63), 46ページ。
67) 前掲書65), 420ページ。
68) 前掲書63), 47ページ。
69) 同上書, 47ページ。
70) 前掲書65), 6ページ。
71) 同上書, 6ページ。

72) 同上書, 6-7ページ。
73) 城丸章夫「戦後教育三〇年と学校体育」『体育科教育』第26巻第12号, 大修館書店, 1978, 4ページ。
74) 松永国民学校『学校経営概案』前市謄写印刷所, 1946。以後, 同書からの引用は, 本文中に<2>のようにページ数だけを示す。
75) 広島師範学校女子部附属国民学校『学習形態の研究』三好印刷所, 1946。以後, 本項に限り同書からの引用は, 本文中に<4>のようにページ数だけを注記する。
76) 加藤清英「体操風景」広島高師附小学校教育研究会『学校教育』351号, 1946, 41ページ。
77) 加藤清英「体育の本質から方法へ」広島高師附小学校教育研究会『学校教育』348号, 1946, 61-66ページ。
78) 加藤清英「体育指導の態度──興味的指導から自覚的体育まで──」広島高師附小学校教育研究会『学校教育』350号, 1946, 52-58ページ。

第3章　戦後初期における学校体育の形成

第1節　戦後学校体育改革の理念と枠組み

第1項　学校体育の「民主化」構想
(1)『アメリカ教育使節団報告書』
　学校体育をめぐる改革の動向は，1946年4月の『アメリカ教育使節団報告書』（以下，『報告書』と省略）の内容が具現化されるにつれ，新たな変化を迎えていくことになる。この変化を簡潔に述べるとすれば，学校体育から軍国主義的要素を排除することを主目的とした改革から，学校体育の新しい基盤を創り実施することを目的とした改革への移行である。

　『報告書』における学校体育に関する内容は，第一章「日本教育の目的と内容」(The Aims and Content of Japanese Education) の中で，「保健教育と体育」(Health and Physical Education)，「保健教育」(Health Education)，「体育」(Physical Education) として言及されている。『報告書』の学校体育に関する事項は，内容，作成経緯，使節団唯一の体育・保健教育担当官であったマックロイ（Charles H. McCloy）の役割などが先行研究によって解明されている[1]。まず，『報告書』の学校体育に関する事項を確認してみたい。『報告書』の「体育」の項では，次のように勧告されている[2]。

　　身体を訓練し，体力を向上させ，身体技術を教育する他に，学校はスポーツマンシップや相互協力に本来備わっている価値を認識すべきである。家庭内や交通のない道路でおこなう，それらの価値を学ぶためのスポーツや遊戯を発達させることに極力努力をはらうべきである。もし，それが可能であれば，男女一緒に遊べるような遊戯が工夫されるべきで，設備に費用をかける必要はないはずである。

体育にあてられる時間は，小学校，中等学校，実業学校，専門学校ではじゅうぶんにある。また大学レベルでは，学生があまり運動もせずに長時間学業にうちこみがちであるが，やはり体育の授業は，同様に加えられ，行われなければならない。また体育を教える女性教師を現在よりもっと増やし，女子の体育活動を担当させ，活動計画を向上させる手段をとらなくてはならない。なによりもまず，体育設備の修復が優先されるべきだと勧告する。
　保健体育教師の新しい教師用手引書は教師からなる委員会で企画立案し，教師教育の方法は，保健，体育および娯楽の近代的な知識に照らして展開されるべきである。そのために必要なのは研究である。
　いろいろな体育協会や青年団をふくむさまざまな平和的スポーツ競技団体の活動が再びよみがえるように奨励しなければならない。
　われわれ使節団は，日本は，体育を行うことで進歩前進すると信じている。その制度には多くの利点がある。また，日本は人材的にヨーロッパ諸国に劣るものではない。間違いなく，体育が民主主義教育に貢献する可能性はおおきいものがある。

　以上のように，学校体育に対する重要な改善勧告がなされている。スポーツ（スポーツマンシップ）の重視，大学体育の必修化，女性教師の拡充，体育設備の修復，教師用手引書の作成など，とりわけ学校体育の民主化に向けての勧告がなされている。しかしながら，『報告書』で示された学校体育に関する勧告は，『報告書』の作成過程で立案されてきた内容の一部に過ぎない。図3－1は，『報告書』の学校体育に関する項目の作成過程を関連資料とともに示している。
　この中で，マックロイが作成した（3）"PHYSICAL EDUCATION" が，『報告書』における「体育」の項目の草案である。この草案と『報告書』における「体育」の項目を比較すると，「分量的には九〇％以上」[3]が削除されている。具体的には，「マックロイが（草案で）挙げた十八の具体的な改善項目のうち，（『報告書』に）採用されたのは五項目に過ぎない」（括弧内引用者）[4]のである。そのため，『報告書』における学校体育に関する項目の作成基盤となった資料の内容を踏まえておくことが，『報告書』で

第3章　戦後初期における学校体育の形成

示された学校体育の改革構想を理解するために必要となる。

　まず，図3－1中の（1）"Education in Japan. 15 February 1946"は，CIE教育課がアメリカ教育使節団の団員に情報提供するめに作成した冊子である[5]。この冊子の中で，学校体育に関する項目は，第Ⅰ部「日本の教育制度（昭和20年8月15日以前）」に「体育教育」が示され，第Ⅱ部「連合国軍による日本の教育管理」に「体育局」，「武道の廃止」，「体育」が示されている。この中で，第Ⅰ部の「体育教育」の項は，1871年以降の体育およびスポーツに関する制度の歴史的変遷を記述している。また，第Ⅱ部の「体育」の項では，敗戦後の文部省による軍国主義学校体育に対する措置を示すとともに，「戦時中五年間に亘って行われてきた体育教育の三分の二を占める教練と武道の廃止，専門スポーツ指導者の不足，戦時中の農地

アメリカ教育使節団来日
↓
（1）GHQ/SCAP "*Education in Japan. 15 February 1946*"
（2）J.W. Norviel "Physical Education in Japan"
　　　（1946年3月14日に行なわれた教育使節団への講義資料）
↓
C. H. McCloy
↙　　　　　↘
「報告書」の草案　　　　　　　　CIEに対する覚書
（3）"PHYSICAL EDUCATION"　　　（5）"Physical Education Program"
（4）"HEALTH EDUCATION"　　　　 （6）"Health Education"
↓
第一委員会で最終草案の作成
起草特別委員会で最終調整
↓
『アメリカ教育使節団報告書』

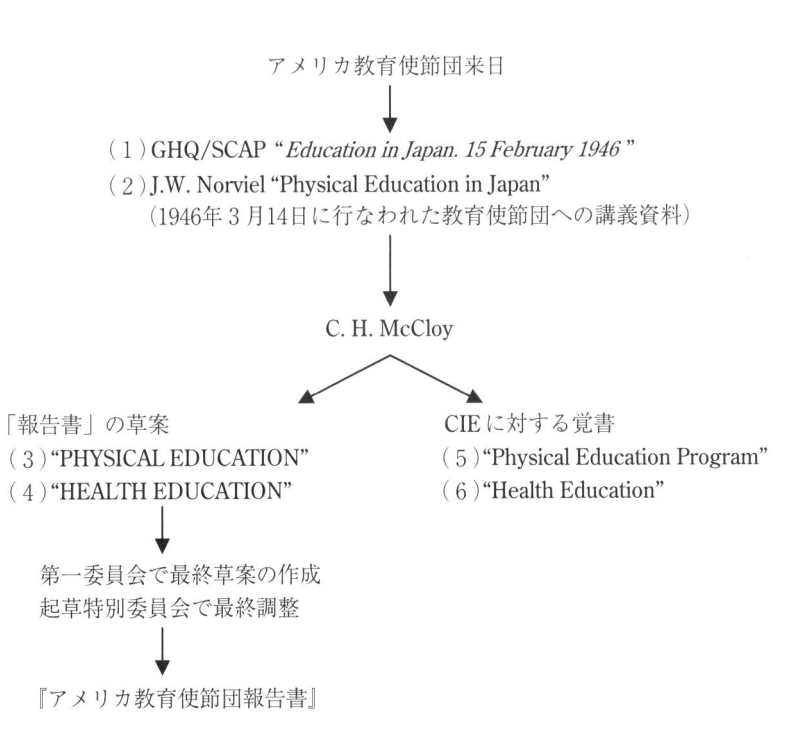

図3－1　『報告書』の学校体育に関する項目に関連する文書

転用による体育及びスポーツ用地の減少，スポーツ器具及び食料の不足，更には各種競技のルール・ブックの不足などが，スポーツや競技を通じての日本の民主化を達成する上での障害となっている」[6]と指摘している。

次に，図3－1中の（2）"Physical Education in Japan"は，ノヴィール（John W. Norviel）陸軍少佐が，1946年3月14日にアメリカ教育使節団の団員のために行なった講義の際に使用した資料である[7]。この講義資料は，「序」，「学校体育プログラム」，「学校衛生プログラム」，「健康・体育・スポーツ・レクリエーション団体」，「一般のスポーツ大会」，「結論」から構成されている[8]。この中で，「学校体育プログラム」の項では，政策を遂行する上で改善すべき問題として，「①軍国主義的教育と訓練を除去する事と並んで政策や専門用語の明確化，②新しい政策に沿う体育目的と目標の再検討，③目的・目標と並んで身体訓練内容の再検討，④達成を評価するテストプログラムの改訂，⑤マニュアルの改訂，⑥身体訓練やスポーツを通じて民主主義を発展させていく担い手としての教員再教育，⑦文部省と学生競技組織との関係の検討，⑧文部省と大日本体育会との関係の検討，⑨野球に関する法令の改訂，⑩競技会での入場料と税金に関する法令の改訂，⑪形式主義や単調さからの身体訓練の開放」[9]の11項目が掲げられている。また，「不足の問題」として「①食料，②靴，③スポーツ服，④燃料，⑤暖房器，⑥用具，⑦ルール・ブック，⑧運動場，⑨水泳プール，⑩通学の交通手段，⑪教員給与，⑫競技場，⑬大学体育プログラム」[10]の13項目を示している。

最後に，図3－1中の（3）"PHYSICAL EDUCATION"は，マックロイによって作成された『報告書』における「体育」の草案である。この草案は，「現在の状況」と「勧告」から構成されている。この中で，「勧告」の項では，「①文部省，②運動の取扱，③必修体育，④施設用具，⑤女性教師，⑥指導書，⑦教授法，⑧教員養成，⑨考査，⑩社会体育，⑪競技，⑫リラクセーション，⑬教員再教育，⑭体育指導者，⑮団体，⑯体育研究，⑰青年団，⑱特殊学校での体育プログラム」の18項目が記されている[11]。この「勧告」の中で，『報告書』に採用されたものが③，④，⑤，⑥，⑮

の項目であった。

　ここまで『報告書』と『報告書』の作成過程における資料を概観してきた。『報告書』とその作成過程における資料で示された具体的改善の内容は，学校体育行政を含めた学校体育実践と絶えず照合する必要があろう。なぜなら，これらの勧告が学校体育の民主化政策の起点となるべきものであるからである。学校体育の民主化政策とは，学校体育の具体的改善を通して，学校体育が民主主義あるいは民主主義教育に貢献するということである。そして，学校体育の民主化のシンボルとなったのが「スポーツ」であり「スポーツマンシップ」であった[12]。

　ただ，ここで確認しておくべきことは，『報告書』とその作成過程における資料に込められた改革の方向が，単なる「体操中心からスポーツ中心への転換」ではないということである。すなわち，「学校を軸とした地域と家庭の改造」[13]に学校体育の改革の方向があったということである。また，『報告書』にみられる具体的改善の内容は，主として学校体育の民主化に重点が置かれたが，学校体育の身体形成や技能発達への貢献が軽んじられているわけではないということである。

（2）『新教育指針』

　1945年の秋にCIEは，「『新教育』の根本方針に関する教師向けのガイドブックを作るよう」[14]文部省教科書局に働きかけている。この理由は，「新教科書ができるまでの間，混迷を免れえない現場教師たちに指針を与えようとする」[15]ためであった。この働きかけを受けて，文部省は，1946年5月から1947年2月までの間に『新教育指針』（以下，『指針』と省略）を分冊して発行することとなる。

　『指針』は，「教育者・学者と民間情報教育局（CIE）の教育課員との間で作成されたもの」[16]である。そして，「三〇万部が全国の訓導・教諭および師範学校生徒に配布」[17]されている。現場の教師に直接配布されたことを考えると，『指針』の影響力は少なからずあったと考えられる。以下，『指針』に示された学校体育に関する内容を具体的に確認してみよう。

学校体育に関する内容は,「体育の改善」(1946年11月15日発行,第三分冊,第一部後編,第五章)[18]で示されている。この「体育の改善」で提示された内容を,以下に示す[19]。

1. 新日本の建設に健康はどんな役割を演ずるか。
2. 体育はどんな風に改めらるべきか。
3. 体育はどうして普及させるか。
   (一)体育施設の利用。(二)教材の選択と簡易化。(三)修練のしげき。
4. 衛生教育が,いかに大切であるか。

まず,「新日本の建設に健康はどんな役割を演ずるか」では,以下のことが示されている<91>。

> 今や戦は終った。だから戦争を目あてとして行われた体育は無用となった。しかしそれに代って,新しい事態にふさわしい新しい目あてのもとに体力をのばすことの必要はますます加わってきた。すなわち,われわれは平和国家,文化国家の国民として新たに出発するにあたり,新たな苦難の道をきりひらいてゆかなければならない。国民生活を安定させるためにも,平和産業に十分の力をそそがねばならず,また戦災に焼けくずれた都市を復興し,さらに輝かしい文化を建設するために長年の努力を続けねばならぬ。
> このような大きな仕事に対しては,戦争にも増して強壮な身体が必要である。新日本教育の重点として,体育があげられる理由はここに存するのである。

ここでは,意識的に体育の必要性や存在意義が示されている。ただ,「戦争にも増して強壮な身体」というフレーズが安直に使用されている印象は否めない。そのため,ここで示された内容からは,学校体育の民主化を支える明確な体育目的や目標を読み取ることができない。

次に,「体育はどんな風に改められるべきか」では,以下のことが示さ

第3章　戦後初期における学校体育の形成

　　（一）取り除くべき教材と取り入れるべき教材。
　　（二）教練的な取り扱ひ方の廃止。（三）遊戯・競技の指導。
　　（四）課外運動の重視。（五）体育の生活化。（六）たのしい体育。

　この項で，「現在教職に従事している人々に最も関係の深い問題として，もっぱら学校体育の改善について述べよう」<91>とあり，敗戦直後からの学校体育に対する一連の暫定措置を確認するとともに具体的に解説し，いくつかの新しい視点を提供している。たとえば，「（三）遊戯・競技の指導」の項では，「指導方針を個性に適応するように改めるためには，一斉指導の代りに個別指導，あるいは班別指導の形式をもってすることになる」<93-94>と多様な指導形態を実施することを奨励している。また，「（五）体育の生活化」の項では，「体育の指導を通して，その効果を最大限度に発揮せしめるためには，体育の生活化にまで導かなくてはならぬ。それには，先づ他教科との関係を保つとともに，体育を生活のあらゆる面にゆきわたらせることが必要である」<91>と示している。しかしながら，ここで示された「体育の生活化」とは，勤労作業や学習時の正しい姿勢の保持との関連を強調するにとどまっている。さらに「（六）たのしい体育」の項は，次のように示されている<94-95>。

　　体育の生活化の問題も帰するところは，正科体育の指導如何にかかっているといってよい。だから体育の生活化を実現するには，何より先ず正科体育を改善しなければならない。そしてそれには興味ある教材を選び，たのしく行い得るよう指導することが肝要である。これまでは，知的教科の教授が詰込的であったように，体育の指導においても，生徒の好むと好まざるとに頓着なく，多数の教材を次々に強いたきらいがあるから，これからは興味あるものを，自主的に好んで行うよう指導することを原則とすべきである。ただし，生徒がはじめは興味をもたないものでも，教育上，必要と認められるものは，これを取りいれ，そして指導上の工夫により，彼

85

等に興味を感じさせるようにつとめることが望ましい。

　ここまで『指針』に示された学校体育に関する具体的内容をみてきた。『指針』は，1945年9月15日の「新日本建設の教育方針」と比べると，学校体育の教材やその指導法について具体的でわかりやすい記述がなされている。とりわけ指導法に関する面では「班別学習」や「個別学習」といった一定の指針を与ええる内容となっている。また，「体育の生活化」や「たのしい体育」といった，新しい理念形成を促す記述も少なからず示されている。しかし，体育の確固たる目的や目標が明示されなかったという弱点もある。また，カリキュラム構成などのその後の学校体育に重要な議論がほとんど提示されていない。この意味で，学校体育に関する項目については，対症療法的な内容であったともとれる。

第2項　『学校体育指導要綱』の理念と内容
（1）成立過程の概要

　『学校体育指導要綱』（以下，『要綱』と省略）がどのように成立し制定されたのかを概観してみたい。まず，1946年3月31日の『アメリカ教育使節団報告書』における「体育」の項で，「教師からなる委員会で教師用参考書（manuals）の起草を企図」（括弧内引用者）[20]との勧告がなされる。この勧告から約2ヶ月後の6月3日から5日に，文部省の主催で「全国体育担当地方事務官会議」が東京女子高等師範学校で開催され，「体育担当地方事務官の学校体育教授要目制定に関する改正意見」[21]がまとめられている。この改正意見では，学校体育に関する目的，教材，指導，体錬科から体育科への名称変更などが多岐にわたって要望されている。

　このような文部省による事前準備を経て，1946年9月20日に「学校体育に関する重要事項の調査及び，学校体育内容の研究」[22]を行なうことを目的とした「学校体育研究委員会」が発足する[23]。そして，同年10月29日の「学校体育研究委員会第4回総会」答申が『要綱』の原案となる。

　「学校体育研究委員会第4回総会」の答申以降，「コースオブスタディ

改訂委員会」と CIE の折衝を経て，1947年2月25日に「地方体育担当事務官会議」の席上で，『要綱』とほとんど内容的に差異のない「学習指導要領（体育編）（案）」が口頭発表される。そして，同年3月からは「学習指導要領（体育編）普及講習会」が全国で開催され，8月20日に『要綱』として制定・公布される[24]。

このように，『要綱』の成立には，『アメリカ教育使節団報告書』，「体育担当地方事務官の学校体育教授要目制定に関する改正意見」，「学校体育研究委員会第4回総会」，「コースオブスタディ改訂委員会」と CIE の折衝などが深く影響している。『要綱』の制定に向けて，成立段階で多くの体育関係者が関わったことは重要である。このことは，『要綱』の「はしがき」の中に示された，「（学校体育指導者は）研究と経験とによってこの指導書の改善進歩に協力されるよう希望する」（括弧内引用者）[25]という一文に反映されることになる。

以下，『要綱』の成立段階を踏まえながら，『要綱』の「目的・目標」，「発育発達の特質と教材」，「指導方法」，「考査と測定」について，小学校に関連する内容をみていきたい。

（2）目的・目標

1946年6月の「体育担当地方事務官の学校体育教授要目制定に関する改正意見」では，「教授の目的に当たる項」に挿入すべきものとして，次の5項目が提案されている[26]。

　　　（一）身体各部の円満なる発育の助長促進。
　　　（二）明朗闊達にして剛健なる精神の涵養。
　　　（三）文化人として必要な教養ある個性の伸張。
　　　（四）道義心の昂揚。
　　　（五）情操の陶冶。

そして，1946年10月29日に「学校体育研究委員会第4回総会」で答申された「国民学校体育要綱案」では，「目的」は示されておらず，「目標」と

して，次にように提示されている[27]。

　体育は運動及衛生の実践を通じて健康を保護増進し，快活な精神を養い，よい習慣をつけることを目標とする。

　最終的に，『要綱』における学校体育の目的は，次のように規定されている[28]。

　体育は運動と衛生の実践を通して人間性の発展を企図する教育である。それは健全で有能な身体を育成し，人生における身体活動の価値を認識させ，社会生活における各自の責任を自覚させることを目的とする。

　『要綱』で示された学校体育の目的でとくに重要なことは，学校体育が「人間性の発展を企図する教育」であると，まずもって規定されたことである[29]。この「人間性の発展を企図する教育」は，教育基本法の第一条で掲げられた「教育は，人格の完成をめざし，平和的な国家及び社会の形成者として，真理と正義を愛し，個人の価値をたつとび，勤労と責任を重んじ，自主的精神に充ちた心身ともに健康な国民の育成を期して行われなければならない」という教育一般の目的を反映したものである[30]。教育基本法で掲げられた「人格の完成」とは，「教育基本法制定の要旨」（1947年5月3日文部省訓令第4号）によれば，「個人の価値と尊厳との認識に基き，人間の具えるあらゆる能力を，できる限り，しかも調和的に発展せしめることである」と説明されている。つまり，『要綱』で規定された「人間性の発展」も，「教育基本法制定の要旨」に沿って理解する必要がある。

　続いて，『要綱』で示された学校体育の目標をみてみよう。「体育の目的から導き出される主たる目標」として，「身体の健全な発達」の8項目，「精神の健全な発達」の8項目，「社会的性格の育成」の11項目が列挙されている（表3－1）。

　『要綱』で示された目標では，レクリエーションや児童生徒の指導力といった新しい視点が取り入れられている。そのため，学校体育の実践を構

表3－1　『要綱』における学校体育の目標

身体の健全な発達	精神の健全な発達	社会的性格の育成
1. 正常な発育と発達	1. 体育運動に対する広い健全な興味と熟練	1. 明朗
2. 循環，呼吸，消化，排泄，栄養等の諸機能の向上	2. 勝敗に対する正しい態度，レクリエーションとしてのスポーツの正しい認識	2. 同情－他人の権利の尊重
3. 機敏，器用，速度，正確，リズム	3. 健康活動の広い知識	3. 礼儀
4. 力及び持久性	4. 身体動作を支配する意志力	4. 誠実
5. 神経系の活力と支配力	5. 状況を分析して要点を発見する力	5. 正義感－フェアプレー
6. 仕事にも健康にもよい姿勢と動作	6. 適切な判断と敢行力	6. 団体の福祉及び公衆衛生に対する協力
7. 自己の健康生活に必要な知識	7. 指導力	7. 性に対する正しい理解
8. 疾病その他の身体欠陥の除去	8. 油断のない活ぱつな心のはたらき	8. 克己と自制
		9. 法及び正しい権威に対する服従
		10. 社会的責任を果す能力
		11. 情況に応じてよい指導者となり，よい協力者となる能力

出典：文部省『学校体育指導要綱』東京書籍，1947，2－3ページ，から引用者作成。

想し展開するうえでの幅を拡充するものであった。ただ，これらの目標は，1946年10月29日に「学校体育研究委員会第4回総会」で答申された各学校段階の要綱案の目標をまとめる形で示されたものである。そのため，「各学校段階の重点性を失い，平板で抽象化され」，「各学校や各学年レベルでの指導の目標と内容が明らかにならない」[31]という弱点も含んでいた。

（3）発育発達の特質と教材

　発育発達と運動との関連については，1946年6月の「体育担当地方事務官の学校体育教授要目制定に関する改正意見」の教材の選定に関する項目で，「児童生徒の心身的発達段階に応じて適切な競技の選定に重点を置くこと」[32]との意見が提示されている。1946年10月29日の「学校体育研究委員会第4回総会」答申における各要綱案には，発育発達に関する内容は含まれていない。しかしながら，「心身の発育段階と適当な運動」[33]という手書きの資料が添付されている。この「心身の発育段階と適当な運動」という資料は，記述形式，細かな語句の修正を除いてほとんどそのまま『要綱』に採用されている。また，学校体育研究委員会による答申がなされるにあたって設置された「整理委員会」の報告をみてみると，13項目に「教材には心身発育委員会で研究された心身発育段階と之に適する運動教材委員会から提出された資料並に第六部のシーズン制其の他の研究内容を充分参酌した」[34]と記されている。

　『要綱』における「発育発達の特質と教材」の項では，「身心の発育や発達に応ずる教材を選んで実施させることは体育の効果を高める上に欠くことのできない要件である」[35]と示し，教材を選択するための根拠を児童の発育発達から導くことを要求している。小学校については「小学校低学年（約7年－9年）」と「小学校高学年（約10年－12年）」の二段階に区分し，児童の発育発達と教材の関係を概説している。また，年齢別に児童の発育発達の一般的特徴を「身体的特徴」と「精神的特徴」に分けて示している。ここでは，あくまで児童の発育発達の一般的な傾向が示されているにすぎず，個人差や生活環境による差への対応等は示されていない。

　次に，教材についてみてみよう。1945年11月6日の「終戦に伴ふ体錬科教授要項（目）取扱に関する件」では，暫定的ではあるが「籠球，排球」[36]といったスポーツ教材が示されている。およそ一年後の，1946年11月の文部省から発行された『新教育指針』では，「新たに取りいれようとする場合には，何よりもスポーツがよい」[37]とし，スポーツ種目の導入と教材化を促している。このように，敗戦後一貫して，学校体育にスポーツ

教材を中心に位置づけるべく方向付けられている。また,『アメリカ教育使節団報告書』でも,スポーツが日本の民主化に有用であると指摘されたことが,さらにスポーツ教材の導入を後押ししている。

1946年10月29日の「学校体育研究委員会第4回総会」答申における「国民学校体育要綱案」の教材の項は,次のように示されている[38]。

(一) 運動は体操,遊戯とする。
(二) 体操は徒手体操,器械体操とし,遊戯は遊戯,球技,水泳,ダンスとする。
(三) 正課では体操,遊戯を必修としその他の運動は適宜に選択実施する。
(四) 号令,指示,合図,呼称等はなごやかな気持ちを与えるような態度,用語,口調で行ふ。
(五) 集合,番号,整頓,開列その他秩序を保つに必要な動作及び隊列の行進はそれ自体の訓練を目的とせず必要な場合にのみ行ふ。

ここで示された(四)と(五)の項目は,『要綱』の指導方針にそのまま採用されている。また,(三)では「正課では体操,遊戯を必修」と明示されており,「必修」という表現が使用されている。「国民学校体育要綱案」で提示された体操教材と遊戯教材を表3-2,表3-3に示す。

『要綱』では,成立までの段階を踏まえて,遊戯およびスポーツが主たる教材として採用されている(表3-4)。ここでは,教材を提示するにあたって「教材としては次に掲げるようなものが適当と思われる」と示され,「国民学校体育要綱案」で「必修」と示された部分が大きく変更されている。教材は,発育・発達と運動との関連から採用されたと考えられるが,スポーツそのものに対する認識も深まっている。たとえば,『要綱』の作成に携わった大谷武一は,「スポーツでは有効な活動によって有能な機能的発達を目指してしている」,「スポーツは,試合形式を以て行われ,多くの人数のものの協力を要求する関係上,スポーツには社会性の訓練になる」,「スポーツには,興味が多い」[39]と述べている。

さらに,大谷が「これまでのように,最高ではなしに,最低限度の要求

表3-2　「国民学校体育要綱案」における体操教材

□印は男子

形式			運動		
			1・2年	3・4年	5・6年
徒手	上下肢	屈伸	遊戯として行う	腕の屈伸，脚の屈伸	
		挙振		腕の挙振，脚の挙振	
		回旋		腕の回旋	
		跳躍		片脚　跳　両脚　跳	
	頸	屈・転・回旋		頸の屈・転・回旋	
	胸	伸		胸の伸展	
	背腹	屈・倒		体の前後屈，体の前後倒	
	体側	屈・倒		体の側屈，体の側倒	
	胴体	転・回旋		体の側転，体の回旋	
器械	跳躍転回 （跳箱・マット）			跳上下・ 跳越前転	跳上下・ 跳越前転 □腕立転回
	懸垂 （登棒・鉄棒）			棒登，脚懸上 脚懸回転逆上	棒登，□脚懸上 脚懸回転逆上， □蹴上

注意
1. 徒手体操の運動は概括的に示してあるから適宜分解又は複合して指導する。
2. 徒手体操の運動の方法，順序，回数，強弱等は実施目的に従って適宜にきめる。
3. 運動目的，効果を理解させ興味をもつように指導する。
4. ぶらんこ，すべり台，しーそ，円木等の設備は十分活用する。

出典：「国民学校体育要綱案」『戦後教育資料Ⅱ-25』国立教育政策研究所所蔵，から改変引用。

が示されている」[40]と述べているように，教師は教材を選択する権利が認められている。そのため，教師は，『要綱』で示された教材以外の教材を使用する際に，先の発育発達の特質である「身体的特徴」や「精神的特徴」に基づいて，教材の教育的価値を示すことができれば，自らの裁量で新たな教材を導入できるのである。ただ，これまで「指示された教材をただ学

表3－3　「国民学校体育要綱案」における遊戯教材

□印は男子，○印は女子

形式	運動 1・2年	運動 3・4年	運動 5・6年
遊戯	かけっこ，りれー，鬼遊び，拳遊び	かけっこ，りれー，巾跳，球投げ，縄跳，鬼遊び，押出遊び	かけっこ，りれー，巾跳，高跳，球投げ，縄跳，鬼遊び，□馬乗り遊び，□相撲
球技	球送り，球入れ	フットベースボール，ドッチボール，対列蹴球	ポートボール，ソフトボール，ワンアウトボール
水泳	水遊び	沈み方，浮き方，立ち方，犬かき，平泳	平泳，速泳，潜水，飛込
ダンス	リズム遊び 1. 音の長短，強弱，速度を種々に変化させる 2. アクセントを変化させて二，三，四拍子に取扱う 表現遊び 生活環境から取材して模倣，描写をさせる （例）模倣的なもの…馬，兎，鳥等 　　　模倣描写的なもの…花，月，風の描写	○リズム 1. 音の種類の変化を通じてとり扱う 2. 身体の自然的な動きをリズムを関係づけて取扱う ○表現 描写的表現から漸次創作的表現に導く （例）描写的なもの…川 　　　創作的なもの…上題材の「川」の「流」という要素を生かし創作的に表現する	

注意
1. さわがしくならぬよう指導する。
2. 組分けを適当にし，各自に均等の機会を与える。
3. よく約束を守らせる。
4. 水泳については適宜水泳上の心得を授ける。
5. ダンスについては下記に留意する。
　（一，二，三年）
　（一）児童の想像力と独創性を伸ばし育てる。
　（二）表現は簡単な音楽を用いてもよい。
　（三）参考作品として唱歌，律動遊戯の適当なものを用いてよい。
　（四，五，六年）
　（一）模倣，描写のような直接表現からその性格を表現するような間接表現に進める。
　（二）民踊は適当に取入れる。
　（三）参考作品として適当なものを用いてもよい。

出典：「国民学校体育要綱案」『戦後教育資料Ⅱ－25』国立教育政策研究所所蔵，から改変引用。

表3-4　『学校体育指導要綱』における小学校高学年における運動教材

△印男児のみ，◎印女児のみ

類別	形式		内容 四年	内容 五・六年
体操	徒手	上下肢 屈伸	腕の屈伸・脚の屈伸	
		上下肢 挙振	腕の挙振・脚の挙振	
		上下肢 回旋	腕の回旋	
		上下肢 跳躍	片脚跳び・両脚跳び	
		くび 屈・転・回旋	くびの屈・くびの転・くびの回旋	
		胸 伸	胸の伸展	
		背腹 屈・倒	体の前後屈・体の前後倒	
		体側 屈・倒	体の側屈・体の側倒	
		胴体 転・回旋	体の側転・体の回旋	
	器械	跳躍・転回（跳び箱・マット）	跳び上がり下がり・跳び越し前転	跳び上がり下がり・跳び越し前転・腕立て転回
		懸垂（登棒・鉄棒）	棒登り 脚懸け上がり・脚懸け回転逆上がり	棒登り △脚懸け上がり・△脚懸け回転逆上がり・△け上がり
遊戯		遊戯	かけっこ・リレー 幅跳び・なわ跳び 球投げ・鬼遊び・押し出し遊び	かけっこ・リレー・幅跳び・高跳び・なわ跳び・球投げ 鬼遊び・△馬乗り遊び・△すもう
		球技	フットベースボール ドッジボール 対列フットボール	ポートボール ソフトボール ワンアウトボール フットボール
		水泳	沈み方・浮き方・立ち方・呼吸のしかた 犬かき・平泳ぎ	平泳ぎ・横泳ぎ・速泳ぎ 潜水・飛びこみ
		ダンス	◎表現　1.自然運動によって基礎的身体をつくる　2.生活環境や生活感情から取材して創作的表現に導く（例）（イ）生活環境―はねつき・ぶらんこ・泳ぎ・麦かり（ロ）生活感情―喜び・希望	

出典：文部省『学校体育指導要綱』東京書籍，1947，8ページ，から改変引用。

徒に伝達するだけの役割」[41]に徹してきた教師が，教材の教育的価値を主体的に導き実践を展開することは容易なことではなかったと考えられる。1947年10月3日と4日に行なわれた日本体育指導者連盟主催の体育研究会において，ある教師が「指導要綱によってスポーツがレクリエーションと考えるとき，ピンポンを何故要項に入れなかったか」[42]と質問している。この質問に対して大谷は，「ピンポンはレクリエーションとしては適当であるが，学校体育として心身を鍛錬する運動は他に適当なものが沢山ある。要綱にあげた運動はその代表的なもので，ピンポンは業間か放課後に行えばよい」[43]と回答している。教師の質問からは，『要綱』で示された教材のみを行なわなければならないという旧態依然の態度が窺える。また，大谷の回答からは，教材の導入手続きに関して触れることなく，「他に適当なものが沢山ある」と一蹴している点に旧態依然の考えが窺える。

　教師が教材を選択することは，まさに「教師の自主性・主体性の確立，衰退の分岐点」[44]である。そのため，『要綱』公布以降の実践では，この点を注視する必要があろう。

（4）指導方法

　1945年11月6日の「終戦に伴ふ体錬科教授要項（目）取扱に関する件」で，「授業は画一的指導に堕することなく克く児童の自然的要求を考慮」[45]とあるように，敗戦直後から学校体育では画一的な指導を改めることに重点が置かれている。1946年6月の「体育担当地方事務官の学校体育教授要目制定に関する改正意見」で，「教授方針教授上の注意の名称は指導方針指導上の注意と改めること」（傍点引用者）[46]と指摘されて以降，「教授」から「指導」という言葉が主流となり，指導方法の捉え方に変化が現れる。1946年11月の『新教育指針』では，「指導は常に個人の発展と集団生活の秩序とを目あてとし，極端な画一主義を排し，生徒の性質・発育・運動能力・栄養状態などを考えて，個性に応じた取り扱いをしなければならぬ。これがためには，つとめて強制を避け，生徒の自主的能動的活動を通して，個性をのばすよう指導することが大切である。つまり動作の一々について，

指導者の号令を必要とする一斉指導の方法のみにこだわることなく，必要な指示を与え，自主的に実践させるような取り扱いに重点をおくのである」[47]と示されている。ここでは，指導のあり方として，生徒一人ひとりに教師が対応すること，生徒の自主的な活動を認めるといった具体的な方向が明らかにされている。

　1946年10月の「国民学校体育要綱案」では，「方針」（5項目）および「指導上の注意」（23項目）が列挙されている。これらは，小学校から大学までを対象とした『要綱』では，38項目の「指導方針」として示される。具体的には，「計画と指導」（17項目），「衛生」（6項目），「体育思想」（3項目），「組織と管理」（3項目），「施設と用具」（2項目），「試合」（7項目）に整理されている。『要綱』で示された「指導方針」は，「目的・目標」と同様に各学校段階での重視すべき内容がわかりにくくなっている。しかしながら，「国民学校体育要綱案」で示されなかった「班別指導」や「体育の生活化」という項目が『要綱』の中で顕在化され，小学校の教師に示されたという利点があったと考えられる。

（5）考査と測定

　『要綱』に「考査と測定」の項目が示されたのは，「体育を科学的に計画し，……（中略）……学徒の心身の現状や個人的欠陥や進歩の情況を知るため」[48]であった。また，「（結果を）父兄や一般の人々に知らせ，その理解と協力を得るために有効な資料」（括弧内引用者）[49]とするためでもあった。

　考査測定にあたっては，「考査測定の目標」を定め，「目標の達成に有効で信頼のできる適切な方法」の選定が必要とされ，「科学的に立証された研究の結果に基づいて作成」されなければならないとされている[50]。考査測定の目標としては6項目が参考案として示され，方法としては，「身体検査」，「健康診断」，「態度の検査」といった一般的方法に加えて，13項目が参考案として示されている。

　ただ，『要綱』では，あくまで参考案が示されたに過ぎず，具体的な実

施方法やフィードバックの活用法について記述されていない。また，測定結果の基準とするべき成果も示されていない[51]。

ここまで，『要綱』の理念と内容を作成までの経過を踏まえてみてきた。『要綱』は，敗戦直後から検討された学校体育の民主化に対する内容が可能な限り盛り込まれたものであった。この意味で，『要綱』の制定・公布をもって，学校体育の民主化の基本的指針が確立したと捉えることができよう。

第2節　広島県における戦後学校体育改革の受容

第1項　広島県における『学校体育指導要綱』体制の展開
（1）広島県「学校体育学習指導要領」の提示

吉岡隆徳（当時，広島県体育課長）は，『学校体育指導要綱』（以下，『要綱』と省略）の公布に先立って，『芸備教育』（広島県教育会，1947年7月）の紙面上で，「学校体育学習指導要領」[52]（以下，広島県「要領」と省略）を発表した。広島県「要領」の冒頭には，次のことが記されている[53]。

> 今般制定された学習指導要領（体育編）は，指導者のよるべき基本的指針として，多数の権威者や指導者により，慎重審議の結果でき上ったものである。本県ではこの精神に則り，且地方的特色を考察して，附則の諸点を加味せる「広島県学校体育学習指導要領」の骨子を発表した。今後はこの「要領」に基づいて各地方，各学校の実情に応じた適切な指導計画の作成と運営にあたられるとともに，更に研究と経験とを重ねて県自体としての「体育編」の編さんに着手したいと希望している。

この中に示されている「学習指導要領（体育編）」とは，1947年2月25日の「地方体育担当事務官会議」の席上で口頭発表されたもの[54]，または同年3月中に行なわれた「学習指導要領（体育編）普及講習会」（中国地区は，倉敷で3月16-20日に実施）で配布[55]されたもの，あるいは『新体育』

（1947年5月号）に掲載されたもの[56]であると考えられる。
　この広島県「要領」を具体的にみてみると，細かな字句を除けば『要綱』とほぼ同じ体裁と内容である。少なくとも吉岡が「地方的特色を考察して，附則的諸点を加味せる」と述べた点は明示されていない。
　ただ，『要綱』が公式に制定・発表される以前に，広島県ではその内容を発表したと捉えることはできる。先述の「学習指導要領（体育編）普及講習会」には各県から代表15名から30名が参加したに過ぎず，『新体育』（1947年5月号）の発行部数は8,000部程度である。つまり，広島県の多くの教師に『要綱』の内容を事前に周知するために，広島県「要領」として発表したのではないかということである。

（2）文部省『学校体育指導要綱』の普及

　広島県「要領」が『芸備教育』の紙面上に掲載されてから，およそ2ヶ月後に『要綱』が公布される。『要綱』は，「99,000部」印刷され，「中等学校および上級学校の体育教師には各一部，小学校では三人に一部の割合で配布」[57]される予定であった。このことから，広島県の小学校の教師に対しても，予定では三人に一部の割合で『要綱』が配布されたことになる。ただ，実際どの程度の割合で配布されたかについてはわからない。しかしながら，広島県では1949年2月に「学習指導要領（一般編）の使用状況」[58]という調査が行なわれている。『学習指導要領一般編（試案）』は，「試案」として位置づけられていたとはいえ，この時期に文部省から発行された重要な指針である。したがって，『学習指導要領一般編（試案）』の使用状況から，『要綱』の普及状況をある程度推測することができると考えられる。調査対象となった小学校数は181校で，広島県下公立小学校の約27％である。内訳は，都市地域31校，農村地域119校，山村地域12校，漁村地域19校である。
　まず，表3－5に『学習指導要領一般編（試案）』の配布状況を示す。漁村に配給された率が最も低く，教師五人に三冊の割合となっており，地域によって配布状況に差があったことがわかる。

第3章　戦後初期における学校体育の形成

表3－5　広島県における『学習指導要領一般編（試案）』の配布状況

	都市	農村	山村	漁村	合計
配給された冊数（冊）	591	1368	101	202	2262
教師の数（人）	791	1504	108	328	2731
配給1冊につき教師の数	1.3	1.1	1.1	1.6	1.2

出典：広島県教育委員会（編）『広島県教育時報』1949年11月，35ページ，から改変引用。

表3－6　広島県における『学習指導要領一般編（試案）』の使用状況

人（％）

	都市	農村	山村	漁村	合計
まだ一度も読んだことのないもの	1 (0.1)	13 (0.9)	1 (0.9)	2 (0.6)	17 (0.6)
全体を読まないが必要と思うところだけ読んだもの	97 (12.3)	156 (10.4)	9 (8.3)	22 (6.7)	284 (10.4)
全体を一度だけざっと読んだもの	172 (21.7)	288 (19.2)	14 (13)	63 (19.2)	537 (19.7)
全体を一度だけざっと読み必要な箇所を度々読んだもの	371 (46.9)	723 (48)	68 (63)	183 (55.8)	1345 (49.2)
全体を度々読んだもの	150 (19)	324 (21.5)	16 (14.8)	58 (17.7)	548 (20.1)
計	791 (100)	1504 (100)	108 (100)	328 (100)	2731 (100)
ほとんど毎日読んでいるもの	9 (1.1)	11 (0.7)	4 (3.8)	1 (0.3)	25 (0.9)
読み合わせて討議したもの	376 (47.5)	1010 (67)	71 (37.1)	177 (54)	1634 (59.9)

出典：広島県教育委員会調査室『広島県教育時報』1949年11月，35ページ，から改変引用。

次に,『学習指導要領一般編（試案)』の読まれた程度については,「全体を一度だけざっと読み必要な箇所を度々読んだもの」と「全体を度々読んだもの」をあわせると約70％になっている。また「読み合わせて討議したもの」は約60％に達している（表3－6)。
　この調査は,『学習指導要領一般編（試案)』についてのものである。ただ,『学習指導要領一般編（試案)』でさえ配給状況に地域差があったかことから, 小学校教師三人に一部しか配給予定がなかった『要綱』についても配給状況に地域差があったと推察される。また,『学習指導要領一般編（試案)』は, 高い割合で読まれていたと考えることができるが,「まだ一度もよんだことのないもの」,「全体をざっと一度だけ読んだ」が全体の20％を占めていることから, 徹底して普及したとは言い難い。このことは,『要綱』についても同様の状況であったのではないかと推察される。すなわち,『要綱』は22ページの小冊子であるが, 制定・発行のみでは, その理念と内容が十分に普及しなかったと考えられる。

（3）『小学校体育の実際指導』（広島県, 1949.4）の作成

　『要綱』の公布後, 広島県教育委員会は学校体育に関する指導要領の研究と作成を計画している。1949年4月に広島女子高等師範学校体育研究会から発行された『体育と指導』には, 掲載者不明であるが次のような告知文が掲載されている（括弧内引用者)[59]。

> 昨年末（1948年10月）に米子（鳥取県）で, 小学校の学習指導要領体育編の発表があり本県（広島県）では九名の者がこれに受講した。然しその後, 本省（文部省）の正式発表が遅れているので困っている。でもこのままで, 何時発表されるとも分からぬものを待っているわけにはいかないので先般来, 米子に行った人を中心に本県の指導要領を研究中である。再三の会合を重ね, 三月一ぱいに一応まとめ上げる筈である。

　この中で「指導要領を研究」した成果は, 1949年4月に広島県から『小学校体育の実際指導』（以下,『実際指導』と省略）として刊行される。

『実際指導』の作成は，先述の引用にみられるように，1948年10月に鳥取県米子市で行なわれた「学習指導要領体育編伝達講習」以後に開始されている。発案者は，当事の体育行政のトップであった吉岡隆徳（広島県教育委員会保健体育課課長）であったと考えられる。編纂委員会は，広島県教育委員会関係者6名（伊藤茂男，石田幸，岡田俊彦，瀧口五郎，盛井尚文，吉岡隆徳），広島女高師関係者1名（川村英男），広島師範関係者5名（河野邦夫，惣明君徳，富田功，平田喬，山根富貴子），小学校教師2名（土居さがみ，高徳就）の14名である。編纂委員の中で，先述した米子市での講習会に参加した者が誰であるのかは不明である。しかしながら，編纂委員は，広島県内の指導者のみによって組織されており，広島県の実情に即して作成しようとした意図が窺える。

　吉岡隆徳は『実際指導』の「序文」で，広島県の学校体育の現状について，次のように述べている。「（広島県では）体育指導が放任か児童まかせになっており，指導者はその指導方向に幾多の疑問と困難を感じ」（括弧内引用者），他方では「学童の体位が昭和十二年度の学徒体位基準に比較すれば年齢満一才に相当する成長発育の低下を示しているという憂慮すべき現実がある」[60]。このような問題に対処するために，『実際指導』は作成されたのである。そのため，『実際指導』には，「文部省が示した教材以外を相当取り入れ」[61]とあり，広島県でも指導可能な教材が提示され，体育的効果が上がるよう配慮されている。また，『実際指導』は，『要綱』の方針と同様に，現場で指導する教師の研究と経験によって改善されることを求めている。

　『実際指導』には，当時広島軍政部のヘイガー教育課長（Robert. M Hager）の「序文」[62]が記されている。

　　健康生活の本質と体育の健全なる習慣を達成せしむる上に小学校は其生徒等と社会に顕著なる貢献を為し得るのである。此等の習慣と本質は，社会生活，個人生活何れに於いても最大にして可能なる幸福と貢献をもたらす基礎となるものである。本書（小学校体育の実際指導）が緊要なる学習分

101

野に卓越せる仕事を小学校に為さしむるを期待するものである。

このように簡単な文章が示されているに過ぎないが,『実際指導』は広島軍政部の管轄内での発行であると示すことで,広島県の独自性が強調されたとみることができる。

　(4)『小学校体育の実際指導』(広島県, 1949.4)の内容
　『実際指導』は,「総説」と「教材の解説とその指導」の二つの章から構成されている。「総説」の章は,「体育科の目標」,「体育科から見た児童の発達」,「体育科の教材」,「体育科の学習指導」,「体育科における考査及び測定」,「体育科の設備と用具」から構成されている。「教材の解説とその指導」の章は,「教材」,「年間計画」,「体育の学習指導」から構成されおり,総ページ数のおよそ80％を占めている。

　『実際指導』は,『学習指導要領小学校体育編(試案)』(以下,『小学校体育編(試案)』と省略)より早く発行されている。しかしながら,『小学校体育編(試案)』の内容が多く踏襲されている。それは,今村が「文部省は,要綱公布後間もなく体育の学習指導要領作成協議会をつくり,二十二年の終わりに小学校体育編の成案を得,CIEとの折衝に二年近くを要して二十四年九月に刊行した」[63]と述べているように,1947年末には『小学校体育編(試案)』の成案を得ていたためである。そして,1948年に文部省体育課内の学校体育研究同好会から発行された『小学校・中学校体育指導の手引』[64](以下,『体育指導の手引』と省略)や1948年度の「学習指導要領体育編伝達講習」[65]によって,公表以前にその内容が普及していたのである。そのため,『実際指導』は,『体育指導の手引』や『小学校体育編(試案)』の内容を踏襲して構成されることとなる。もちろん,両者の間にはいくつか異なる体裁と内容も存在する。以下では,目標と教材および年間計画について,それぞれの相違を検討する。

①目標

『実際指導』で掲げた体育科の目標は，表記の仕方や細部の字句を除いて『体育指導の手引』や『小学校体育編（試案）』と同じである。

しかしながら，『実際指導』の「体育科の目標」では，『体育指導の手引』や『小学校体育編（試案）』で示されていないアメリカにおける学校体育の動向が補説されている（括弧内引用者）[66]。

> 体育は身体を通して人間性の発展を企図する作用である。従来の体育はむしろ身体が対象であるかの如き観を呈していたが，真の体育は人間全体の発展を目指す教育である。この事を明瞭にする為に，近代アメリカの経験した状況を反省して見ることが良かろう。
> 1．1890（年）－1900（年）身体鍛錬システム時期。
> 2．1900（年）－1910（年）競技万能の時期。
> 3．1910（年）－1920（年）プレー・レクリエーションの時期。
> 4．1920（年）－1930（年）健康教育の時期。
> 5．1930（年）－現在。
> 我国の現在は第二の傾向が強く，第三，第四の傾向も多少ある。以上を反省して今後の体育のあり方，体育の性格を了解出来ると思う。

このように，『実際指導』は，アメリカにおける学校体育の史的展開を資料として提示し，広島県における学校体育の望ましい方向として「プレー・レクリエーション」や「健康教育」を指向する必要性を示している。

②教材例

『実際指導』の教材群の分類は，『体育指導の手引』や『小学校体育編（試案）』と同じである。しかしながら，『実際指導』では，個々の「教材群」における「教材例」が『小学校体育編（試案）』より多く採用されている。とりわけ「リズム遊び・リズム運動」と「模倣物語り遊び」に顕著である（表3－7）。これらは，広島県独自の視点から採用されたと思われるが，その採用基準は示されていない。ただし，「第五，第六学年」に

表3－7　「小学校体育の実際指導」における第5・6学年の教材例

ボール運動	陸上運動	徒手体操	リズム運動	器械運動	水泳	スキー
ワンアウトボール フットボール トリプルボール プットボール ポートボール キャプテンボール エンドドッジボール ゴールハイ バスケットボール ネットボール バレーボール フリーテニス じんとりゲーム エスキーテニス（#） ハネツキ（#）	かごなり鬼 反応遊び 旗とり 帽子とり つな引き 馬乗り遊び 片足跳び 競走 継走 競争リレー じごくごくらく競争 黒板リレー 持久走 カンガルーリレー 巾跳び 高跳び 三回跳び なわ跳び 棒倒し すもう	上下肢 腕の屈伸 胸の屈伸 胸の挙振 脚の挙振 腕の回旋 片胸跳び 両足跳び 回転 くび 屈伸 回転 胸の伸展 胸腹 背腹 体の前後屈 体の前後側 体側 体の側屈 体の側倒 胴体 体の側屈 体の回旋 体の側倒 二人で行う 三人で行う	春風（#） リヤカー（#） 小犬まどこえ（#） 幼犬頃の思い出（#） 籠の小鳥（#） さかな（#） ぶらんこ 波 仲よし 叱られて 麦かり ギャロップ遊び（#） 機械 さくら（#） 雪 なわとび（#） 氷すべり（#） 大きな風車（#） 山のぼり（#） 明日は昇れぬ 佐渡おけさ ぽんぽん海（#） 瀬戸内海（#） かげぼうし ヴァルソヴィナ（#） けむりの踊り（#） 秋風（#） 鏡がなる（#） 夢 ヴァジニアリール 困ったら小人（#） さならら皆さん（#） 遊動円木（#） 蝶々（#） 風車	つな登り 脚かけ回り 腕立て回り 振り跳び けけ上り 跳び上りり下り 腕立てで跳び越し 腕立て横跳び越し（#） 倒立 前まわり 横まわり 後まわり	平泳ぎ 横泳ぎ 背泳ぎ 速泳ぎ 潜水 飛び込み リレー 水球 水中野球	横すべり 半制動滑降 半制動回転 制動クリスチャニヤ 踏みかえ滑走 三歩滑走 山巡り リレー 小飛躍

注：文部省「学習指導要領小学校体育編（試案）」1949、に示されていない教材は（#）をつけて記した。
出典：広島県「小学校体育の実際指導」郷友社、1949、48ページから改変引用。

104

おける「エスキーテニス」[67]は，あきらかに広島県独自の教材である。

　この「エスキーテニス」は，1951年の文部省による『中学校高等学校学習指導要領保健体育科体育編（試案）』（以下，『中高体育編（試案）』と省略）に名称を変更して採用されている。ここに「都道府県版の『学習指導要領』から文部省の『学習指導要領』へ」という構図を新たに確認することができる。『中高体育編（試案）』へのエスキーテニスの導入にあったては，吉岡隆徳と佐々木吉蔵（文部省事務官）の影響があったと考えられる。『中高体育編（試案）』の編集委員の一人であった佐々木吉蔵[68]は，1950年に2月に広島を訪れた際，エスキーテニスを『中高体育編（試案）』の中心種目に採用し，名称を「ハネツキ」に変更したことをエスキーテニスの開発者である宇野本信に直接伝えている[69]。佐々木がわざわざ広島を訪れたことから，当時エスキーテニスの成立に関与し，エスキー軽スポーツ連盟の参与であった吉岡隆徳が，佐々木吉蔵にエスキーテニス導入を取り計らった可能性が考えられる[70]。

　1951年の文部省による『中高体育編（試案）』では，エスキーテニスが中学校および高等学校女子の中心種目に採択されている[71]。しかし，「エスキーテニス」という名称ではなくて，「追羽根（ハネツキ）」と称されている。この名称変更については，次のような経緯があった。「前文部省体育課長栗本義彦先生がエスキーと言えば語源の説明を要するが，ハネツキと言えば古来のはねつきが進化したものとして分かり安いと言うので斯くなっています」[72]。ただ，エスキーテニスにはいくつかの派生ゲームがあり，その中には「エスキーはねつき」がある。この「エスキーはねつき」は「バドミントンからヒントを得て案出された」とされている。そして，『中高体育編（試案）』における教材評価でも「バドミントン・追羽根」[73]と記されており，「エスキーはねつき」が採用されたと考えることもできる。エスキーテニスとエスキーはねつきはルールに若干の違いがあるものの用具等については全く同じである。

③年間計画と年間計画実施細目

　『実際指導』で示された年間計画は，次の年間計画作成基準に準じて作成されている[74]。

　　1．学習指導要領（体育科編）を基準にした。
　　2．広島県の実情に即するように左の点につき努力した。
　　　　イ．行事。ロ．広島県で特に行われているスポーツや遊戯。
　　　　ハ．季節天候。ニ．運動普及の状態。
　　3．衛生は一応分離して作成した。
　　4．体育設備の概況を参考にして作成した。
　　5．準備，整理運動としての徒手体操は除いてあるので適宜指導することにした。

　加えて『実際指導』では，『体育指導の手引』と『小学校体育編（試案）』には掲載されていない「年間計画実施細目」が示されている。ここでは，「教材群」，「教材」，「指導上の注意」が提示され，一年間にわたって実施可能なようにかなり詳細に記述されている。「指導上の注意」は，各運動教材の実施方法が重点的に示されている。

④学習指導

　『実際指導』の学習指導に関する内容は，『体育指導の手引』の内容とほぼ同じである。「第一，二学年」，「第三，四学年」，「第五，六学年」に分けて，各時期の児童の特徴をふまえた指導法のあり方を記述している。また，月間計画を例示しており，現場教師の判断によって柔軟に作成できるよう工夫されている。さらに，指導案も同様に例示されている。以下，『実際指導』で例示された指導案である[75]。

　　「体育科指導案」
　　　第三学年　授業者・指導者〇〇〇〇，日時　昭和二十三年十月三日　曜日
　　　教材　小馬のさんぽ（物語り遊び）

ねらい　小馬と云えば彼等はきっと微笑むであろう，そうしてすぐにでも小馬になって跳び歩きたい衝動にかられるであろう。
　　　　過去に於いて見たり聞いたりした事を発表させて物語り的に取扱い創造的にリズミカルに動き，表現する楽しさを味わせ動作を軽快に行わせたい。

学習指導過程
○小馬について次の様な質問をし児童の知っていることを自由に発表させる。
　小馬を見た事があるか，どこで見たか，どんな事をしていたか。
　走っている小馬，歩いている小馬，小馬やさしい小馬，あばれている小馬，人の乗っている小馬，草を食べている小馬等。
○次に児童の心に描いた小馬を自由に模倣表現させる。
○模倣表現の中いくつかの代表的なものをとりあげてみんなに発表させる。
○全児童にそれを実演させる。
○次にいろいろの動きを結合して物語り的に取扱う。
　○小馬がパカパカと野原を歩く，○小川をとび越える，○川の水をのむ，○又歩く，走る，○草を食べる，○広い野原を思う存分かけまわる，○歩く，○休む，
○その場に座らせて一時間の反省をする。

　『実際指導』が作成された理由は，実質的には『小学校体育編（試案）』の公布の遅れに対応するためであった。ただ，『小学校体育編（試案）』の基本的な方針は『要綱』と変わらない。このことを考慮すれば，広島県は，『実際指導』の発行を通じて『要綱』の理念を普及することに取り組んだといえよう。
　また，『実際指導』は1948年度に行なわれた文部省による講習会の内容を基本としながら，広島県の体育関係者によって作成されている。しかし，その内容は，広島県としての独自性が顕著に示されていたわけではない。ただ，広島県では「指導者はその指導方向に幾多の疑問と困難を感じている」という現状があったことを鑑みれば，『実際指導』でリズム遊び教材やリズム運動教材を多数追加することで用具不足の県内の実情に配慮した

と捉えることができるし，実施計画で運動教材の実施方法を重点的に記述したことも必要性があったと捉えることができよう。この意味で，『実際指導』は現場で指導する教師の教材選択とその指導に一定程度の貢献があったと考えることができる。

第2項　広島県における「新体育」の理論化

　戦後初期の学校体育改革は，制度が確立してから実践が行なわれるというように図式的に行なわれたわけではない。制度の確立に先立って十分な準備期間が確保されたわけではなく，制度の確立と実践が流動的に交差しながら展開していった。たとえば，『要綱』の公布・制定にしても，その内容は講習会を通して一部ではあるが現場に流布されていた。また，『小学校体育編（試案）』の公布・制定も同様である。そのため，とくに地方では，改革の構想や方針に関する情報の伝達について，地域や学校の間で差があったと考えられる。

　上述のことをふまえながら，ここでは，広島県において「新体育」[76)]という理念を各学校あるいは体育指導者がどのように理論化しようとしたのかを明らかにしたい。それは，「民主的な人間を形成するための体育」をどのように理論化しようとしたのか，あるいは，新しい体育の方針が示される過程で，現場の指導者は何を考えていたのかを明らかにすることでもある。ここで資料とする雑誌は，（1）『芸備教育』（広島県教育会），（2）『神石教育』（広島県教員組合神石支部），（3）『新教育の実際』（広島女子高等師範学校附属校内新教育研究会），（4）『学校教育』（広島高等師範学校附属小学校学校教育研究会），（5）『体育と指導』（広島女子高等師範学校体育研究会）である。これら雑誌の中から学校体育に関する論考を抽出した。ここでは，広島県内の学校体育を担当する教師の意図と実情が明らかとなるよう，可能な限り著者の言葉を引用し，検討していくこととする。

　　（1）『芸備教育』（広島県教育会）
　熊谷春雄（当時，沼隈郡鞆小学校）は，「学校体育についての一考察」[77)]

第3章　戦後初期における学校体育の形成

の中で学校教育と学校体育について，次のように述べている。「人格の陶冶と，よりよき社会人としての生活指導が，教育の目的であるとするならば，これに反する如何なる体育活動も否定されなければならない。少なくとも学校体育の名においては」<37>。このように，学校体育は学校教育の目的を達成するための一分野であることが確認されている。彼は，このような認識の下に学校体育のあるべき姿を構想する。この構想の前提として，次のように述べている。「新しい理念は，常に新しい方法を生む。体操と呼ばれていた嘗ての学校体育は，もはや，過去のものとなった。これからの体育は，もっと，社会性のあるものでなくてはならない。もっと生活化されなくてはならない。生活を基盤とし，生活に立脚した体育でなくてはならない。教育とは，生活の仕方の学習であり，指導であると，極論するものさえある。同じ意味において体育も，また，かく断ずることが出来得ると考える。体育の生活化とか，生活の体育化ということが叫ばれるのも，全くこの意味にほかならない」<37>。このように，学校体育の機能である社会性を視点として，学校体育と生活の関連を重視すべきことが考えられている。

次に，彼は学校における正課体育の位置づけと方向性について，図3-2のように構想している。

図3-2は，次のように説明されている。「学校体育の発展過程は，正課体育を中核として，それら同心円的に，漸次，発展して生活体育まで拡大せしめ，われわれ日常生活の，あらゆる機会を，乃至は，部面を合体育的活動にすることであると考える。言葉を換えていえば，すべての体育的活動は，全円的な生活体育に包含され，そして，実践されなくては，ならないというのである」<37-38>。この正課体育の位置づけは，『アメリカ教育使節団報告書』，『新教育指針』や『要綱』で示された体育と生活の関連に関する考え方[78]の延長にあると考えられる。

それでは，「正課体育」を中核に発展する，「課外体育」，「自由体育」，「生活体育」は具体的にどのように考えられていたのであろうか。

まず，「正課体育」については，「各種運動及び衛生面の理論と実際を指

導し，体力の基礎的な修練をする。……（中略）……徒手器械の体操は，興味が少ないので，児童はよろこばないが，興味的な取扱いの工夫により，出来得る限り，普遍的に実施すること。スポーツ遊戯を中心とした教材は，主として基礎的なものを反復練習させ，課外，自由体育の発展的な基礎として考慮すること」<38>と説明されている。正課体育における教材としてのスポーツや遊戯が，学校体育から生活体育へと志向するための基礎として考えられている。

次に，「課外体育」については，「自由研究の時間に相当するものである。また，それは正課体育の発展であり，補習である」<38>と説明されている。

体育の発展過程円

正課が中核となり，同心円的に発展する。

```
                  生活体育（生活の体育化）
              自由体育（体育の生活化）
           歩行                        遊び
              課外体育（自由研究）
   ┌──┐   姿勢                       家事    ┌──┐
   │積│                  正課体育        手伝い  │運│
   │極│         衛生              運動前後      │動│
   │面│         理論   疲労休養   の衛生         └──┘
   └──┘        換気   について                  食事   ┌──┐
   ┌──┐        採光                                     │衛│
   │消│                                          衣服   │生│
   │極│         入浴                                    └──┘
   │面│                                          睡眠
   └──┘         呼吸
                   休養    摩擦    排泄
```

生活のあらゆる機会を体育的活動たらしめる（体育の二十四時間主義）

図3－2　熊谷春雄による正課体育の位置づけと方向性

出典：熊谷春雄「学校体育についての一考察」『芸備教育』復刊第8号，1947，37-39ページ，から引用者作成。

つまり,『学習指導要領一般編（試案）』で示された自由研究の時間を体育活動に当てることを構想している。「自由体育」については,「体育の生活化である。どこまでも児童の自発性により，行われるもので彼等は，ここで，真に自由に伸び伸びと体育を楽しむことを知るであろう」<38>と示されている。ここでの「自由体育」は，業間や放課後に行なわれる体育を想定したものと考えられる。また,「自由体育」では「われわれの想像する以上に，彼等（児童）相互において，精神的な陶冶を受ける」（括弧内引用者）<39>と，効果を期待している。

　最後に,「生活体育」についての説明である。「生活の体育化である。人間は，身体の所有者であり，一個の生活体である。従って何時いかなる時にも体育の対象となり得るのであって，生活そのものを体育的にすることが必要である。（敢て私は，これを生活体育と呼びたい）かくすることが，また，体育，殊に学校体育の究極目的ではないだろうか。食事，呼吸，睡眠，排泄，摩擦，休養等の衛生面の実践と科学的知識の啓培。更に，歩行，姿勢，遊び，等。積極的運動面の体育的指導。たとえば，遊び等も，善，悪という倫理的な面からのみでなく体育面よりの指導奨励ということも考えてみたい」<39>。ここでの「生活体育」は，運動と衛生の両面を提示した『要綱』の方針を基に構想されたと考えられる[79]。

　以上のように，現場教師が学校体育と生活との関連を体系づけようとしたことは,「生活」の捉え方などで不十分な側面もあるとはいえ，広く日常生活にまで発展可能な正課体育の在り方を模索している点で重要であり，実践化へ向けての第一歩であると考えることができる。ただ，学校体育の社会的機能を重視しているために，他教科との関連についてはほとんど言及していない。

（2）『神石教育』（広島県教員組合神石支部）

　ここでは，雑誌『神石教育』の中で学校体育に言及した教師について取り上げることにする。

　まず，岡崎護朗（当時，牧中学校）は「中学校体育主任としての考え」[80]

の中で,「新体育」を次のように捉えている。「旧来の体操がともすると子供の遊びと学校で行う体操とが非常にかけ離れていて,遊びと体育とは明確に区別されていたのでありますが,社会人として完全な歩みを続けさせ様と企図する体育であるならば少なくとも体育を深く認識し実行し把握し之より生ずる精神(スポーツマンシップ)を徹して明るい社会人としての歩みを続けさせるのが現下の新体育のねらう点であり我々の日頃心得べき点と信ずるものであります」[81]。このような「新体育」の解釈から,彼は学校体育の目的を次のように掲げている。「生徒児童に対して彼等の身体各部に均斉な発達を与えること」,「生徒の全身の健康を保持増進すること」,「動作を機敏且耐久的あらしめる」,「立派な容儀を与えること」,「精神を快活剛毅ならしめる」,「規律協同の習慣を養成する」[82]。ここで示された内容は,『要綱』で示された「身体の健全な発達」,「精神の健全な発達」,「社会的性格の育成」という学校体育の目標から逸脱するものではないが,「身体の発達」により重点が置かれていると考えられる。

彼の論考は,新体育といわれるものを理解し確認することに重点が置かれており,新体育を主体的に理論化し構想するまでに至っていない。しかし,彼は「新体育と呼ばれつつもともすると大きな壁につき当り目先の小事にとらわれ行く先を見失うのは私ばかりか」[83]と現場の実情を述べている。この一文から,現場教師が実際の子どもを目の前にして,日々雑務に追われていた現状を窺い知ることができる。このような状況下では,新体育を主体的に理論化するには到底及ばなかったであろう。学校体育の方向性を確認していくことも儘ならないケースもあったと考えられる。

次に,赤木千里(当時,近田小学校)による「学校体育について」[84]をみてみよう。現場の女性教師によって示された数少ない論考である。彼女は,まず問題意識として,次のように述べている。「敗戦後に於けるカリキュラムの体育は如何,連合軍の指令に自信を失い,真に児童の健全なる四肢の発育を図るように研究されているだろうか。勿論教育は人にある。堪能なる教師は十分研究の上に其の実際を遺憾なく発揮せるだろうが,今の教員の現実から透視すると,助教,女教師の多い学校の現状からして,やた

ら貴重なる此の時間を校庭に放任したり無計画，秩序のない遊びの時間に時を過していないだろうか」[85]。このように，当時の小学校で体育の授業が放任されやすかった原因を助教師や女性教師の力不足と捉えている。続いて，彼女は『要綱』の性格として，民主化方面と科学的方面に分けて列挙している。民主化方面では，「学徒の個性を重んじ正課課外を通し自主的活動を発揮している」，「体育の機会均等と女子体育の振興を企図している」，「スポーツを重視して体育の社会性を強調している」，「基本的な最小限度の要求を示して指導者の創意工夫を重んじている」を挙げ，科学的方面では「教材の配当を学徒の心身の発育段階に適応させるよう工夫している」，「衛生を重んじて生活の合理化に努めている」，「科学的基礎に立脚した指導を強調している」を挙げている。さらに，指導上の留意点を「連合軍の指令を考慮して」14項目挙げている。これらは，『要綱』で示された内容の確認という意味で示されている。最後に，「衛生訓練実施細目」と「体操指導細目」が示されている。これらは，「細目」というよりは，年間計画に類する各学年の教材配当表である。この意味で不十分さはあるが，女性教師によって主体的に体育カリキュラムの作成を行なう努力がなされていたという事実は重要であろう。

　最後は，福島高富（当時，小畠中学校）の「体育指導のねらい」[86]である。ここではまず，「教育は一つの理想とする目的に向って人間性をすなほに伸ばし育てて行くのである」とし，「人間性の尊重は先づ人間の生命を大切にすると言ふことでなければならない。体育はその人間の生命を大切にするといふところから出発しなくてはならない。故なくして身体活動を束縛したり，肉体を苦しめたり他の特殊な目的のために生命を無意に失わせたりすることは人間性を尊重することではない」[32]と述べている。このような態度は，直接的ではないが，戦時訓練として無条件に戦争へと加担した戦前の学校体育に対する真摯な反省として捉えることができる。

　続いて，彼は徒手体操，器械体操，スポーツのねらいについて述べている。とくに，スポーツについては，次のように述べている。「スポーツに於いては人間自然の欲求に発する全体的活動であって，普通の仕事の様に

他から強制されない自発活動能動的態度を重んずる新しい体育では最も適切なる教材である遊戯，スポーツは重点的な教材として取扱はないで新体育の在り方として，それ等は中心的教材として取扱ふべきである」(傍点引用者)<34>。このように，「重点的」と「中心的」を区別して用いることでスポーツ教材の位置づけを明確に示している。さらに，「新しい体育はスポーツが中心であってスポーツに於て果し得ないところを体操或はダンスに於いて補って行くところに新体育の行き方を示している」<34>と補説している。

学校体育の指導については，「個性を尊重した自主的な運動と体育の機会均等」<34>を指摘している。個性の尊重については，「彼等の求める意欲は生徒の自らの必要性や興味によって生まれてくるから彼等が体育をやってみたいという意欲の起るような体育的環境を作ってやることが必要と思う」<35>と述べている。また，自発性については「生徒の能力身心発達の程度に応じて課程を与え，いつも努力すれば出来るという希望をもたせて七分ほめて三分を指導の言による行き方を取るべきと思う」<35>と説明している。ただ，注意事項として「生徒の自発性個性を重んずると云ってなすがままに放任してはならない。なすがままの放任自由体育は新しい行き方の体育の本質に反している」，「目的によっては生徒に興味がなくとも進めねばならぬ場合もありまた興味にばかりとらわれて方向をあやまる場合もある。われわれは生徒自体の自発心の起り方，努力のしかたがどの方向にあるかをみきわめて常にのぞましい結果へと進めて行くべきである」<35>の二点を補足している。

体育の機会均等については，「すべての生徒に対して体育を行う機会を平等に与える事である。すなわち男子と女子も強者も弱者も能力の有る者も無い者もこれ等はすべて区別なくその程度に応じて運動が出来る様に計画することである。素質のそなわっている者を尚一層に伸ばし育てて行く事は勿論必要であるが指導としては後にひかえている体力の弱劣者であるとか不器用なるものにこそ一層積極的に運動の機会を与える様に仕向ける工夫をすることが指導者として特に注意するべきところであると思う」

第3章　戦後初期における学校体育の形成

<35>と述べている。

(3)『新教育の実際』(広島女子高等師範学校附属校内新教育研究会)

井川 功（当時，広島女子高等師範学校附属中学校）は「中学校体育指導の一考察」[87]の中で，まず，教育全体の状況を次のように捉えている。「今後の教育はあるもののために型にはめられたもの，或は封建主義的，階級主義的にゆがめられた型への教育であってはならない。子供達がみずからの力でみずからの意志する方向へ自由に大きく伸びるが如き教育でなくてはならない。即ち彼等のもつ創造性を伸ばすとともに，みずから計画し，実行し，完成する能力を養い，しかも排他的個人主義に落入ることなく，互に人間を尊重し，ともに楽しみ，ともに伸びるが如き性向をつくり上げることが必要である」<53>。このような教育の使命と方向性を提示し，学校体育のあり方を次のように述べている。「教師の指導による教育，体力のみをめざす教育にとどまることは許されない。創造性，管理，経営，更に民主的社会性を身につけ得るように体育せられねばならない。全人としての生活欲求全体が対象とせられねばならないであろう」<53>。

学校体育の指導方法のあり方としては，次のことを求めている。「指導は目標達成の一つの方法としてのみなされるのではなく，目標へのプロセスそのものがより目的を持つように指導さるべきである」<53>。より具体的には，「積極的に自発的に自己を追求する為に，彼等（生徒）の内なる創造性，社会性を伸ばすように指導すること」（括弧内引用者）<56>の必要性を指摘している。この指摘の背景には，次のような反省がある。「今日まで指導は命令的であり，教師中心であったために，みずから方向を決めて行動することは不可能であって，その結果自発性は失われ，服従するのみとなり，創造性は芽をつまれ，何事にも消極的，受身的になり，みずからの目標を設定することもなく，よりよき社会即民主主義社会を建設しようとする傾向も生じない状態であった」<56>。

それでは，「創造性」，「社会性」についてはどのように考えられていたのであろうか。「創造性」に関しては，「すでに出来あがったものへ如何に

して早く到達するかが指導の中心であった」、「現行規則を唯一のものとして強いて来たために彼等の伸びようとする創造性はむざんにも押しひしがれてしまった」[56]という反省を示し、「彼等の体験、経験から生まれたものを自由に駆使することによって新しいものを作らせるように指導しなくてはならない」[56]と考えている。具体的には、「現行規則が絶対的なものであるとする観念を捨てて、それ（スポーツなど）はつくられたものであり、更につくられて行くものであることを考えるならば、生徒がよりよきものを創造し得るように指導せらるべきである」（括弧内引用者）[57]と示している。さらに「創造性」の育成と関連してシーズン制にも言及している。「シーズン制も現行規則にとらわれている限り、一般概念的種目を採用することは我が国に於ては相当困難であろう。今日の設備、用具、場所等を考える時、あまり規則にとらわれないで彼等のもつ創造性を伸ばすことによって、かえってシーズンにふさわしいものをつくりあげて行くであろう」[57]。彼は、シーズン制の安易な導入に疑問を呈しており、生徒自身の発展から導かれるシーズン制の構築を提案している。

「社会性」については、「体育のうちにある社会性について今後一段と注意を払う必要があると思う。勿論、運動すれば、スポーツマンシップは養われ、立派な社会人としての性格をもつに到るとする安易な考え方を持ってはならない。かかる安易な考え方が、かえって体育の価値を如何に減じたかを反省し、社会性に対する体育の位置を深く認識しなくてはならいだろう」[58]との見解を示している。彼は、学校体育の立場として育成可能な社会性の在り方を再考するよう提案している。

（4）『学校教育』（広島高等師範学校附属小学校学校教育研究会）
　加藤清英（当時、広島高等師範学校附属小学校）は、『学校教育』の中で敗戦後から継続的に学校体育について論じている。1946年9月（348号）から1951年6月（403号）に掲載された彼の論考を、表3－8に示す。表3－8では、各論考の概要を示すために、記述された内容に基づきキーワードを付した。まず、体育科の目的・目標について、次のように述べている。

第3章　戦後初期における学校体育の形成

表3－8　『学校教育』における加藤清英の論考（1946.9～1951.6）

年	月（号）	テーマ	キーワード
1946	9月号（348号）	体育の本質から方法へ	新体育，戦中体育，体育の本質，身体，スポーツ，方法論
	11月号（350号）	体育指導の態度	興味的指導，自覚的体育
	12月号（351号）	体操風景	授業風景（押出しけいこ，蹴塁球（フットベース），順送球）
1947	1月号（352号）	体育における討議学習のあり方	討議学習，社交性（スポーツマンシップ）
	春季号（354号）	新体育の中心課題	学校体育指導要綱，衛生，スポーツ
	夏季号（355号）	体育研究授業記録	体育研究授業記録，指導案，第六学年，ソフトボール
	10月号（359号）	正しい競技精神を	ルールの尊守について
	秋季号（360号）	体育学習指導の方途	教師の工夫，継続的体育，合理的体育
1948	1月号（362号）	個々の児童をみつめて	体力測定・検査について
	2月号（363号）	第三十回研究発表講習会分科協議会記録	徒手体操，自治的練習，対校試合について
	4月号（365号）	体育における学習指導の着眼	動機づけ
	8月号（369号）	体育学習のあり方	調査，学習形態
	8月号（369号）	研究発表協議会記録	対抗試合，運動会，児童体力について
	11月号（372号）	O先生への返書	実践を通しての理論の確立
	12月号（373号）	鉄棒運動の指導計画	鉄棒運動
1949	1月号（374号）	球技指導について　体育的価値と指導の着眼	球技の体育的価値について
	4月号（377号）	体育の指導計画	学習計画の立案
	7月号（380号）	運動技術に対する児童の関心とその指導	わざ
	10月号（383号）	のびゆく姿	授業風景（フットベースボール）
	12月号（385号）	本校カリキュラムにおける体育の計画	計画理念，健康教育，人格教育，環境，ガイダンス（補導）
	12月号（385号）	教科別協議会記録	チームゲーム，体育行事，衛生指導について
	2月号（387号）	体育における学習効果の制定について	学習効果判定の必要性，教師技術としての検査・測定・考査

117

1950	5月号（390号）	五月の体育行事について	体育行事（運動能力測定，球技会）
	7月号（392号）	体育学習の指導過程	体育運動の指導過程（理念と実際），健康学習の指導，指導案
	8月号（393号）	夏休暇の体育的意義と指導法	夏休みの教育的意義，健康の保全と発育，臨海・山間教育
	9月号（394号）	運動会の現代的経営小論	運動会
	9月号（394号）	運動会とダンス	運動会におけるダンス
	12月号（397号）	体育の実態調査と学習指導	実態調査，環境調査
1951	2月号（399号）	各科協議会記録体育科	体育科協議会
	5月号（402号）	保健衛生の指導における習慣の形成	健康習慣
	6月号（403号）	体育科における学習環境の構成	新体育の原理，体育学習環境の構成

出典：広島高師附小学校教育研究会『学校教育』348号-403号，1946-1951，から引用者作成。

「吾々は従来あまりにも一部権威者が示した方法を真似るのにエネルギーを消耗しすぎていた。勿論これを全面的に否定するものでない，……（中略）……ただ私が懸念するのは，体育の目的，目標のなんたるかを充分把握しないでただ方法だけを真似ることである」[88]。従来の反省から，教師は主体的に体育科の目的・目標を把握する必要性を示している。

次に，体育科の内容・教材について，彼は1946年には「今後スポーツは益々旺んになるであろうし，旺んにしなければならい」[89]として，スポーツ教材を肯定的に捉えている。1947年の段階では，スポーツ教材は「体操」以外の教材と漠然と捉えられていたが，1949年には「球技」がスポーツ教材として重視されるようになる。たとえば，「体育財として選ばれている諸運動の練習配当の比率を百分率で示せと言われるならば，その五十％を球技に当てるがよかろうといっても，大した誤りではない。それほど，球技は体育財として重視されてよいのだ」[90]と述べている。

スポーツ教材に対する肯定的な捉え方は，単に「体操からスポーツへの

第3章　戦後初期における学校体育の形成

転換」だけを意味したわけではない。同校では，体育科の教材を指導という観点からみた場合に，教材選択の「生理・解剖学的基準から教育的価値基準への移行」が肯定的に捉えられている[91]。もちろん，教材としての体操の重要性や，スポーツ教材の指導の困難さや危険性についても認識されている。体操教材の重要性については，同校が1947年11月に開催した研究発表講習会において，「徒手体操の独自の価値として，身体各部の均斉な発育を促すということと，身体に柔軟性を与える」ことを強調している[92]。

『要綱』公布後の同校におけるスポーツ教材の指導の困難さは，「土地が狭いことと用具の不足」[93]であった。1949年になると，「球技の体育的価値の把握とその指導法に対する真面目な研究が不足」しているために生じる「体育学習の低調」[94]を指摘している。その理由は，教師による体育指導の方針が不鮮明であり，スポーツ教材の体育的価値の把握とその指導法に関する研究が不足していたからである。また，スポーツ教材の危険性については，児童をして「興味のあまり過労に陥らせる」危険や，児童の「偏頗な発育と不正な姿勢」に陥る危険を挙げている[95]。もう一つスポーツ教材の実施に関して懸念されていたことは，児童が「放縦に流れ，勝敗にこだわりすぎて，一般生活の態度を乱したり，喧嘩の場を展開したりする」[96]という危険である。

最後に，『学校教育』における論考の中でとくに重点的に論じられているのは，指導方法に関するものである。1946年には，「形式主義の方法は子供の生命を枯渇せしめた。画一主義の方法は凡ての児童の方法を殺してしまった。模範主義の方法は彼等の自活活動を封鎖した」[97]と戦時中の反省を述べ，一日も早い指導方法の確立を模索している。体育科の「指導」について強調されている点は「子供の興味」[98]，あるいは「教師による動機付け」[99]であり，実際の授業場面では子供の「自発活動」が重視されている[100]。このことは，体育科の内容との関連が深い。具体的には，徒手体操を如何に興味をもたせて行なわせるか，あるいはスポーツ教材のもつ教育的価値を如何に幅広く子どもに学ばせるか，ということである。体育科の指導方法に対する立場は，基本的には「教師みずからの工夫」と考

119

ている。このため，体育学習の指導について，加藤は「私はむしろ実践を通して理論は自己みずから組み立てていくという態度が望ましいのではないかと思っております」[101]と述べている。このように，体育指導方法に関しては，理論から指導論を導くのではなく，日々の授業実践の反省から指導論が展開されているところに特徴がある。

（5）『体育と指導』（広島女子高等師範学校体育研究会）

　広島女子高等師範学校体育研究会から発行された雑誌である『体育と指導』は，この時期の広島県内で発行された唯一の学校体育に関する雑誌である。この雑誌は，次のような意図のもとに作成されている。「本誌はいわゆる，大家や中央に依存するという封建的な考え方を捨てて，地方の人々の手によって，地方の体育を推進し，地方文化に貢献するという方針で進むつもりです。そのため有名な人の記事は将来も掲載されないと思います。然し，それだけ地方の実情に即したものになると信じます」[102]。

　このように，広島県の実情に即して，県内の体育関係者によって作成された『体育と指導』では，学校体育を中心にさまざまな論考が示されている。この中から，「新体育」の理論化に対する態度を示した論考を取り上げてみよう。

　まず，川村英男の「真の体育を」[103]という論考が掲載されている。彼は，学校体育研究委員会のメンバーとして『要綱』の作成に携わった人物であることを考えると[104]，広島県における学校体育の牽引的立場にあったと考えられる。

　彼は敗戦後から「真の体育を」という論文を掲載するまでの間を次のように振り返っている。「吾々が敗戦の打撃に打ちのめされて，全く暗黒の中に落ちこんでから既に四ヵ年を経過しようとしている。この間吾々は軍国主義独裁主義を追放し，民主主義，自由主義の社会の建設につとめて来た。吾々の周囲は全く一新された。吾々の世界観，人生観も全く変ってきた。吾々は一方に物質的，経済的に立ち直るべく非常な苦しみをつづけて来たのであるが，それと同様に又吾々の内部に新しい人間を形成するため

第3章　戦後初期における学校体育の形成

日夜苦悶して来たのである。そしてこの苦しみの結果は徐々に現われてきているが，今後もまだまだ永く続くであろう」<4>。ここから，戦時体育からの脱却が，「単純な切り替え」として行なわれたのではなく，教師自身が自らを民主的な人間に改めるというプロセスを伴うものであったことがわかる。そして，このことは想像以上の「苦しみ」を生じるものであったのである。

　このような状態のなかで，「新体育」はどのように捉えられていたのであろうか。彼はこの点について，次のように述べている。「体育に関心を持つ者にとって『新体育』とはまことに魅力のある言葉である。体育人は今や新体育を求めて悩んでいるといってもよい」<4>。ここからは，「新体育」への期待の高さに反して，「新体育」の実践化の困難さを窺い知ることができる。また，「新体育」の実践化にあたって，次のような懸念が指摘されている。一つは，「所謂『新教材』のみを追求めて，教材が新しいという点に今後の体育を求めようとしている」<4>という点である。もう一つは，「『新しい』ことは日本にはなくて凡ては海外から入って来たものにあるとする」<5>という点である。このような懸念から，彼は「新体育」を次のように捉えている。「『新体育』は教材の新奇さや，外から与えられたものの中にあるのではなく，『真』の人間形成の観点から，本質的に考えられ，導かれるものである。更に，『新体育』は単に教材を分析したり，系統づけたりすることからは出てこない。正しい教育観，児童観，社会観というものから導かれるものである」<5>。ここでは，正しい教育観や児童観，社会観については述べられていないが，「新体育」について授業の形式にとらわれることなく，起点を教師の認識に求めた点は重要であろう。

　次に，惣明君徳の「小学校春季の体育指導」[105]についてみてみたい。ここでは，新体育における社会的性格の育成についての見解が述べられている。「体育の大きな目標の一つとして，社会的性格の育成ということが強調されて居ますがこれは実に肝要なことで，特に朱に染まっていいない小学校の児童にこのことを念頭にしっかりおいて教育するということはその

121

人間性の啓発に一生を通じてどれ程強く印象づけられるか，はかりしれません」<19>。そして，彼は学校体育で社会的性格を育成する必要性について，次のように述べている。「私はここに於て過去に於ける体育の在り方が極端に申しますと技術，能力の指導に終っていて，その児童の全人格，人間性を培わんとする気持ちの欠けていたことを思うのであります。新しい教育が個性の伸長とか，人間性の啓発とか申して居ります今日の体育科に在りてもこのことに一層留意して進みたいと存じます」<19>。さらに，学校体育で社会的性格の育成を図る態度について，次のように述べている。「教師が常に子供と共に遊び語り合うことから始まると思います。その間に於て，そうした社会性の育成の質となる様なことにつき，折にふれ時に応じて，みのがすことなく捉え，或は賞揚し，或は諄々とその非をいましめ，よりよく個性に応じた性格の育成に尽力することがその方法の一つであることを信じて居ります。『児童と共に遊ぶ教師』私はこの言葉の中にそうした大きい力のある尊いものを感ずるのでありまして，これが体育指導の原動力であり，新教育の根幹となるのである」<19>。教師が子どもの目線にたって教育（体育）を行なっていこうとする態度の必要性を指摘している。

　ここまで，広島県における現場の体育教師が「新体育」をどのように捉え理論化しようとしたのかについて，県内で発行された雑誌の論考からみてきた。ここで取り上げた論考は，ごく一部にすぎない。ただ，新体育という大きな枠組みの構築に向けて，さまざまなアプローチで接近し理論化を試みようと努力がなされていたことが明らかとなった。これらアプローチについてまとめると次のようである。

　まず，多くの体育教師が戦時体育の理念と指導法に対する反省から出発している。ここでは，教育における児童・生徒という視点の欠如からくる過ちを反省するという点が特徴として挙げられよう。次に，新体育の理論化については，『要綱』等で示された内容をそのまま字句どおりに受け入れるという消極的なレベルから，新制度の内容や方法の問題点を現場の実態に照らして指摘し，より充実した実践が展開できるよう解釈していく積

極的なレベルまで，取り組みに幅があった。

　しかしながら，極端な事例として，戦時中の体錬科の方針をそのまま推進しようとしたものや，文部省によって示された内容を正面から批判し，それに変わる理論を企図したものは管見の限りなかった。また，体育授業を放任し児童任せにした実態等は不明であった。これらは，聞き取り調査を踏まえて補っていく必要があろう。

注

1）『報告書』における学校体育に関する項目を対象とした先行研究としては，次のようなものがある（括弧内の数字は，巻末の参考文献に付した番号と対応する）。
　　木村吉次（29，30），坂入明（58），牧野共明（122），新野守，草深直臣（72），草深直臣（42），中村哲夫（90）。
2）藤本昌司ほか（訳）『戦後教育の原像』鳳書房，1995，34-35ページ。また，国立教育研究所『米国対日教育使節団に関する総合的研究』1991，を参照のこと。
3）中村前掲書1），224ページ。
4）同上書，224ページ。
5）本研究では，児玉三夫（訳）『日本の教育（連合国軍占領政策資料）』明星大学出版，1983，を参照した。
6）同上書，161-162ページ。
7）新野前掲書1），草深前掲書1）を参照した。
8）新野同上書，149ページ。
9）同上書，149-150ページ。
10）同上書，150ページ。
11）GHQ / SCAP Records (1946) CIE(B)-04464, Box no.5435(21), "Dr. Charles H, McCloy", 国立国会図書館憲政資料室版。「勧告」中の各項目の見出しは新野がつけたものを採用した。（同上書，153-154ページ。）
12）民主主義に貢献する象徴的存在が「スポーツ」に他ならないことは，『報告書』の「体育」の項以外で，「スポーツ」が教育における民主主義の説明として例示されていることからもわかる。
13）草深直臣「体育の戦後改革」中村敏雄（編）『戦後体育実践論第1巻　民主体育の探求』創文企画，1997，44ページ。

14) 肥田野直，稲垣忠彦（編）『教育課程（総論）戦後日本の教育改革6』東京大学出版，1971，135ページ。
15) 同上書，135ページ。
16) 木村吉次「学校体育の歴史」『現代教育学』14巻，岩波書店，1962，166ページ。
17) 前掲書14），136ページ。
18) 1946年5月15日発行の第一分冊の目次は，「体力の増進」という項目名となっている。文部省『新教育指針第一分冊――第一部前ぺん　新日本建設の根本問題――』1946。[寺崎昌男（編）『戦後教育改革構想Ⅰ期2　新教育指針（付・英文）』日本図書センター，2000]。
19) 文部省『新教育指針第三分冊――第一部後編　新日本教育の重点――』1946，91-98ページ。[寺崎昌男（編）『戦後教育改革構想Ⅰ期2　新教育指針（付・英文）』日本図書センター，2000]。以下，本項に限り同書からの引用は，本文中に<90>のようにページ数だけを示す。
20) 本章第1節第1項，80ページ。
21) 「体育担当地方事務官の学校体育教授要目制定に関する改正意見」『戦後教育資料Ⅱ－12』国立教育政策研究所所蔵。
22) 「学校体育研究委員会要綱」『戦後教育資料Ⅱ－15』国立教育政策研究所所蔵。
23) 草深は，「体育科だけが，この『教師からなる委員会で新教師用参考書の起草』を企画したのであり，他の教科の『学習指導要領』は，ほとんどが，このように開かれた委員会を持たず，もっぱら，文部省教科書局の監修官，視学官を中心とする局内のメンバーによって起草された」と述べ，「学校体育研究委員会」の独立性を指摘している。草深直臣「『学校体育指導要綱』制定を巡る問題点」『立命館産業社会論集』第31巻第3号（1995），49ページ。
　また，学校体育研究委員会のメンバー構成については，木原成一郎「『学校体育指導要綱』（1947）の成立過程についての一考察――『学校体育指導要綱』の成立過程における「学校体育研究委員会」の役割――」『湊川女子短期大学』第24集（1991），1-15ページ，を参照。
24) 「学校体育研究委員会第4回総会」以降の動向および「学習指導要領（体育編）（案）」から『要綱』への名称変更の理由などは，草深前掲書23）を参照。
25) 文部省『学校体育指導要綱』東京書籍，1947，1ページ。[文部省学習指導要領13　保健体育編（1），日本図書センター，1980]。
26) 前掲書21）。
27) 「国民学校体育要綱案」『戦後教育資料Ⅱ－25』国立教育政策研究所所蔵。「学校体育研究委員会第4回総会」答申では，「中等学校体育要綱（男子）」，

「中等学校体育要綱（女子）」、「高等専門学校体育要綱（男子）」、「高等専門学校体育要綱（女子）」、「大学体育要綱」それぞれの立場から目標が定められている。

28) 前掲書25)，2ページ。
29) 「学校体育研究委員会第4回総会」で答申された「国民学校体育要綱案」では、『要綱』で示された「身体の健全な発達」、「精神の健全な発達」、「社会的責任に育成」につながる記述が含まれている。ただ、「人間性の発展を企図する教育」ということまでは述べられていない。
30) 「人間性の発展」という言葉の意味については、「教育基本法の教育目的に深く支えられているものと理解すべきであろう」と指摘されている。関春南「戦後における『新体育』の理念——体育にとって戦後の改革とは何か——」『一橋論叢』第67巻第3号（1972），49ページ。
31) 草深前掲書23)，29ページ。
32) 前掲書21)。
33) 「心身の発育段階と適当な運動」『戦後教育資料Ⅱ-25』国立教育政策研究所所蔵。
34) 「整理委員会報告」『戦後教育資料Ⅱ-25』国立教育政策研究所所蔵。この報告で示されている「心身発育委員会」、「運動教材委員会」の活動については不明である。
35) 前掲書25)，3ページ。
36) 「終戦に伴ふ体錬科教授要項（目）取扱に関する件」『戦後教育資料Ⅱ-9』国立教育政策研究所所蔵。
37) 前掲書19)，92ページ。
38) 前掲書27)。
39) 大谷武一「新学習指導要領の特徴」『新体育』1947年5月号，15ページ。
40) 同上書，18ページ。
41) 同上書，18ページ。
42) 浅川正一「第二回体育研究会を観る」『新体育』1947年11・12月合併号，45ページ。
43) 同上書，45-46ページ。
44) 中村敏雄「序」『戦後体育実践論第1巻 民主体育の探求』創文企画，1997，32ページ。
45) 前掲書36)。
46) 前掲書21)。
47) 前掲書19)，93ページ。
48) 前掲書25)，21ページ。

49) 同上書, 21ページ。
50) 同上書, 21ページ。
51) 『学校体育指導要綱』発行から4年後の1951年に, 体育調査研究会から『学校体育の調査——体育調査の理論と方法』(金子書房) が発行され, 調査方法, 結果等が掲載されている。
52) 吉岡隆徳「学校体育学習指導要領」『芸備教育』復刊4号, 1947, 25-27ページ。
53) 同上書, 25ページ。
54) 編集部「体育担当地方事務次官会議記録」『新体育』第7巻第5号, 1947年5月号, 46-48ページ。
55) 草深前掲書23), 36ページ。
56) 文部省「学習指導要領(体育編)」『新体育』第7巻第5号, 1947年5月号, 1-13ページ。
57) 草深前掲書23), 43ページ。
58) 広島県教育委員会(編)『広島県教育時報』1949年11月, 34-35ページ。
59) 広島女子高等師範学校体育研究会(編)『体育と指導』第1号, 郷友社, 1949, 66ページ。この資料は, 広島市立図書館所蔵のプランゲ文庫雑誌コレクションを使用した。
60) 吉岡隆徳「序文」, 広島県『小学校体育の実際指導』郷友社, 1949。
61) 「本書作成の趣旨及び注意事項」, 同上書。
62) ロバート・エム・ヘイガー「序文」, 同上書。
63) 今村嘉雄『日本体育史』不昧堂出版, 1970, 626ページ。
64) 学校体育研究同好会『小学校・中学校体育指導の手引』1948。この手引の「あとがき」の中で次のように示されている。「文部省では先に『学校体育指導要綱』を公布して学校体育の行くべき道を示したのであるが, 学校体育法の主旨により今日『学習指導要領』体育編を出す運びになっている。しかし今回出される指導要領は健康教育に関する部分を一応後目の研究に残し且つ小学校のみに止めることになっているので, 現場にあって実際に体育の学習指導に当られる指導者各位によって多少の不便はまぬがれないと思い本書を作成した次第である」。(引用文にみられる「学校体育法」については, 「学校教育法」のことであると考えられる。)
65) 中国ブロックでは, 1948年10月に鳥取県米子市で開催されている。前掲書59), 66ページ。また, 関連する資料として, 次のものが挙げられる。新潟県『昭和二十三年度 学習指導要領体育科編 伝達講習会要項』, 1948。
66) 広島県『小学校体育の実際指導』郷友社, 1949, 1-2ページ。
67) 「エスキーテニス」は, 1945年8月に原爆が投下され広島市において, 「ス

ポーツを通して平和を」いう願いから，広島の事業家（宇野本信）が考案した広島発祥のスポーツである。詳細は，拙稿「The Formation and Development of "ESCI Tennis"」，『ISHPES金沢セミナー論文集』（ISHPES STUDIES），Academia Verlag, 2004，を参照。

68）「まえがき」文部省『中学校高等学校学習指導要領保健体育科体育編（試案）』講談社，1951．［文部省学習指導要領14　保健体育編（２），日本図書センター，1980］。

69）宇野本信「エスキーテニス生立記」日本エスキーテニス連盟所蔵資料，２ページ。

70）吉岡隆徳が通っていた東京高等師範学校は，一年生は全員，寮生活をする全寮制になっていた。佐々木吉蔵と吉岡隆徳はこのときの寮の同期生であった。また，両者は，1932年ロサンゼルス・オリンピック，1936年ベルリン・オリンピックの100m走日本代表選手であった。つまり，戦前から吉岡隆徳と佐々木吉蔵は親交が深かったと考えられる。（辺見じゅん『夢未だ盡きず』文藝春秋，1998，153ページ，163ページ。）

71）前掲書68），12-13ページ。

72）前掲書69），２ページ。

73）前掲書68），232ページ，238ページ。

74）前掲書66），49ページ。

75）同上書，175-176ページ

76）ここでは，敗戦直後にGHQ / SCAPが軍国主義的学校体育を排除しようとした指令，民主的な学校体育を確立するよう勧告した1946年の『アメリカ教育使節団報告書』，さらには1947年の『学校体育指導要綱』にみられる学校体育の在り方を総称して「新体育」と呼ぶことにする。

77）熊谷春雄「学校体育についての一考察」『芸備教育』復刊第８号，1947，37-39ページ。以下，同論考からの引用は，本項（１）に限り本文中に<35>のようにページ数だけを示す。

78）『学校体育指導要綱』の「指導方針」における学校体育と生活に関連する記述としては，次のようなものがある（下線引用者）。「業間，放課後その他自由時間を活用し体育の<u>生活化</u>をはかる」，「団体競技の指導では特に<u>社会生活</u>に必要な徳性を養う」，「自己の健康について関心をもたせ健康生活に関する理解を与えこれを<u>生活化</u>させる」，「体育の価値を理解させ，家庭生活はもとより<u>社会生活</u>に役立たせる」。前掲書25），19-20ページ。

79）ただ，1948年の体育振興委員会の答申の段階で，すでに体育科と保健科（仮称）を分離することが示されている。

80）岡崎護朗「中学校体育主任としての考え」『神石教育』第２号，1948，15-

17ページ。この資料は，広島市立図書館所蔵のプランゲ文庫雑誌コレクションを使用した。
81) 同上書，15ページ。
82) 同上書，15-17ページ。
83) 同上書，15ページ。
84) 赤木千里「学校体育について」『神石教育』第4号，1948，6-7ページ。この資料は，広島市立図書館所蔵のプランゲ文庫雑誌コレクションを使用した。
85) 同上書，6ページ。
86) 福島高富「体育指導のねらひ」『神石教育』第5号，1948，31-37ページ。この資料は，広島市立図書館所蔵のプランゲ文庫雑誌コレクションを使用した。以下，同論考からの引用は，本項（2）に限り本文中に<35>のようにページ数だけを示す。
87) 井川功「中学校体育指導の一考察」広島女子高等師範学校附属校内新教育研究会（編）『新教育の実際』第1巻，1948，52-60ページ。この資料は，広島市立図書館所蔵のプランゲ文庫雑誌コレクションを使用した。以下，同論考からの引用は，本項（3）に限り本文中に<35>のようにページ数だけを示す。
88) 加藤清英「体育学習指導の方途」広島高師附小学校教育研究会『学校教育』360号，1947，70ページ。
89) 加藤清英「体育の本質から方法へ」広島高師附小学校教育研究会『学校教育』348号，1946，65ページ。
90) 加藤清英「球技指導について」広島高師附小学校教育研究会『学校教育』374号，1949，41ページ。
91) 教育的価値基準として「運動が自然的で，児童の一般的健康をすすめ且つその身体的諸能力を高める上に絶大なる効果を持つ」，「精神能力と豊な感情の養成」，「社交性の陶冶即ち公民的態度の養成」，「民主性」という項目が上げられている。(加藤清英「新体育の中心課題」広島高師附小学校教育研究会『学校教育』354号，1947，69-70ページ。)
92) 「第三十回研究発表講習会分科協議会記録」広島高師附小学校教育研究会『学校教育』363号，1948，32-33ページ。また，1947年5月の体育研究授業記録でも同様のことが述べられている。(「体育研究授業記録」広島高師附小学校教育研究会『学校教育』355号，1947，85ページ。)
93) 加藤清英「新体育の中心課題」広島高師附小学校教育研究会『学校教育』354号，1947，69ページ。
94) 前掲書90)，41-42ページ。

95) 前掲書93），69ページ。この危険に対しては，シーズン制の導入によって克服できると考えている。
96) 前掲書90），41ページ。
97) 前掲書89），65ページ。
98) 加藤清英「体育指導の態度」広島高師附小学校教育研究会『学校教育』350号，1946，53-54ページ。
99) 加藤清英「体育における学習指導の着眼」広島高師附小学校教育研究会『学校教育』365号，1948，44-45ページ。
100) 前掲書88），71-72ページ。前掲書98），53ページ。
101) 加藤清英「O先生への返書」広島高師附小学校教育研究会『学校教育』372号，1948，43ページ。
102) 「あとがき」，前掲書59），104ページ。
103) 川村英男「真の体育を」広島女子高等師範学校体育研究会（編）『体育と指導』第2号，1949，4-5ページ。この資料は，広島市立図書館所蔵のプランゲ文庫雑誌コレクションを使用した。以下，同論考からの引用は，本文中に<5>のようにページ数だけを示す。
104) 木原前掲書23），13ページ。
105) 惣明君徳「小学校春季の体育指導」，前掲書59），16-27ページ。以下，同論考からの引用は，本文中に<5>のようにページ数だけを示す。

第4章　戦後初期における学校体育の展開

第1節　IFEL保健体育部門の活動と影響

第1項　IFEL保健体育部門の活動
（1）概要

　1948年7月に教育行政の地方分権化をめざす「教育委員会法」が公布され，1949年5月には教員の免許に関する基準および教員の資質の保持と向上を図ることを目的とした「教育職員免許法」が公布されている。これらの法的な枠組みや制度の整備，具体的指針は重要であるが，現実問題として必要なのはその内容の実現である。

　この実現に一定の役割を果したのが，1948年10月から1952年3月までの間に8期[1]にわたって開催された"IFEL"である。IFELとは，"Institute for Educational Leadership"の頭文字をとってつけられたもので，一般に「アイフェル」と呼ばれる。日本名は，講習内容から第1期から第4期までは「教育長等講習会」と称され，第5期以降では「教育指導者講習会」に改称されている。

　IFEL保健体育部門で開設された講座は，大きく二つに分けることができる[2]。一つは，第3・4期の中等学校指導主事講習で開設された特設ワークショップである。この特設ワークショップが開設された大学は，第3期が東京大学，第4期が京都大学である。講習期間は12週間である。もう一つは，第4期から第7期にかけて独立の講座として開設され，東京教育大学を会場に行なわれたものである。第4・5・6期の講習期間は12週間であったが，第7期は前期と後期に分けられ，それぞれ6週間行なわれている（表4－1）。(以下，IFEL保健体育部門に関する講座は，第4期から第7期

までに開設された独立の講座を,第4期,第5期,第6期,第7期(前),第7期(後)と会期名のみで示し,特設ワークショップを,第3期特設ワークショップ,第4期特設ワークショップと省略)

IFEL保健体育部門で開設された講座は,特設ワークショップを含めると全部で7回行なわれている。IFELにおける他教科・部門の開設回数をみてみると,家庭科と農業科が7回,理科と社会科が4回,数学科,商業科,工業科が2回となっている[3]。保健体育部門として開設された講座は,家庭科と農業科と並んで重点的に開設されたことがわかる。

また,第5期以降のIFEL保健体育部門の講座は,体育分野と保健分野が分離して開設されている。1947年8月に文部省から発行された『学校体育指導要綱』では,保健と体育の融合[4]が方針として打ち出されているが,1949年9月に文部省から発行された『学習指導要領小学校体育編(試案)』では,すでに保健と体育の分離化が示唆されている[5]。また,1949年11月

表4-1 IFEL保健体育部門の開設講座

年度	会期	講座名	会場	期間
1949	第3期	指導主事講習(中学校,高等学校関係)特設ワークショップ	東京大学	1949年10月10日～12月23日
	第4期	指導主事講習(中学校,高等学校)特設ワークショップ	京都大学	1950年3月6日～5月26日
	第4期	教員養成学部教官講習 体育の部	東京教育大学	1950年1月10日～3月25日
1950	第5期	保健体育(Physical Education)	東京教育大学	1950年9月18日～12月8日
	第6期	保健(Health Education)	東京教育大学	1951年1月18日～3月30日
1951	第7期(前)	保健科教育(Health Education)	東京教育大学	1951年9月17日～10月26日
	第7期(後)	体育科教育(Curriculum and Teaching Method in Physical Education)	東京教育大学	1951年11月7日～12月14日

出典:文部省教育長等講習連絡室『教育長等講習報告書』1951,文部省大学学術局教職員養成課『教育指導者講習小史』1953,から引用者作成。

に文部省から『中等学校保健計画実施要領（試案）』が発行され，実質的に保健と体育は分離されている[6]。このような学校体育界の動向を踏まえて，IFELでは保健と体育が分離されて開設されたと考えられる。

（2）講座開設の目的

IFEL保健体育部門における第4期から第7期までの講座開設の目的についてみてみたい。第4期の目的は，「教育長等講習会の一環として行うこの研究集会は教員養成学部における体育科を担当するものの参加を求め，講義及び協議会等の方法により（イ）専門学科についての実力を補充する機会を与え（ロ）併せて教員養成のための学科課程の研究を助成する」[7]と示されている。このように第4期の目的は，大学教員の資質向上と体育科の教員養成に関する研究に主眼が置かれている。第5・6期についてみてみると，1950年8月17日の「教育指導者講習実施について」では，「米人講師の指導を得て講義又は研究集会等の方法により教職員の養成及び現職教育の指導者として単位的資質を向上せしめることを目的とする」[8]とされている。また，「昭和二十五年度教育指導者講習要項」では，「一般教育を含め，教職過程の全分野にわたり，その新しい内容や方法につき研究をすすめ，教員養成教育や現職教育の良き指導者を得ることを主眼とする」[9]と示されている。第5・6期の目的は，1949年5月に公布された教育職員免許法を受けて，保健体育分野における教員養成に関わる研究や現職教育の指導者の育成であった。第7期の目的については，「昨年度（1950年度）のIFELにつづいて教育職員の養成教育のために従来開設されなかった教職課程のうち教科教育法につき専門家を養成するために必要な教育内容および教育方法を充分に修得する機会を与えること」（括弧内引用者）[10]とされている。しかしながら，保健体育部門については，すでに第4期から第6期にかけて実施されているにもかかわらず，第7期も開設されたのである。それは，保健体育分野における体育科教育法や保健科教育法が十分に確立していなかったことが背景にあると推察される[11]。そのため，第7期の目的は，体育科教育法や保健科教育法の確立に主眼が置

かれたと考えられる。

（3）IFEL保健体育部門の受講者

　IFELは誰でも受講できたわけではない。第4期では，都道府県別に設けられた選考委員会が，志願者の所属長が記入した人物考査，身体状況，学歴，実務歴，研究論文および著書，そして筆記試験を考慮して受講者を選定している。また，第4期特設ワークショップの受講者については，都道府県選考委員会が実施する筆記試験を行ない，その答案と志願書類は文部大臣あてに送付され，文部省の関係者によって選定されている[12]。第5・6期では，各大学の学長，教育委員会，都道府県知事が適任者について推薦し，文部省が選考委員会を設置して，被推薦者の中から受講者を決定している[13]。さらに，第7期については，開設大学が受講者の決定を行なっている[14]。このように，各期によって選考方法は違うが，IFELを受講するためにはいくつかの条件を満たさなければならなかったことがわかる。

　次に，IFEL保健体育部門の受講者についてみてみたい。第3・4期特設ワークショップには，それぞれ20名と17名が受講している[15]。また，第4期から第7期にかけて開設された講座には，合計128名が参加している。

　表4－2には，第4期から第7期までの参加者の勤務先を示している。第4期は大学関係者のみで構成されている。第5・6期は大学関係者と教育委員会関係者から構成されており，第5期は大学関係者が多く，第6期は教育委員会関係者が多いことがわかる。第7期から中等学校の教諭がわずかではあるが受講しているが，大学関係者の割合が依然として多い。また，全体を通して大学・短大の助教授（現在の准教授）の割合が多いことがわかる。また，表には示していないが，女性の受講は極めて少ない。確認できる女性の受講者は，第4期が2名，第5期が3名，第6期が1名である。

第4章　戦後初期における学校体育の展開

表4－2　第4期から第7期までの受講者の勤務先

勤務先	第4期	第5期	第6期	第7期（前）	第7期（後）
大学・短大（教授）	4名	2名	3名		2名
（助教授）	19名	15名	6名	8名	18名
（講師）	2名		1名	4名	8名
（助手）	1名	1名			1名
（その他）			1名		
高等学校					2名
中学校				1名	
教育委員会		7名	15名	3名	
教育庁				3名	
その他					1名
合計	26名	25名	26名	19名	32名

出典：『教員養成学部体育科研究集会研究要録』1950, 8ページ。教育指導者講習連絡室『昭和25年度教育指導者講習修了者名簿』1951, 32-33ページ, 78-79ページ。教育指導者講習連絡室『昭和26年度教育指導者講習修了者名簿』1952, 17-20ページ，から引用者作成。

(4) 講師

IFEL保健体育部門に関与した日本人講師およびアメリカ人講師についてみてみたい。

第4期に参加したのは，日本人講師が21名，アメリカ人講師が5名である。第5期以降は，講座運営の直接責任を持ち講義を担当する「講座主事（科主任講師）」，講座主事の職務を補佐する「講座主事補佐（専任講師）」，講座主事を援助し相談に応じて講義を分担する「アメリカ人講師（アメリカ人顧問）」，特別の研究問題に関する講義を行なうために招かれた「特別講師」に役割が分けられている。特別講師以外は，常勤が原則とされている[16]。表4－3は，第5期以降のIFEL保健体育部門に関与した講師についてまとめたものである。第7期には，常勤のアメリカ人講師（アメリカ

表4-3 第5期から第7期までの講師

	第5期	第6期	第7期（前）	第7期（後）
講　座　主　事 (科主任講師)	大谷　武一 (東京教育大学)	北浜　章 (東京教育大学)	北浜　章 (東京教育大学)	前川　峯雄 (東京教育大学)
講座主事補佐 (専任講師)	栗本　義彦 (日本体育大学)	湯浅　謹而 (文部省)	斎藤　一男 (東京教育大学)	浅川　正一 (東京教育大学)
アメリカ人講師 (アメリカ人顧問)	W. Neufeld (CIE)	W. Neufeld (CIE)	―	―
通　　訳	三宅　えつ (CIE)	三宅　えつ (CIE)	―	―
日本人特別講師	12名	9名	15名	18名
アメリカ人 特別講師	1名	9名	1名	―

出典：文部省大学学術局教職員養成課『教育指導者講習小史』1953，28-33ページ。『教員養成学部体育科研究集会研究要録』1950，6-7ページ。『第五回教育指導者講習研究集録　保健体育』1950，186ページ。『第六回教育指導者講習研究集録　保健』1951，189ページ。『第七回（前期）教育指導者講習研究集録　保健科教育』1951，201ページ。『第七回教育指導者講習研究集録　体育科教育』1951，315ページ，から引用者作成。

人顧問）は置かれていない。

　第4期から第7期までIFEL保健体育部門に関与した日本人講師は，確認しえる範囲では合計47名であり，そのうちの半数以上が東京教育大学の関係者であった。第4期から第7期まで継続して講義を担当したのは，大谷武一と杉本良一の2名だけであり，各期の講座開設目的によって講義担当者が選別されていたと考えられる。

　IFEL保健体育部門に関与したアメリカ人特別講師は，ニューフェルド（W. Neufeld）を含めて，確認しえる範囲では16名であり，CIE関係者が3名，PHW（公衆衛生福祉局，Public Health and Welfare Section）関係者が5名，アメリカから招かれた特別講師が8名である。表4-4に示しているのは，アメリカ人講師とアメリカ人特別講師の名前，所属，各期で担当した講義

第 4 章　戦後初期における学校体育の展開

表 4－4　アメリカ人講師とアメリカ人特別講師の講義数

所属	名　前	第4期	第5期	第6期	第7期(前)	第7期(後)
CIE	Judson, Frank B.			1回		
	Neufeld, William	3回	11回	10回	1回	1回
	Morgan, Walter E.			1回		
PHW	Hershey, I D	1回		1回		
	Thomas, L G.	1回				
	Mccloy, O R.			1回		
	モロハン, C S.				1回	
	Wheeler, C M	1回		1回		
Visiting Experts	Ballou, Richard B.			1回		
	Bruce, Lura S.	7回				
	Chayer, Mary				2回	
	Cologue, Rose M.			1回		
	Crow, Lester D.			1回		
	Howe, Kenneth E.				1回	
	Lewis, Gertrude			1回		
	Smith, Denzal D.		1回			
合　計		13回	12回	19回	5回	1回

出典：文部省大学学術局教職員養成課『教育指導者講習小史』1953，34-37ページ。『教員養成学部体育科研究集会研究要録』1950，6‐7ページ。『第五回教育指導者講習研究集録　保健体育』1950，186-188ページ。『第六回教育指導者講習研究集録　保健』1951，189-192ページ。『第七回（前期）教育指導者講習研究集録　保健科教育』1951，207ページ。『第七回教育指導者講習研究集録　体育科教育』1951，314ページ，から引用者作成。

数である。ニューフェルドは，第4期から第7期にかけて講義を行なっているが，第5・6期の顧問であったため，講義数が際立って多い。第4期では，ブルース（L. Bruce）の講義数が7回となっており，アメリカ人特別講師の中では目立って多い。また，第6期ではアメリカ人特別講師が多数参加していることが特徴的である。第7期は，アメリカ人特別講師もほとんどおらず，日本人講師によって運営されている。

（5）受講者の活動

IFELでの受講者の活動は，研究活動を中心としていたが，その他にもオリエンテーションや委員会での活動，研究報告会，レクリエーション，英語の授業など多岐にわたっている。『教育指導者講習小史』によってIFEL全般の動向をみてみると，研究活動は，グループ研究，リソース・レクチュア，個人研究に分けられている[17]。グループ研究は，IFELの活動として最も重視されており，主に午後に行なわれている。ここでは，研究課題と所属は受講生が自由に選定し，共同研究を行なっている。リソース・レクチュアは，全体討議法，パネル・ディスカッション，実証・実演などの形式で主に午前に行なわれ，講師が話して参加者がノートする形式では必ずしもなかった。個人研究は，グループ研究の中で自分の分担した問題などを研究するものである。IFEL保健体育部門の受講者に関しても，同様の活動が行なわれたと考えられる。

　第7期（前）における実施記録を表4－5に示す。表4－5からは，講義，グループ研究，個人研究，討議，見学，パネル・ディスカッション，委員会，映画，研究発表，自己評価，記念撮影など様々な活動が行なわれていることがわかる。また，第一週目の最後に，第三週目以降の講義内容と講師について検討されており，参加者の意見が保健体育部門の運営に反映されていたことがわかる。

第4章　戦後初期における学校体育の展開

表4－5　第7期（前）における実施記録

月	日	曜	午　前	午　後	備　考
9	17	月	開講式	オリエンテーション	日課の概要説明 提出書類説明
	18	火	オリエンテーション（北浜章）	オリエンテーション	
	19	水	討議＜講義，見学，時間，研究題目等＞	グループ討議 委員会決定	委員会
	20	木	教育哲学（石山脩平）	討議―最近の教育問題 グループ研究	各グループの研究題目決定
	21	金	教育課程論（山田栄）	討議―単元構成，教授法 グループ研究	第三週以後の講義内容及び講師について，レクリエーション計画について
	25	火	教育心理学（中野佐三）	討議―心理学の諸問題	
	26	水	教育方法論（山極真衛）	グループ研究	
	27	木	大学における保健の指導（北浜章）	グループ研究	委員会
	28	金	教育評価（長島貞夫）	グループ研究	
10	1	月	大学の保健管理（斎藤一男）	〃	沖縄　喜屋武氏参加
	2	火	学校保健の諸問題（新井英夫）	〃	Dr.カーレー女史来訪 旅費，日当支給
	3	水	レクリエーション論（前川峯雄）	パネル・ディスカッション 性教育は誰が行うか	
	4	木	単元学習（馬場四郎）	グループ研究	委員会
	5	金		国立精神結核療養所見学	
	8	月	健康教育（北浜章）	グループ研究	
	9	火	グループ研究　中間発表	明治以降の健康教育の変遷（竹之下休蔵）	
	10	水	アメリカンスクール見学	グループ研究	
	11	木	安全教育（大谷武一）	小学校における健康教育カリキュラム（K.Howe）	委員会
	12	金	学習問題の実験的研究（松井三雄）	個人研究	
	15	月	養護教育（斎藤一男） 肢体不自由児のスポー	個人研究	

139

		ツ（映画）		
16	火	個人研究	保健視聴覚教育 新宿CIE図書館フィルム	
17	水	学校保健計画 （湯浅謹而）	グループ研究	読書しらべ
18	木	養護教育（Chayer）	公衆衛生（モロハン）	委員会
19	金	アメリカにおける健康 教育（W.Neufeld）	養護教育（Chayer）	
22	月	個人研究発表	個人研究発表	記念撮影
23	火	運動と栄養 （杉本良一）	グループ研究 皇居拝観	
24	水	レポート作成 健康管理（阿部三亥）	青島学園見学	IFEL自己評価表提出
25	木	レポート作成 性教育　CIEフィルム	研究要録原稿提出	旅費支給
26	金	閉講式		

出典：『第七回（前期）教育指導者講習研究集録　保健科教育』1951，207ページ，から改変引用。（括弧内は担当講師名を示す）

（6）研究成果

　IFELでは，開設された講座によって研究集録が作成されている。この研究集録は，『教育指導者講習小史』では，次のように説明されている。「各講座主事及び補佐の指導により，参加者が討議し，研究した成果を，参加者の中から選ばれた研究集録委員によって編集されたもので，当該講座についての重要な問題が提示され，今後の研究の方向が示唆されている」[18]。以下，各期の研究集録（要録）に示された内容から，どのような研究がなされたかについてみていきたい。

1）第4期

　第4期[19]では，「大学における体育管理の研究」班，「体育カリキュラムの基底に関する研究」班，「体育科教員の現職教育」班の三班にわかれ研究が行なわれている。①「大学における体育管理の研究」班では，大学体育で解決すべき課題として10項目が研究されている。施設・用具に関して

は，建設省（現在の国土交通省）などから指導を受けて研究がなされており，重点的な課題であったことが窺える。②「体育カリキュラムの基底に関する研究」班では，生徒の心身発達に関する再検討，運動技術の要素的分析，アチーブメントスケール研究など，体育カリキュラムを構成する上で必要な研究が行なわれている。また，体育指導者養成カリキュラムの試案が作成され，幼稚園の体育カリキュラムも検討されている。③「体育科教員の現職教育」班では，現職教育の方法や内容について調査され，保健体育科免許状取得のための要領案が作成されている。

2）第5期

第5期[20]では，研究課題が三題に対して研究グループを7グループ設けて研究が行なわれている。「体育原理」が2グループ，「体育管理」が3グループ，「体育科教育法」が2グループである。①「体育原理」に関する研究グループでは，まず，体育目標の再検討および体育教材の評価がなされている。次に，大学の体育専攻学生が自己評価するための観点が検討されている。②「体育管理」に関する研究グループでは，まず，小・中・高等学校を対象として，教育全体の中での体育の位置づけと学校体育管理の運営組織を提案している。次に，大学生の課外運動活動について検討し，望ましい大学学生競技連盟組織のあり方を提示している。さらに，体育教員養成大学の女子学生および女性の体育担当現職者の実態調査を踏まえて，女性の体育指導者養成のための望ましいコースと単位案を提示している。③「体育科教育法」に関する研究グループでは，体育指導者の理論的教養について検討され，体育科における単元学習の可能性と具体例が提示されている。また，体育の精神衛生的機能ならびに精神衛生の観点から捉えた体育の意義と機能について考察されている。

3）第6期

第6期[21]では，「健康教育原理」班，「健康指導」班，「健康管理」班の三班で研究が行なわれている。①「健康教育原理」班は，明治期以降の学

校保健の沿革を辿り，健康の意義，健康教育の性格や目的・目標について考察している。そして，健康教育カリキュラム作成に関わる実態調査の具体例を提示し，健康教育カリキュラムの単元構成と健康教育の評価について検討している。②「健康指導」班は，健康指導（ヘルスガイダンス）の概念把握と目的，方法，指導計画，評価についての基本的な研究が行なわれ，ヘルスガイダンスと精神衛生について考察している。③「健康管理」班では，大学における保健計画について検討し，また小・中・高等学校における健康管理の現状を再検討している。

4) 第7期（前）

第7期（前）[22]では，「学校保健の考察」班，「保健科教育」班，「中学生を主体とする健康教育」班で研究が行なわれている。①「学校保健の考察」班では，学校保健の歴史的展開，領域，指導，実態等の基礎的分析が行なわれている。②「保健科教育」班では，健康教育が児童や学生の日常生活の中に活用されることを目指して研究が行なわれている。ここでは，従来の「教授法」から脱して「教育法」としての健康教育のあり方を検討している。③「中学生を主体とする健康教育」班では，中学校での健康教育に関する学習内容が12項目にわたって検討されている。ここでの内容は，学習目標，学習内容，学習活動，評価に分類した上で考察され，資料が付されている。

5) 第7期（後）

第7期（後）[23]では，研究課題が五題に対して12の研究グループに分かれて研究を行なっている。「体育科教育法の性格」が1グループ，「体育学習指導の目標」が1グループ，「体育カリキュラム」が4グループ，「体育学習指導」が5グループ，「体育指導者の教養」が1グループである。①「体育科教育法の性格」に関する研究グループでは，体育科教育法の性格を「教授法から教育法への転換」として位置づけ，体育科教育法として取り扱う研究範疇を提示している。②「体育学習指導の目標」に関する研究

グループでは，指導者の目標，管理目標が検討されている。③「体育カリキュラム」に関する研究グループは，体育カリキュラムの構成について考察している。また，体育カリキュラム展開局面での単元の構成・展開について，基本的な立場と資料の提示を行なっている。④「体育学習指導」に関する研究グループでは，まず，体育科の目標に対する指導のあり方が検討されている。次に，体育科の運動教材の分類と評価が多角的に分析され，体育科の要素表と能力表の試案が提示されている。さらに，体育科の学習指導における「場」の構成要素の分析，および「補助」や「進行」に関する検討が行なわれている。⑤「体育指導者の教養」に関する研究グループは，体育指導者に必要な資質についてまとめている。

　以上，各期の研究集録（要録）の内容から，どのような研究がなされたかについてみてきた。IFEL保健体育部門で行なわれた研究は，大学教育で必修化された保健体育科目を実施するための基礎的研究，大学における課外活動や保健計画に関する研究，体育科教員養成のための教育課程とその内容である体育科教育法および保健科教育法の基礎的研究，大学における体育科教員の現職教育や女性の体育担当指導者の育成のあり方に関する研究であった。これらの研究成果は，大学のみで活用されたわけではない。第7期（後）の成果は，1952年に前川峯雄，浅川正一によって再度まとめられ，『体育科教育法』[24]と称して刊行されている。ここでは，「体育科の指導を担当していらっしゃる全国の小等学校中等学校の体育の同志の方々にも，一つの参考となる」[25]と示されている。そのため，体育科を指導する小・中・高等学校の教師にも影響を与えたと考えられる。また，戦後の日本で，「体育科教育法」という名称をともなった図書はこれが初めてであり，IFEL以後の体育科教育研究の基盤となるものであった。

第2項　IFEL保健体育部門への広島県からの参加者

　IFEL保健体育部門の講座は，他分野に比べると重点的に開設されている。その理由として，教職課程における保健体育科目の内容研究やその指導者の育成，体育科の現職教育に対する指導者の育成に加えて，新制大学

で必修化された保健体育科目への対応，小・中・高等学校段階における体育と保健の実質的分離による健康教育の確立など，保健体育分野として独自に解決すべき課題が山積していたからであろう。これらの課題を解決すべく，日本人講師やアメリカ人講師の指導の下に，試験や推薦によって選ばれた大学関係者，教育委員会関係者，中・高等学校の教員が，長期間にわたって講義を受け，共同研究を行なっている。IFEL 保健体育部門は，総じて言えば，保健体育分野に関して大学教員が行なうべき事柄が網羅的に研究されている。その成果は，大学関係者のみならず，保健体育分野の関係者に影響を与えたと考えられる。また，戦後の体育科教育研究の原点として位置づけることができよう。

　それでは，IFEL 保健体育部門への広島県からの参加者をみてみよう。広島県からは，第 4 期に桜井栄七朗（広島女子高等師範学校教授），第 5 期に菅沼昇（広島大学教育学部体育科主任教授），第 6 期に浅藤きく子（広島女子短期大学助教授），第 7 期（後期）に平田喬（広島大学教育学部助教授）が参加している。

　広島県からの参加者はわずかであるが，IFEL で学んだ内容やワークショップあるいはアメリカ人講師との接触を通じて身につけたことを，広島県内の学校体育関係者に伝達する責務があったと考えられる。とりわけ，広島大学からの参加者は，「広島大学現職教育講座」[26]などに活かしていたと考えられる。

　広島県からの IFEL 参加者がどのような形でどの程度の影響を広島県の学校体育関係者に与えたのかは資料的に実証できていない。ただ，IFEL に参加すること自体が一つの誇りであったといわれていることから[27]，広島県の学校体育行政や現場の教師に対して一定程度の影響があったと推察される。

第2節　小学校教員研究集会における地域リーダーの育成

第1項　小学校教員研究集会の概要

　IFELが主に大学の教員を対象として行なわれたのに対して，文部省は1949年度から小中学校の教員を対象として，「小学校教員研究集会」と「中等教育研究集会」を開催している。1949年度の小学校教員研究集会は，全国を8ブロックに分けて開催されている（表4－6）。小学校教員研究集会は，「教育内容・方法に重点をおいた研究集会」[28]であり，教員免許状授与に関わる現職教員の再教育講習とは目的を異にしている。

表4－6　1949年度の小学校教員研究集会の概要

会場県	会　期	当該県および受講者（人数）	教員養成学校関係	受講者数計
北海道	7月25日-29日	北海道(150)	15	165
福島	9月12日-16日	青森(25)岩手(25)宮城(25)秋田(25)山形(25)新潟(25)福島(50)	40	240
埼玉	6月20日-24日	茨城(25)栃木(25)群馬(25)千葉(25)東京(25)神奈川(25)埼玉(50)山梨(25)	50	275
長野	7月11日-15日	富山(25)石川(25)福井(25)岐阜(25)静岡(25)愛知(25)長野(50)	40	240
奈良	10月24日-28日	三重(25)滋賀(25)京都(25)大阪(25)奈良(50)和歌山(25)兵庫(25)	40	240
島根	11月14日-18日	鳥取(30)岡山(30)広島(30)山口(30)島根(60)	25	205
徳島	10月31日-11月4日	香川(30)愛媛(30)高知(30)徳島(60)	20	170
熊本	12月12日-14日	福岡(25)佐賀(25)長崎(25)大分(25)宮崎(25)鹿児島(25)熊本(50)	40	240

出典：文部省「小学校教員研究集会開催について」，近代日本教育制度史料編纂会（編）『近代日本教育制度史料』第二十五巻，講談社，1958，178ページ，から改変引用。

広島県の教員が参加した中国地区の研究集会についてみてみよう。1949年度の中国五県を対象とした小学校教員研究集会は，文部省と島根県教育委員会による主催，およびCIEの賛助の下に，島根県松江市立白潟小学校を会場として開催されている。期間は1949年11月14日から18日までの5日間である。この研究集会の趣旨は「小学校における諸問題について研究討議を行い，その充実を図ろうとするもの」[29]であり，伝達講習とは一線を画し，「研究」に主眼が置かれている。CIEから講師が派遣されており，初等教育課のヤイデー（Jeidy, P.）とユアーズ（Ewerz, R. R.）[30]がその任にあたっている。参加者は，社会科班，保健班，数学班，校長指導主事班，教材（視聴覚）班，図書館班，理科班，国語班，ガイダンス班のいずれかに所属して参加している。

1950年度は，中国五県を対象として小学校幼稚園教員研究集会が開催されている。文部省と鳥取大学および鳥取県教育委員会が主催となり，CIEの賛助の下に，鳥取市遷喬小学校を会場として行なわれている。会期は1950年10月30日から11月4日までの6日間である。この研究集会の趣旨は「子どもの発達に応じるために，教育はどのように改善されなければならないか」[31]というものであった。講師としてCIEから初等教育課のアンブローズ（Ambrose, E. V.）とジャドソン（Judson, F. B.）[32]が参加している。参加者は教員研修，学習指導要領，学習指導法，学習経験の組織と計画，保健・体育の問題，視聴覚教材・学校図書館，特殊児童の取扱，幼稚園教育，ガイダンス，民主的集団，評価のいずれかに所属して参加している。

第2項　小学校教員研究集会の特徴

小学校教員研究集会の特徴の一つとして，アメリカ人講師の参加が挙げられる。研究集会でのアメリカ人講師の役割は，参加者への講演，大学の講演者ならびに実地指導者に対する指導など多岐にわたっている[33]。1949年度の中国地区における研究集会では，ヤイデーが「『実地授業』について」[34]，1950年度の中国地区における研究集会では，アンブローズが「ワークショップについて」[35]という題目で講演を行なっており，アメリカ人講

師が研究集会における研修方法の徹底を図り，研究集会を主導する立場にあったと考えられる。

　もう一つの特徴として，「ワークショップ」形式の研修方法が挙げられる。アンブローズは「ワークショップ」について，次のように説明している。「このワークショップで一番大切なことは小さいグループに分かれ数人の仲間で比較，実験，研究して問題を解決する努力をしてもらうことです」，「皆さん方の一番切実な問題として自分の学校の問題，自分の教えていることの中に色々の共通の問題があるのですがこれはどうしても研究しなければならないと思います」[36]。つまり，参加者は，特定の課題を研究する班に分かれて，現場に即した課題や問題を中心に討議し研究することが求められたのである。このような研修方法について，1950年度の研究集会の「保健・体育の問題班」に広島県から参加した男性教師は，次のように述べている。「歴史的事実を反省しつつ現実を基盤として新しい教育は如何にあるべきか，然かも，直ちに実践出来る具体的指導法まで深刻に研究された点，その成果は貧弱であらうとも，その研究過程は感銘深いものがあった。単元展開の一つの在り方が示された点私自身の教育実践の反省尺度として亦将来の実践資料として受取ることが出来た」[37]。このように，彼は班別での研究と討論に手応えを感じ，収穫を得ていたことがわかる。また，研究集会では，中国五県からの参加者の間で身近で現実的な問題に関して意見交換がなされている。ある参加者は「他県のエキスパートと会合できて，その県の様子や勉強の深さなどがわかって示唆をうけることが多かった」[38]と述べている。

　さらに，アンブローズは，「ここに居られる方々は全部それぞれの所から選ばれてここに送られた方々のはずで，ここで勉強されたことは持ち帰ってまた他の方々に分け与えて下さる能力があると認められている方々がここに集まって居られると思います」[39]と述べている。そのため，この研究集会で得られた成果は，参加者を通じて各県に伝達されたと考えられる。しかも，単なる成果の伝達にとどまらず，成果を得たプロセスを含めて伝達されたと考えられる。

このように，小学校教員研究集会では，現場の教師がアメリカ人講師の指導の下に，ワークショップを通して，同じような問題を抱えた近隣諸県の教師と共に，現場に即した問題を解決する努力がなされたのである[40]。また，参加者は，得られた成果だけでなくワークショップという民主的な課題解決方法を含めて，それぞれの県に伝達したと考えられる。

第3項　小学校教員研究集会における保健体育に関する内容

　1949年度の中国五県を対象とした小学校教員研究集会の「保健班」では，指導者の浜田正好（文部省文部事務次官）と，司会者の小倉林一（鳥取県八頭郡耶岐小学校）の下で，次の項目が討議されている[41]。①学校の保健計画の立案，②学校の保健委員会の組織と運営，③健康なる学校環境，④学校身体検査の処理と活用，⑤健康教育の年間計画。保健班の参加者は，①から④までの項目を第一班（14名）が，⑤の項目を第二班（18名）が分担して研究と討論を進めている。この中で，②学校保健委員会の問題は，「今後の学校に於ける保健教育が新教育に占める重要性と，その全般計画を運営する重大任務を帯びる性格を持つものであるから，ここに新しく且強力に要望する問題」[42]として取り上げられている。そのため，文部省に対して，次のような要望書を提出する決議をしている[43]。

　　要望書
　　　学校保健の問題を強力に実施する為には，職員組織の整備拡充が先決問題である。然るに現状に於ては実践の先頭に立つ養護教諭は必要数の三分の一にも満たない状態である。教育は制度や理論のみではなく，要は教育効果の問題である。依って中国五県の小学校教育研究集会に於ては，学校保健に関する幾多の重要問題を研究討議したのであるが，之を速かに実践面に展開する為，左記事項を文部省に対し強力に要望する次第である。
　　要望事項
　　　「養護教諭を各学校に必ず設置するよう法的措置を速かに取られ度いこと」

第4章　戦後初期における学校体育の展開

例えば「学校教育法百三條の削除」「教員定員比率の枠外に置く」

　一方で，⑤健康教育の年間計画の問題については，「内容，性質等からみて，総ての保健活動が健康教育に集約され，健康教育が学校保健計画の中心であり，尚も出発点であると云う見地から，特に具体的な実施計画を作製する」との趣旨から，13の単元を構想・設定し，指導目標を掲げ，指導内容を決定し，予想される学習活動および他教科との関連を踏まえた「健康教育系統案」を作成し，具体的な成果をあげている[44]。

　また，一時限（30分）ではあるが，体育科の実地授業が島根県松江市立白潟小学校の第6学年の児童を対象に行なわれている。内容は，男子が「ゴールハイ」，女子が「なわとび」である[45]。

「体育科実地授業記録」
　　　教材「ゴールハイ　なわとび」
1．準備運動
　（1）かけ足
　　教師のピアノ伴奏により講堂一杯に行われた。隊形「二列」「四列」「八列」と順次体形を変えて行われた。次に児童がピアノを伴奏して行われた。そして最後に三重の円隊形になり徒手体操が行われた。
　（2）徒手体操
　　A．腕の回旋挙踵屈膝，B．腕の斜上挙振脚の側（前）挙振，
　　C．くびの回旋，D．腕の前挙振体の前屈，
　　E．開脚跳び腕の側上挙振，F．体の前傾腕の側振体の側転
　　G．腕前振挙踵半屈膝，H．腕前上挙側下
2．主運動
　1．男子……ゴールハイ
　　A．円陣パスの練習（ゴールハイの基礎練習）
　　B．ゴールハイの競技（講堂の半分を使用して実施された）
　　　　　　A組……二回ゴール，二回ワンスロー
　　　　　　B組……三回ゴール
　2．女子……なわとび

149

A．円による両脚，片脚跳（個人なわとびで各自工夫して種々なとび方で練習した）
　　　B．団体なわとび（身長に合せて二人組みになって跳躍の練習をした）
　　　C．共同なわとび（女子全体を三つのグループに分け各グループ二人の助手によってなわが回旋された）
　　　　ジャケンポ(ママ)の調子に合せてなわを回旋し愉快にやって居た。
　　　　教師はゴールハイの審判をしたり，又女子のなわとびに加わり共にやられた。
　3．整理運動
　　徒手体操
　　　A．かけ足足踏，B．腕の前上振と挙踵半屈膝，C．腕の後反，
　　　D．腕上挙側下

　授業後の批評会では，どのような討議が行なわれたのかは不明である。しかし，授業実施者は，批評会で「リズム的にやろう。音楽に合して楽しくやろうと考えた」，「ゴールハイは人数が多いのを知っていたが寒かったので無理してやらざるを得なかった」[46]と振り返っている。また，参観者は，「女子の服装はよいが，男子のほうはよろしくない」，「リズムを使用した徒手体操は参考になった」，「ゴールハイの球が大きすぎる」，「女子のなわとびはなかなか上手であった」[47]という発言にとどまっている。
　1950年度の中国五県を対象とした小学校幼稚園教員研究集会の「保健・体育の問題」班では，参加者は保健分野（20名）と体育分野（22名）に分かれて，研究と討論を行なっている。指導者は浜田正好（文部省事務官），岸信秀蔵（鳥取大学教授），武信音市（鳥取大学教授），山西長太郎（鳥取大学教授）である。班別討論での研究方針として，「研究は狭く深く且具体的で教師がすぐ活用利用出来，而も子供の生活に直接役立つものであること」[48]が示されている。そして，保健分野では「児童の健康生活を指導するには，担任教師はどうすればよいか」という課題が設定され，体育分野では「自由時に於ける望ましい体育運動にはどんなものがあるか」という課題が設定されている[49]。

第 4 章　戦後初期における学校体育の展開

　保健分野では,「環境を健康的に整備するにはどう指導すればよいか」,「情緒的に健康な学校生活を指導するにはどうすればよいか」,「保健事業（身体検査，結核性児童の擁護，家庭訪問）を効果あるように指導するにはどうすればよいか」,「健康教育に於いてよい習慣を形成するにはどうすればよいか」[50]が討議されている。体育分野では,「学校内に於けるのぞましい自由時の体育運動にはどんなものがあるか」,「学校外に於けるのぞましい自由時の体育運動にはどんなものがあるか」[51]が討議され，178種目の運動が分類・整理[52]されている。

　また，1949年度の場合と同様に，体育科の実演授業が，鳥取市遷喬小学校の第1学年，第4学年，第6学年の児童を対象に，各一回行なわれている。第1学年では「えんそく」という題目で「模倣物語遊び」が，第4学年では主教材に「回旋リレー」が，第6学年では「ソフトボール」が行なわれている[53]。実演授業では，授業前日に授業の評価観点を議論し，授業をどのように評価するかを決定している。たとえば，第4学年の実演授業に関しては，次のような評価観点が議論され決定されている。

　　体育評価問題構成のディスカッション
　　　1．段階的指導の方法はどうであったか。
　　　2．運動を通じて個別指導がいかになされていたか。
　　　3．体育と保健との関係はどうか。
　　問題決定
　　　1．全員がいかに楽しく全力を個別差に応じて指導されたか。運動量，
　　　　たのしさ，規則を守ること。

　そして，授業当日には授業計画略案が示され，授業内容が記録されている。第4学年の「回旋リレー」の授業計画略案を，以下に示す。

　　体育授業計画略案
　　　1．主教材　回旋リレー
　　　2．目標

（1）バトンのもち方，渡し方をよく理解する。
　　　（2）グループの一員として全力つくす。
　　　（3）ほかの人の不平や悪口をいわない。
　　3．学習活動
　　　（1）おにあいをして運動の雰囲気をつくる。
　　　（2）徒手体操をする。
　　　（3）ゴールハイ，ドッジボールをする。
　　　（4）回旋リレーをする。
　　　（5）簡単に徒手体操をする。手足をきれいに洗う。

そして，授業終了後に実演授業に対する研究会が行なわれている。ここでは，次のような意見が出されている。

・運動量については，運動意欲が満足されたか疑問である。徒手体操が長すぎたように思う。
・徒手体操が優秀であったと思う。又先生の簡単なことばで子供たちが規律的にうごき，平素の躾のよさがうかがわれた。
・主運動は，限られた時間一ぱいやってほしかったと思う。
・楽しさの観点から応援の方法が考えられるとよかったと思う。
・徒手体操は正確であるがリズム的なものを加えたがよいではないか。

このように，中国地区の小学校教員究集会における保健体育分野では，健康教育や衛生領域の取り扱い，自由時における体育運動に関する問題が解決すべき課題の中心であった。すなわち，戦前にはなかった新しい分野の課題解決が試みられている。体育科の実演授業に関しては，事前に授業内容を示すことで観察のポイントを確認して，授業が実施されている。そして，授業終了後に，それら観点からの討議が行なわれている。ただ，討議内容は，感想が述べられるにとどまっているものが多く，十分に議論が深まっていたかどうかは不明である。

第4項　小学校教員研究集会への広島県からの参加者

　1949年度の研究集会への実際の参加者総数は不明であるが，予定では中国地区の各県より205人が参加し，広島県からは30人が参加することになっている[54]。この研究集会で広島県から「保健班」に参加したのは，妹尾富枝（神石郡油木小学校），三輪純一（広島県教委学事課），岡田正司（安芸郡田原小学校），小林砂雄（広島県教委指導課），惣明君徳（三原師範附属小学校）の5名である[55]。次に，1950年度の研究集会には，中国地区の各県より390人が参加し，広島県からは68人（男57人，女11人）が参加している。広島県から「保健・体育の問題」班に参加したのは，吉崎正行（広島市青崎小学校），豊原照（福山市霞小学校），難波俊雄（安芸郡海田市小学校），寺田静香（御調郡久井小学校），坪口辰子（世羅郡大田小学校），小林砂雄（広島県教委指導課）の6名である[56]。1949年度と1950年度の小学校教員研究集会で保健体育班に広島県から参加したのは，合計で11名であった。

　広島県からの参加者がどのような基準で選ばれたかは不明であるが，広島県を東西に分けて地域的にバランスよく選ばれたと考えられる（図4－1）。他方，参加者の中には広島県内の保健・体育分野で指導的役割を果たしていた人物が含まれている。たとえば，1950年の研究集会に参加した吉崎正行は，この研究集会に参加する以前から『学校体育指導要綱』に基づく体育科プログラムを作成し，県内の体育科教育に影響を与えている[57]。また，1949年の研究集会に参加した惣明君徳や三輪純一は，1949年4月に広島県から発行された『小学校体育の実際指導』の編纂委員であり，1949年5月から広島県で開催された「学習指導要領体育編（小学校之部）伝達講習会」（次節参照）の講師でもある。

　その一方で，参加者は教員研究集会で学んだことをそれぞれの地区に伝達したと考えられる。たとえば，先述の吉崎正行は，1951年に広島高等師範学校附属小学校で行なわれた研究会で報告を行なっている。その報告は，雑誌『学校教育』の中で次のように掲載されている。「氏（吉崎正行）は幸，鳥取県で行われた，ワークショップに参加され，いろいろな面からの健康教育の問題を協議されて帰っておられたところだったので，その報告

図4－1　1949年度および1950年度の参加者の小学校の所在地

注：図中の番号は参加者が勤務する小学校のおおよその所在地を示している。また，下記の番号と対応する。

1949年度：①妹尾富枝（神石郡油木小学校），②岡田正司（安芸郡田原小学校），③惣明君徳（三原師範附属小学校），④三輪純一（県教委学事課），⑤小林砂雄（県教委指導課）。

1950年度：⑥吉崎正行（広島市青崎小学校），⑦豊原照（福山市霞小学校），⑧難波俊雄（安芸郡海田市小学校），⑨寺田静香（御調郡久井小学校），⑩坪口辰子（世羅郡大田小学校），⑪小林砂雄（県教委指導課）。

をかねつつ，氏のかねての実践とを結びつけて，発表をすすめられた」（括弧内引用者)[58]。また，吉崎以外の参加者も研究集会で学んだことをそれぞれの地区に伝達したと推察される。さらに，研究集会に参加することで県内の保健体育分野の新たな地域リーダーとなった教師もいたと考えられる。

　以上のことから，保健・体育分野で指導的役割を果たしていた教師が研究集会に参加することによって，地域に効率よく新しい知見を伝達するとともに，地域における新しいリーダーの育成も図られた，と考えられる。

第4章　戦後初期における学校体育の展開

第3節　広島県における小学校体育教員の育成

第1項　『小学校体育の実際指導』（広島県，1949.4）の伝達講習会
（1）開催経緯

　1949年4月に広島県が『小学校体育の実際指導』(以下，『実際指導』と省略）を発行したことは，文部省の『学習指導要領小学校体育編（試案）』の公布が遅れていることに対応するとともに，広島県の現場教師の指導の一助とするためであった[59]。『実際指導』は発行されただけではなく，その内容を伝達普及するための講習会が開催されている。この講習会は，「学習指導要領体育編（小学校之部）伝達講習会」（以下，「伝達講習会」と省略）と称され，広島県教育委員会の主催で1949年5月に広島県下14会場で開催されている。広島県教育委員会は，開催を通知する文書で，「伝達講習会」の趣旨を次のように示している[60]。

　　この伝達講習を開催するに当り，其の指導書として広島県の『実際指導』を発行したので，併せて之が解説と実際指導を行い，以て指導と理論の徹底を図り，県下の小学校を正しき学校体育指導の軌道に乗せ，堅固なる理念を涵養させ，指導者の資質向上に質せんとする。

　また，「昭和二十三年六月十八日文部省発学二四五号による再教育講習会の体育科編十時間に算入する」[61]と通達されている。ここで示された再教育講習会とは，「教員仮免許状を有する者とみなしたものに対し，自己研修の素地を与え，将来正規の教員免許状授与の一条件とするための講習会」[62]のことである。よって，この講習会は広島県教育委員会による『実際指導』の伝達講習会であると同時に，仮免許状を有した教員の自己研修という性格を有していたのである。

（2）講師と参加者

「伝達講習会」会場校のおおよその所在地を，図4－2に示す[63]。図4－2からは，広島県全域に会場校が分散していることがわかる。広範囲にわたって会場が設置された理由は，「山村島嶼僻地と雖も残らず受講せしめるため」[64]である。このことから，現場で指導する多くの教師に講習会を受講させようとした意図が窺える。

図4－2　「伝達講習会」の会場校の所在地

注：図中の番号は会場となった小中学校のおおよその所在地を示している。また，下記の番号と対応する。

会場校名（参加都市部名）
　①広島師範附属小学校（広島，賀茂北部，安芸陸地部），②庄原小学校（比婆），③至誠女子中学校（温品，福山，深安の一部），④油木小学校（神石），⑤廿日市小学校（佐伯），⑥土堂小学校（沼隈，深安の一部），⑦上下小学校（世羅，甲奴），⑧可部小学校（安佐），⑨竹原小学校（賀茂南部，豊田），⑩十日市小学校（高田，双三），⑪八重小学校（山縣東部），⑫両城小学校（呉，安芸島嶼部），⑬加計小学校（山縣西部），⑭久芳小学校（世羅一部，豊田一部）。

第4章　戦後初期における学校体育の展開

表4－7　各講習会会場日程と講師配当一覧

日　程	会　　場		講　　師
5月9日-10日	広島市東雲町	広島師範学校附属小学校	富田功(#)，伊藤茂男(#)，河野邦夫(#)，山根富貴子(#)，三輪純吉
	比婆郡庄原町	庄原小学校	滝口五郎(#)，高徳就(#)，土井さがみ(#)
	芦品郡新市	至誠女子中学校	平田喬(#)，惣明君徳(#)，石田幸(#)，早稲田哲一
5月11日-12日	神石郡油木町	油木小学校	滝口五郎，高徳就，土井さがみ
	佐伯郡廿日市町	廿日市小学校	富田功，河野邦夫，山根富貴子，三輪純吉
	尾道市吉和町	吉和小学校(注2)	平田喬，惣明君徳，石田幸，早稲田哲一
5月13日-14日	甲奴郡上下町	上下小学校	滝口五郎，高徳就，土井さがみ
	安佐郡可部町	可部小学校	富田功，伊藤茂男，伊藤邦男，山根富貴子，三輪純吉
	賀茂郡竹原町	竹原小学校	川村英男(#)，盛井尚文(#)，伊藤茂男，石田幸
5月16日-17日	双三郡十日市町	十日市小学校	高徳就，盛井尚文，土井さがみ，三輪純吉
	山県郡壬生町	壬生小学校(注2)	河野邦夫，伊藤茂男，山根富貴子
	呉市両城町	両城小学校	川村英男，高徳就，石田幸，早稲田哲一
5月18日-19日	山県郡加計町	加計小学校	盛井尚文，伊藤茂男，山根富貴子
	豊田郡久芳村	久芳小学校	川村英男，惣明君徳，石田幸，三輪純吉

注1：下線の人物は，衛生専任講師あるいは体育と衛生講師を兼ねている人物である。
注2：「学習指導要領体育編（小学校之部）伝達講習会及び学校身体検査規定伝達講習会会場変更について」（広教委保第1338号）で，吉和小学校は尾道市土堂小学校に，壬生小学校は山県郡八重小学校に変更されている。
注3：（#）印は，『実際指導』の編纂委員を示している（初出のみ）。
出典：広島県『広島県通牒公報（号外）』教育第21号，1949年4月28日，133ページ，から改変引用。

157

「伝達講習会」の講師は，計16名が担当している。その内訳は広島県教育委員会事務官6名，広島師範教官3名，広島師範附属教官3名，広島県内の小学校教官2名，残り2名は不明である。講習会の講師は，広島県内の学校体育関係者で構成されていると考えられ，大部分が『実際指導』の編纂委員会の委員である（表4－7）。講師は，講演，教材解説，教材の実施指導などを行なっている。
　参加人数は不明であるが，「伝達講習会」の開催通知によれば，参加者は「広島県下の小学校体育担当教官男女一名以上」[65]と指示されている。当時，広島県には小学校が600校ほどあったため，一つの会場当たりの参加者数は40名以上であったと推測される。

第2項　広島県における小学校体育教員の育成
　（1）「伝達講習会」の日程
　表4－8に示すように，講習は2日間にわたって行なわれている。1日目の午前中は学科として広島県小学校体育指導要領（『実際指導』）の総論と各種教材の全般的解説が行なわれ，午後からはダンスを除く教材の指導が実施されている。2日目の午前中は教材中のダンス遊戯全般の解説とダンス教材の指導が実施され，午後からは自由種目相互研究と質疑応答が行なわれている。2日目については，同じ会場で衛生講習会が開催され，午前中は学科として改正学校身体検査規定の解説と実際指導が，午後からは相互研究と質疑応答が行なわれている。

第 4 章　戦後初期における学校体育の展開

表 4 － 8　講習会時間割表

	時 間 割	科 目	受講者	科 目 の 内 容
第1日目	8:00 ～ 9:00	受付	全員	指導要領(小学校体育の実際指導)配布
	9:00 ～ 9:30	式 (開講式)	全員	
	9:30 ～ 11:00	学科 (総論)	全員	コースオブスタディ体育編を基礎とした広島県小学校体育指導要領の総論
	11:00 ～ 12:00	学科 (解説)	全員	各種教材の全般解説
	12:00 ～ 12:30	昼食	全員	
	12:30 ～ 16:30	術科 (教材研究)	全員	ダンスを除く教材全般の取扱方法(実際指導)
第2日目	8:00 ～ 9:00	学科 (解説)	全員	教材中のダンス遊戯全般解説
	9:00 ～ 12:00	学科 (教材研究)	全員	ダンス教材全般の取扱方法(実際指導)
	12:00 ～ 12:30	昼食	全員	
	12:30 ～ 15:00	学科 (教材研究)	全員	自由科目相互研究
		術科 (実際指導)	全員	
	15:30 ～ 16:00	相互研究 (懇談会)	全員	質疑応答
	16:00 ～ 17:00	式 (閉講式)	全員	講習修了証，認定時間証明書交付
	9:00 ～ 12:00	学科 (解説)	全員	改正学校身体検査規定の解説及び実際取扱
	13:00 ～ 14:00	相互研究 (懇談会)	全員	質疑応答

出典：広島県『広島県通牒公報（号外）』教育第21号，1949年4月28日，132-133ページ，から改変引用。

（2）講義内容

講習会では，表4－8が示すように，1日目の午前中は学科として広島県小学校体育指導要領（『実際指導』）の総論と各種教材の全般的な解説が実施されている。1949年5月13日と14日に賀茂郡竹原会場（竹原小学校）で行なわれた講習会では，以下に示した項目について川村英男から解説が行なわれている[66]。

1. 体育科の性格目標
   (1) 日本の体育はアメリカナイズされつつある。(2) 体育の性格。
   (3) 体育と健康教育との関係。(4) 教育の一般目標と体育。
2. アメリカの体育史
   (1) 身体体錬システムの時期。(2) 競技万能の時期。
   (3) プレーレクリエーションの時期。
   (4) 健康教育強調の時期。(5) 教育としての体育時代。
3. 教材とその選択
   (1) カリキュラムと学習教材。(2) 体育科の教材。
4. 体育科の学習指導法
   (1) 指導方針。(2) 計画の立案。(3) 学習の心理。学習意欲の喚起。
5. 指導上の具体的事項
   (1) 指導形式について。(2) 取扱方法。
   (3) 練習方法について。(4) 虚弱者に取扱。
6. 体育科の考査
   (1) 指導上必要な資料を得ること。(2) 実施の結果を観察すること。
7. 対外試合について

川村は，『実際指導』に従って全般的解説を行なっているが，解説に先立って「日本の体育はアメリカナイズされつつある」と題して学校体育に関する試論を展開している。この講習会への参加者の一人は，川村の解説について次のような感想を述べている。「二時間にわたって含蓄を傾け微に入り細をうがっての説明。受講生微笑を漏らしつつ一々なずく，さすがに文部省体育研究委員の貫禄を示すに充分だ」[67]。

第4章　戦後初期における学校体育の展開

（3）運動教材の実際指導

　講習会2日目の午後は，ダンスを除く教材全般の取り扱い方法と指導が行なわれている。竹原小学校を会場とした講習会では，12種類の教材が取り上げられ，具体的な指導法が講習されている。取り上げられた教材は，「徒手体操」,「ティチャーボール」,「ハンカチ落し」,「落雷ボール」,「サークルリレー」,「ロングベースボール」,「猫車競争」,「カンガルーリレー」,「ネットボール」,「黒板リレー」,「エスキーテニス」,「スクエアダンス」である[68]。エスキーテニスは，昼食時に説明と練習が行なわれている。また，スクエアダンスは講習後に基本練習が行なわれている。「落雷ボール」と「エスキーテニス」は，『学習指導要領小学校体育編（試案）』では取り上げられていない教材である。

　ここでは，リレー・陸上競技教材とボール遊び・ボール運動教材が中心的に取り上げられている。小学校で指導することを考慮し，競技スポーツへの発展性のある教材というよりは，少ない教具で簡単に行なえる教材が取り上げられている。

（4）ダンス教材の重点的指導

　講習会2日目の午前中は，ダンス遊戯の全般的な解説とダンス教材の指導が行なわれている。5月19日の山県郡加計小学校会場におけるダンス教材の指導は，次の教材が行なわれている[69]。「ぴょんぴょんとんで」,「はとはとおいで」,「あんたがたどこさ」,「おせんたく」,「皆で楽しく」,「らかんさん遊び」,「たんすながもち」,「喋々渦巻」,「籠の小鳥」,「ヴァヂニアリール」,「雷スウィング」,「追加回り」,「魚」。この中で，「喋々渦巻」と「籠の小鳥」は，『学習指導要領小学校体育編（試案）』では取り上げられていない教材である。

　このように，講習会ではダンス遊戯の全般的な解説と指導に多くの時間が割かれている。また，『実際指導』でも，広島県独自の観点から採用されたと考えられる「リズム遊び・リズム運動」,「模倣物語り遊び」が多数採用されている。これらのことから，「伝達講習会」では，現場で指導す

る教師にダンス教材の指導力を高めようとしたことが窺える。この背景の一つには，戦時体育におけるダンス教材からの転換があったと考えられる。樋口貴美子（広島女子高等師範学校教官）は戦時中のダンス教材について，「戦争中は錬成々々でダンスも運動量の大きいものと一つの束縛をうけそこに情操の豊かさも創作性もなく文字通りの音楽運動でありました」[70]と述べている。また，加藤清英（広島高等師範学校附属小学校教官）も戦後のダンス教材について，「ダンスが従来の形式をやぶって自己生命の表現というダンス本来の立場において華々しくスタートした」[71]と述べている。他方，広島県内のダンス教材指導に困難を感じている教員が多かったようである。山田勝子（広島師範学校女子部教官）は，広島県内のダンス教材指導の現状について，「余りにその指示が大まか過ぎてむずかしく手が出せないと云う状態で殆んど敬遠されてしまった形になった……（中略）……。或る人は放任し，或る人は専門的な舞踊家の門を叩くのだと聞きました」[72]と述べている。

　ここまでみてきたように，1949年5月に広島県下14会場で「伝達講習会」が開催されている。この講習会は，広島県における学校体育に関連する講習会としては大規模なものであった。講習会の内容は，広島県が作成した『実際指導』という指導書を基に，現場で実施可能な実践が重点的に講習され，なかでもダンス教材の講習が中心的に行なわれている。すなわち，運動教材をどのように教えるかという部分に講習の焦点が当てられており，この意味では現場の教師の日々の学校体育実践に役立つ講習内容であったと考えることができる。

注

1) 1952年10月6日から12月27日まで，第9期として位置づけられるIFELが開催されている。『教育指導者講習小史』によると，IFELは「1951年度で一応終わった」と示されている。そのため，本研究では，第8期までと第9期は一応区別して取り扱うものとする。文部省大学学術局教職員養成課『教育指導者講習小史』1953，45ページ。

第4章　戦後初期における学校体育の展開

2）保健体育分野の講義や研究は，IFEL 保健体育部門以外の講座でも行なわれている。東京大学で開催された第3・4期教育長講習および中等指導主事講習，初等指導主事講習では，「学校保健」や「学校体育」の講義が行なわれている（文部省教育長等講習連絡室『教育長等講習報告書』1951，96-98ページ）。また，東京大学で行なわれた第4期初等指導主事講習では，研究課題として体育に関する事項が取り上げられ，研究要録「健康の増進」としてまとめられている（『第4回 Institute For Educational Leadership 研究要録初等科』1950，1ノ42-1ノ50ページ）。さらに，第6期小学校課程および教授法講座でも，保健体育科の教育課程と指導法について触れられている。この成果は，『第六回教育指導者講習研究集録Ⅺ（2）』（1951）にまとめられており，1951年に『小学校各教科の学習指導法』（木宮乾峰ほか，東洋館出版社）として刊行されている。
3）国語科，英語科，図画科，工作科，書道科，音楽科，職業科は，1952年度に行なわれた第9期 IFEL で行なわれている。
4）「体育の目的」の項で「体育は運動と衛生の実践を通して人間性の発展を企図する教育である」と明示している。文部省『学校体育指導要綱』東京書籍，1947，2ページ。［文部省学習指導要領13　保健体育編（1），日本図書センター，1980］。
5）「体育科の性格」の項で「運動と衛生が緊密に連関して学習が指導されるとき，体育科はよく教育の一般目標達成に貢献することができるのであるが，衛生に関するものは別に指導の手引書が出されることになっているので本書から省いた」と示している。文部省『学習指導要領小学校体育編（試案）』大日本図書，1949，2ページ。［文部省学習指導要領13　保健体育編（1），日本図書センター，1980］。
6）前川峯雄（編）『戦後学校体育の研究』不昧堂出版，1973，112-115ページ。
7）『教員養成学部体育科研究集会研究要録』1950，5ページ。
8）「教育指導者講習実施について」，近代日本教育制度史料編纂会（編）『近代日本教育制度史料』第二十五巻，大日本雄弁会講談社，1958，221ページ。
9）「昭和二十五年度教育指導者講習要項」3ページ。［高橋寛人『占領期教育指導者講習（IFEL）基本資料集成』第Ⅱ巻，すずさわ書房，46ページ。］
10）「昭和26年度教育指導者講習実施要項案」。［高橋寛人『占領期教育指導者講習（IFEL）基本資料集成』第Ⅱ巻，すずさわ書房，66ページ。］
11）第7期（後期）の講座主事であった前川は「各科教育法は教員養成を主とする諸大学に於ては既に開講されているものの，その内容及び指導法は未だ一貫した体系をなしておらず，言わば暗中模索の状態であった」と指摘している。前川峯雄「序」『第七回教育指導者講習研究集録　体育科教育』1951，

1ページ。
12) 前掲書8), 187-191ページ。依田精一「占領下の大分県教育行政改革資料 (Ⅱ)」,『東京経大学会誌』第106号 (1978), 183-198ページ。
13) 前掲書8), 220-225ページ, 225-235ページ。
14) 前掲書10)。［高橋, 69ページ。］
15) 文部省教育長等講習連絡室『教育長等講習報告書』1951, 109-110ページ。
16) 文部省大学学術局教職員養成課『教育指導者講習小史』1953, 15ページ。
17) 同上書, 18ページ。
18) 同上書, 20ページ。
19) 『教員養成学部体育科研究集会研究要録』1950。
20) 『第五回教育指導者講習研究集録 保健体育』1950。
21) 『第六回教育指導者講習研究集録 保健』1951。
22) 『第七回（前期）教育指導者講習研究集録 保健科教育』1951。
23) 『第七回教育指導者講習研究集録 体育科教育』1951。
24) 前川峯雄, 浅川正一（共編）『体育科教育法』新思潮社, 1952。
25) 同上書, 1ページ。
26) 広島大学指導課「昭和25年度広島大学現職講座の概要」広島県教育委員会（編）『広島教育県時報』, 1950年7月。
27) 高橋寛人「IFELと本書収録資料について」『占領期教育指導者講習 (IFEL) 基本資料集成』第Ⅰ巻, すずさわ書房, 1999, 31ページ。
28) 碓井岑夫「地域における『新教育』理論の受容過程について——教員研究集会（ワークショップ）を中心に——」『戦後教育改革資料の調査研究報告書』国立教育研究所（1985), 102ページ。
29) 島根県教育委員会（編）『中国五県小学校教員研究集会記録』報光社, 1950, 2ページ。
30) 国立教育研究所『戦後教育改革資料（2）連合国軍最高司令官総司令部民間情報教育局の人事と機構』国立教育研究所, 1984, 237ページ, 246ページを参照。
31) 鳥取県教育委員会事務局『中国五県小学校幼稚園教員研究集会紀要』1951, 1ページ。
32) 前掲書30), 199ページ, 278ページを参照。
33) 前掲書28), 106ページ。
34) 前掲書29), 15-21ページ。
35) 前掲書31), 9-12ページ。
36) 同上書, 9ページ。
37) 同上書, 216ページ。

38) 同上書, 216ページ。
39) 同上書, 10ページ。
40) 1950年度の小学校教員研究集会は, これに参加することによって「教育職員免許法」上の単位修得が可能になっている。つまり, 広い意味で現職教員のための再教育という側面も備えるようになっている。大照完『教師のワークショップ——参加・計画・指導のために——』教育問題調査所, 1950, 301ページ。
41) 前掲書29), 203-226ページ。
42) 同上書, 206ページ。
43) 同上書, 226ページ。
44) 同上書, 206ページ, 213-225ページ。文部省初等中等教育局保健課『小学校教員中等教育研究集会「学校保健計画班」報告書録』1950, 15-38ページ。
45) 同上書, 156-158ページ。
46) 同上書, 156-158ページ。
47) 同上書, 156-158ページ。
48) 前掲書31), 56ページ。
49) 同上書, 56ページ。
50) 同上書, 56-62ページ。
51) 同上書, 56ページ。
52) 同上書, 62-64ページ。
53) 同上書, 136-140ページ, 166-169ページ, 195-196ページ。
54) 本章第2節第1項, 145ページ。
55) 前掲書29), 202ページ。
56) 前掲書31), 4-5ページ。
57) 広島県教育委員会（編）『広島県教育時報』1950年10月, 18-24ページ。
58) 「各科協議会記録体育科」, 広島高師附小学校教育研究会『学校教育』第399号, 47ページ, 1951。
59) 第3章第2節第1項を参照。
60) 広島県『広島県通牒公報（号外）』教育第21号, 1949年4月28日, 132ページ。
61) 同上書, 132ページ。
62) 「小学校, 新制中学校及び幼稚園教員認定講習会実施基準に関する件」, 前掲書8）, 131-137ページ。
63) 広島県『広島県通牒公報（号外）』教育第23号, 1949年5月9日, 154ページ。
64) 前掲書60), 132ページ。

65) 同上書，132ページ。
66) 「講習会のぞき」広島女子高等師範学校体育研究会（編）『体育と指導』第 2 号，郷友社，1949，84-87ページ。他の講習会場での講義については，5月18日に山県郡加計会場（加計小学校）での盛井尚文による講義内容が，5月13日に行なわれた川村英男の講義内容と「同一」と示されている。その他の講習会場で行なわれた講義の内容は不明である。
67) 同上書，85ページ。「文部省体育研究委員」については，1947年に文部省から発行される『学校体育指導要綱』の原案を作成したとされる，1946年度の「学校体育研究員会」のメンバーのことである。木原成一郎「『学校体育指導要綱』（1947）の成立過程についての一考察――『学校体育指導要綱』の成立過程における「学校体育研究委員会」の役割――」『湊川女子短期大学紀要』第24集（1991），1-15ページ。
68) 前掲書66），86ページ。
69) 同上書，84-87ページ。
70) 樋口貴美子「小学校のダンス」広島女子高等師範学校体育研究会（編）『体育と指導』第 1 号，郷友社，1949，53ページ。
71) 加藤清英「新体育の中心課題」広島高師附小学校教育研究会『学校教育』354号，1947，66ページ。
72) 山田勝子「ダンス指導私見」，前掲書70），73ページ。

第5章　戦後初期広島県における
　　　　小学校体育の実践

第1節　小学校カリキュラムにおける体育科の位置づけ

第1項　広島県における小学校カリキュラムの動向

　広島県下の各小学校がどのようなカリキュラムを構想したのかを把握するために，1950年2月に広島県教育委員会の主催で行なわれた第一回初等教育研究集会の議論を概観したい[1]。この研究集会は，県下五地区（広島，呉，三次，三原，福山）で開催され，広島県内の小学校関係者およそ600名が参加している。各地区の参加者は，「学校運営」，「教育計画」，「現職教育」，「生活指導」の各班に分かれ，2日間にわたってワークショップ形式で議論を行なっている。カリキュラムに関する事項は，「教育計画」班で主に議論されている。各地区の「教育計画」班には，議長1名，広島県教育委員会指導課から補導係1～2名，班員21名～31名が参加している（表5－1）。

　「教育計画」班には，「地域社会と教育課程」という統一のテーマが与えられていたようであるが，各地区でテーマの捉え方や議論の内容が異なっている。そのため，議論のまとめ方も各地区によってさまざまである。ここでは，各地区の議論の内容を概観しながら，各小学校がどのようなカリキュラムを構想したのかをみていくことにする。

　広島地区では，「各学校の教育課程の現状」が各班員から報告され，「教育課程について」，「教育課程実施について」，「地域社会について」，「将来の教育課程がどうあるべきか」，「教育課程の組み方」，「ガイダンスの問題」が議論されている<17-32>。各小学校の教育課程の現状については，コア・カリキュラムおよび教科カリキュラムが採用されていることが報告されて

表5－1　「教育計画」班の概要

地区	開催日	会　場	「教育計画班」議長	「教育計画班」補導係	「教育計画班」参加人数
広島	1950年2月3-4日	広島市己斐小学校	石井義夫（広島市袋町小校長）	向井英三　森井尚文	25名
呉	1950年2月8-9日	呉市長迫小学校	山崎次郎（安芸府中小校長）	木田義登　森井尚文	25名
三次	1950年2月11-12日	双三郡三次小学校	佐々木順三（高田郡北小校長）	木田義登	31名
三原	1950年2月16-17日	三原市三原小学校	亀田正秋（御調郡津部田小校長）	木田義登	25名
福山	1950年2月27-28日	福山市東小学校	藤井正夫（福山市南小校長）	木田義登	21名

出典：広島県教育委員会事務局指導課（編）『第一回初等教育研究集会報告』1950，から引用者作成。

いる。全体としては，教科カリキュラムを採用した小学校が多い。ただ，教科カリキュラムを採用した小学校では，文部省の学習指導要領を忠実に実施した教科カリキュラム，実生活を含みこんだ教科カリキュラム，生活学習を含めた社会科中心の教科カリキュラムと独自性を主張しており，教科カリキュラムの捉え方や解釈が様々である[18-20]。このような現状を踏まえて，議論が展開されていくことになる。議論の内容を総て取り上げるわけにはいかないが，統一的な見解として，コア・カリキュラムは現状からみて実施するには困難であること，また，教科カリキュラムについても従来のものから発展されなければならないことが確認されている[22-27]。まとめとして，「各学校で悩んで作り出したものが尊いので県が（カリキュラムを）示すのはいけない。郡市が大体目安を作って示すのは良い事と思うが『教科書』にならないように，悩んで生み出す過程が尊いのである」（括弧内引用者）[25-26]と総括されている。また，研究集会以後の広島地区におけるカリキュラム作成や実施・展開に関する議論では，学校単位で

カリキュラムを作成するには限界があり，ブロック単位でのカリキュラム研究会を開催する必要性が報告されている<26-27>。

　呉地区では，「地域社会学校の在り方について」，「カリキュラムの形態並実施状況の開陳」，「カリキュラム構成の手続きは如何にあるべきか」が議論されている<74-79>。各小学校のカリキュラムの現状が，次のように報告されている。生活経験を基盤に教科カリキュラムの形態が11校，広域カリキュラムが3校，コア・カリキュラムが2校，社会科中心の相関カリキュラムが1校，社会科を拡充したものが5校，独自のカリキュラムが2校である。ここでは，教科カリキュラムからコア・カリキュラムに傾倒しつつある現状に危機感が唱えられている。また，カリキュラムは各小学校独自のものでなければならないことが報告されている<77>。

　三次地区では，議論設定までに一日以上かかっている。議論内容が設定されるまでは，フリーディスカッションの形態で研修が進行している。そして，議長決議で「カリキュラム設定の基礎となる実態調査の実施について最も困難をかんずる点」，「双三郡，高田，比婆の現状から見てどの程度のカリキュラムを最も適当とするか」という議論内容が設定されている<133>。各小学校のカリキュラム状況は報告されていないが，コア・カリキュラムは現状の能力や設備では困難であることが申し合わされている。その結果，「形式に拘泥しないで最も現状に即した」<145>カリキュラムにしていくことが確認されている。具体的には，「社会科の単元を一教科の単元としてでなく全教育計画の中心となる立場に於て見直しこれを中心として他教科を配した」<145-146>カリキュラムである。ここでは，他教科に対立する社会科の内容は見直し，社会科のスリム化を図ることを目指すべきであることが付け加えられている。

　三原地区では，「地域社会をどう見るか」，「カリキュラム構成上の問題」，「カリキュラム実施上の問題」が議論されている<207>。「カリキュラム構成上の問題」では，議長の亀田正秋（津部田小学校）が自校のカリキュラムを解説し，それに基づいてコア・カリキュラムの是非が議論されている<228-232>。結論的には，「経験カリキュラム論と教科カリキュラム論の空疎

な論争のための論争の態度を清算して地についた子供の育成に精魂を傾注すること」<234>が確認されている。また,「県の教育委員会に於てカリキュラムの基底を作成すべきである」<234>と要望されている。

最後に福山地区では,「教育課程の現状について」,「教育調査の問題の考え方」,「地域社会と教育計画の具体化」が議論されている<297-320>。各小学校のカリキュラムの状況については,「自校プラン」から「地域プラン」へ進展してきたことが確認されている。そして,コア・カリキュラムを採用するのか教科カリキュラムを採用するのかについて議論されている。ここでは,「経験と文化財のとり方如何によるもので両者(コア・カリキュラムか教科カリキュラム)に大差はない。差ありと認めるものは両者に対する不認識である」(括弧内引用者)<319>との見解で一致している。

ここまで概観してきたように,広島県では,地域によってカリキュラム形態やカリキュラムの捉え方に差があることがわかる。とりわけコア・カリキュラムを採用するのか教科カリキュラムを採用するのかについての認識の差は大きい。また,カリキュラムを学校独自で作成するのか地域によって作成するのかについても見解の相違がある。このことから,広島県内の各小学校のカリキュラムにおける体育科の位置づけにも,地域差あるいは学校差が存在すると考えられる。

次項では,コア・カリキュラムなのか教科カリキュラムなのか,あるいは自校プランなのか地域プランなのかを念頭におきながら,広島県内における各地域の学校に影響を与えたと考えられる小学校で体育科がどのように位置づけられているかをみていくことにする。その際,各小学校が体育科の内容をどのように捉えているのかについても注意を払う必要があろう。それは,運動領域と衛生領域の位置づけ方や,他教科との関連によって体育科の内容が増減されている可能性があるからである。

第2項　広島県の小学校カリキュラムにおける体育科の位置づけ

(1) 豊田郡本郷町の「本郷プラン」

「本郷プラン」は,1947年6月より大田堯(東京大学)の指導によって,

本郷町を中心とした周辺の8町村で試みられたものである[2]。この試みは,「土地の民衆による社会改造の一環として教育を仕組み上げてゆくという基本的な立場」<2>を堅守し,「教育を白紙の状態から作り上げてみる」<16>というものであった。

「本郷プラン」における教育計画は,次のように考えられている。「我々の学校編成観は,子供達が離し難く結びついている大人を含めた現実の地域社会の中で如何に生きるか,従って又現実の社会生活の中の一員として子供が如何に社会生活を改善してゆくかと云う子供の生活問題解決のために,（一）それを解決するために人類の蓄積した文化財が伝達せられなければならないし,（二）子供の能力に応じた興味や衝動が尊重せられなければならいと云う教育の大原則が基本となって学校編成観が成立する」<71>。より具体的には,地域社会の課題を意図的に編成し,その課題を解決するために必要な範囲内で文化財を選択し,児童の発達段階に応じて,教育計画を編成しようとするものであった<71-77>。地域社会の課題編成については,各部会（産業,政治,文化,教育,衛生,家庭）による社会実態調査が実施されている<26-48>。発達段階については,「米国の教育界が取り上げている初等教育の児童の発達段階を検討することによって,その資料を集め,同時に文部省が一九四六年度に示した学年発達段階」<83>を参照して整理されている。

このような方針に基づいて学習課題表が作成されていくことになる。ここでは,スコープとして教育,政治,衛生,文化,産業,家庭の生活領域が設定されている。表5－2は,本郷小学校と船木小学校の学習課題表における「衛生」領域を抜粋したものである。

それでは,体育科は学校教育全体のカリキュラムにどのように位置づけられていたのであろうか。「本郷プラン」における学校教育全体のカリキュラム編成は,教科並列であり,社会科,自然科,芸能科,国語科,算数科が示されている。この時点で,教科としての体育科は明示されていない。そのため,衛生領域は他教科が分担して取り扱うこととなったと考えられる。運動領域については,「体育と音楽のドリルは別個に行う」<90>と示

表5-2　学習課題表における「衛生」領域（一部）

学年		本郷小学校（6月中旬-7月下旬）	船木小学校（5月中旬-6月上旬、12月）
1	課題	お人形さんの病気	丈夫な子供（7月）／元気な子供（12月）
	教育の目標	病気になった時は人やいろんな物の世話になるか	健康を維持するためのエ夫にはどんなものがあるか／同左
	児童の課題	病気にならない（ないく）をかけないためにはどうしたらよいか	身体を丈夫にするためにはどうしたらよいか／からだを元気にするためにはどうしたらよいか
2	課題	元気な子供	お医者さんごっこ（5月中-6月上）／運動会（9月下-10月上）
	教育の目標	人々の健康を保持するためにどんな工夫をしているか	病気をなおすためにどんなものがいるか／健康増進のために行われる事
	児童の課題	（予防注射、運動、健康法）身体を丈夫にするためにはどんなにしたらよいか	病気になった時どんなものをかけないためにはどうしたらよいか／運動会にはどんなにしたがよいか
3	課題	お医者さん	予防注射（5月中-6月上）
	教育の目標	病気をなおすためにどんな工夫がされているか	病気を予防するためにはどのような工夫が行われているか
	児童の課題	私たちが病気になったときにはどうしたらよいか	病気にかからぬためにはどうしたらよいか、かかった時にはどんなにしたらよいか
4	課題	予防注射	梅雨（5月中-6月上）
	教育の目標	人々が協力して病気を防ぐにはどうしているか	自然の災から病気になることを防ぐために人間はどんなことをしている
	児童の課題	私たちが協力して病気を防ぐにはどうしたらよいか	自然の災から病気になることを防ぐためにはどんな工夫がいるか
5	課題	健康な町をつくる	健康な村（5月中-6月上）
	教育の目標	健康な町をつくるためにどんな工夫がされているか	健康な社会生活をするためにどんな工夫が必要か
	児童の課題	健康な町をつくるにはどうしたらよいか	健康な村をつくるために船木村の衛生はどのようにしたらよいか
6	課題	私達の身体を迷信から守るためにはどうしたらよいか	病気を防ぐために迷信と科学の争（4月中-6月上）
	教育の目標	人間を病気から守るための科学のたたかい	病気の発生は人間のどのような役割を果たしてきたか
	児童の課題	私たちの身体を迷信から守るためにはどうしたらよいか	病気を防ぐために最も科学的な方法はどんなものであるか

出典：大田堯『地域教育計画「地域教育計画を中心とする実験的研究」福村書店、1949、折込5・6、から引用著作成。

されているだけである。すなわち，運動領域については，他教科と関連付けられることなく，「ドリル」という訓練として取り扱われたと推察される。ただ，「本郷プラン」が展開された時期は，1947年8月の文部省による『学校体育指導要綱』が公布されてまもない時期であり，「地域社会の課題」として運動領域を積極的に位置づけることは困難であったと考えられる。また，衛生領域に関する学習課題を独立させ積極的に位置づけていることは，『学校体育指導要綱』の方針と異なるものである。

（2）広島高等師範学校附属小学校

　広島高等師範学校附属小学校は，1947年から2年間の研究を経て，1949年10月に開催された教育研究協議会で「新教科カリキュラム」を公表している。「新教科カリキュラム」の構想に際しては，カリキュラム改造の必要性，従来の伝統的教科カリキュラムへの反省やコア・カリキュラムに対する疑問などが背景にある。そして，具体的にカリキュラムを作成するためにカリキュラム作成委員会を組織し，「教育目標の検討→カリキュラムの性格の検討→教科コースの立て方の検討→単元の構成」という順序で作業を進めている[3]。

　「新教科カリキュラム」における教育目標は，「民主的，平和的な社会の形成者としての，実践的生活力を基礎的・調和的に育成する」<59>と定められている。さらに，教育目標は具体化され，「人間性を正しく豊かに伸ばしたい」（8項目），「社会性を正しく強く伸ばしたい」（5項目），「科学性を正しく確実に伸ばしたい」（5項目），「生活に必要な国語力を伸ばしたい」，「健康を増進し，安全な生活をするための良習慣を養いたい」<60>が掲げられている。

　「新教科カリキュラム」における教科コースの設定は，どのように考えられたのであろうか。教科コースは，社会，理科，造形，音楽，算数，国語，体育が設定されている。体育科が一つの「教科コース」として選定された理由は，次のように示されている。「われわれの生活を考えてみるとき，まず，その母体としての身体は，当然忘るべからざる問題であろう。

ここに、身体を母体にした生活の実践であることは、誰しも肯定できるものである」<65>。このように、体育科は「生活の母体としての身体の陶冶」<66>という部分を担うための教科であり、教科コース分類の際の起点となっている。「新教科カリキュラム」の教科コースの選定理由を、以下に示す<66>。

  現実生活に処して行う姿——生活像から………………社会科の学習
  自然・科学を対象とする生活像から………………理科の学習
  造る・書く・飾るという造形生活の像から………造形科の学習
  歌う・弾くという音楽感情の生活像から…………音楽科の学習
  数・量・形を焦点とする生活像から………………算数科の学習
  読む・話す・綴るという言語生活の像から………国語科の学習
  生活の母体としての身体の陶冶から………………体育科の学習

ただ、これらの教科コースは第4学年から実施されるものであり、第1・2学年は社会科と理科と造形科が統合した生活科、第3学年は社会科と理科が統合した生活科が設定されている。

体育科は、同校の方針から教科コースの一つとして位置づけられている。体育科の学習を教科カリキュラムの形態で行なう必要性は、どのように考えていたのであろうか。同校の体育科研究部は、その理由を運動学習および健康教育の側面から説明している。

まず、体育科における運動学習を教科カリキュラムの形態で行なう必要性は、次のように考えられている。一つは、「他の学習とちがって、身体動作をくりかえすことによってなされるものであるから、どうしても特定の時間と一定の場所をもたねばならない。他の学習の合間にやるだけでは不十分である」<183>と示している。ここでは、身体を対象とする学習の独自性を強調している。他方では、「身体の発育あるいは発達にしても一つ一つの段階をつまずかずにすすんでいくのでなければ、決して十分に伸びるものではない。児童の興味も正しい技術の指導がなされないならば、決して健全なものとはならないであろう。まして社会的性格の育成も、放任

しておくだけで適当な指導がなされないならば，決して望ましいものにはならない」<183>と示している。このように，運動学習の目標を達成するために十分な時間と場所の確保が必要であることに加えて，系統的な指導を要するという理由から，体育科の学習を教科カリキュラムの形態で行なうことが望ましいことを提示している。

健康教育の側面からは，次のように述べられている。「健康の問題を主として学習がすすめられていない限り，健康生活という面まで強く触れないことは明らかである」，「思いきって体育運動の時間とは別系統に健康の指導があってもよいと思うぐらいである。だから，他の学習と重複することは充分に承知しながら，しかもこれらの緊密な連関は保ちながら，健康指導の時間を少なくとも毎週一時間はもたねばならないと思う」<182>。このように，健康教育は他教科との関連が重要であることを認めつつも，さらに独立した教科である体育科として取り扱う必要性が示されている。

同校における体育科の位置づけは，教科コースの一つとして同校の教育目標を達成する役割を担うものであった。体育科を担当する研究部も，教科コースの一つとして体育科が存在する意義と必要性を積極的に主張している。体育科として取り扱うべき内容は，運動学習と健康教育が構想されている。とくに健康教育は他教科との重複があることを認めつつも，体育科として主に取り扱うべきであることが主張されている。

（3）賀茂郡西条町立西条小学校

西条小学校は，校訓として「まじめで，はたらきあるえらい人，何事も自ら進んで正しく強く優しく永くやる人」[4]を掲げ，「実践人」[5]の育成を目指している。そして，「新しい教育の目的を達成するには新しい教育の内容が必要となる。新しい教育の内容は古いカリキュラムをもって充たすことはできない」[6]として，1949年から1950年にかけて全ての教育内容を総合的に編成したコア・カリキュラムを作成し，本格的に実施する。同校がコア・カリキュラム作成に着手した背景には，当時の教科カリキュラム批判（教科並列主義批判）や郷土社会に立脚したカリキュラムの必要性な

どが示されている[7]。コア・カリキュラムを採用した理由としては,「コア・カリキュラムは基本的教育哲学に基づいているものである（教育とは準備ではなく生活そのものである）。コア・カリキュラムは新教育の目的から生まれてくるものである（全体としての子供の育成）。コア・カリキュラムは児童の特性より要請されるものである（教育とは学問でなく人間としての適応）」[8]が提示されている。

同校が構想したコア・カリキュラムは,次のように説明されている。「『為す事によって学ぶ』べく構成されるコア・カリキュラムは,先ず第一に児童が実際的生活の場に開放されて,そこで思う存分,実践的に行動的に成長し,実際的問題解決に努力していく如くあらしめる為に生活中心のカリキュラム」[9]。具体的な学習展開としては,「中心学習（含基礎学習）」が組織され,さらに「補助学習」が別体系として組織されている。すなわち,

○ 円錐体の立体構造をもつもの詳細は研究発表にゆずる
○

補助学習：語・算・理・図工・音・家・体

中心学習（含基礎学習）

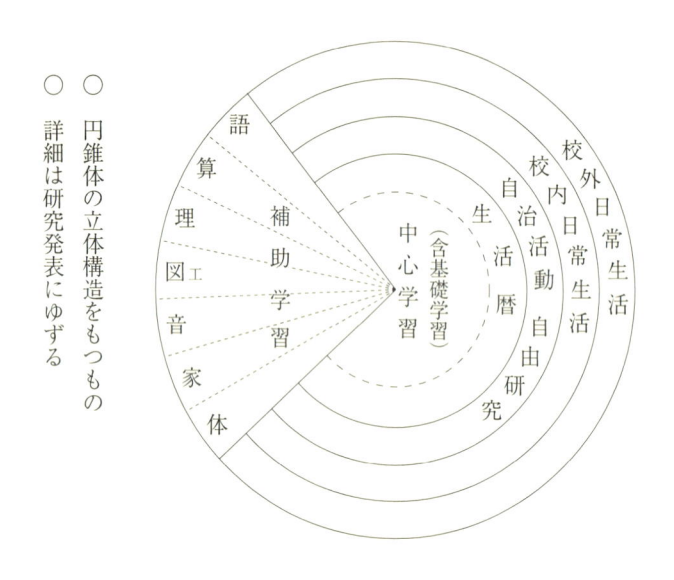

校外日常生活・校内日常生活・自治活動・自由研究・生活暦

図5－1 コア・カリキュラムの構造

出典：西条小学校『新教育研究第四集　実験学校西条教育の実際』1950, 20ページ, から引用者作成。

第5章　戦後初期広島県における小学校体育の実践

表5－3　単元（月別）配当表

学年	4月	5月	6月	7月	9月	10月	11月	12月	1月	2月	3月
1	楽しい学校		げんきなこども		たのしい秋		お客様ごっこ			のりものごっこ	
2	うれしい二年生		おいしゃさん		ゆうびんごっこ		火の用心			おみせごっこ	
3	自治会		私達と動植物		年中行事		私達の町			西条駅		私達の祖先
4	昔と今の乗物		お店と配給所			西条盆地				くらしの発達		
5	地方自治		私達の保健		機械と産業		新聞とラジオ			私達の経済		
6	自治会		気候と私達の生活		発電所			世界の国々と平和			楽しい修学旅行	

出典：西条小学校『新教育研究第四集　実験学校西条教育の実際』1950, 47ページ, から改変引用。

「中心学習においてコアの拡充を図りつつそれとマッチして基礎学習を行い, さらにそのもれるものを補助学習において補い, 三者協力して基礎的能力指導をおこたることなく, ひたすら生活課題解決の実践人を育成」[10]するものであった。構造的には, 図5－1のように把握されている。

同校におけるコア・カリキュラムの学習過程は, 中心学習と補助学習の体系が組織されている。これら学習過程の中で, 体育科の運動学習の内容は, 主に補助学習に位置づけられている。ただ, 部分的ではあるが, 中心学習の単元に関連づけられた体育科の運動学習の内容もある。中心学習の単元内容を, 表5－3に示す。

第5学年の6月から7月にかけて予定されている「私達の保健」という単元では,「西条町の保健安全施設にはどの様なものがあるか」という課題が設定され, 学習活動の一つとして「正しい姿勢の研究（正しい運動）」が提示されている。この学習活動の中で,「ボール運動庭球型（男女）, 器械運動（男女）」という運動学習が示され, 中心学習と関連して取り扱うよう示されている。ただ, 体育科の運動学習の内容が, 中心学習と関連をもって配当されている単元はほとんどない。他方, 衛生領域の内容は, ほ

177

とんどが中心学習の単元と関連づけられている。

次に，補助学習に位置づけられた体育科の運動学習の内容についてみてみよう。補助学習は，「中心，基礎，生活暦学習を力動的に展開しようとすると，基礎能力指導内容が充分にされないので，之を組織づけたのが補助学習である」[11] と説明されている。補助学習の内容は，以下の観点から定められている[12]。

- 中心及基礎学習で達せられなかったものを，自らの力によって或る程度まで高める努力を要するもの。
- 能力発展に有効であることが第一で，関連は第二に考うべきもの。
- 系統的発展を重視するが，時には飛躍的能力の進展を狙うもの。
- 精神集中，自己感性の性格を養って自分のものとしていくもの。
- 教師の各自の特技を生かし得るもの。

補助学習で体育科の運動学習の内容を取り扱う理由は，「（体育科は）時代が如何に変遷しようとも必要不可欠のことである。否文化が進めば進む程益々其の必要性が強く要求されてくる」（括弧内引用者）[13] と説明されている。体育科の運動学習の時間は，「コース・オブ・スタディーの一般編に於ける各学年の最低時間数をとっている」[14] と示されており，「昭和二十五年度学習時間割表」[15] では，中心学習とは別に各学年週2時間実施するようになっている。また，「交換学習」[16] として，体育科の運動指導の技術が高い教師がなるべく体育科の授業を担当するよう示されている。

同校の体育科の位置づけをみてみると，運動領域の学習内容は，同校が構想したコア・カリキュラムの中心学習の中に積極的に組み込まれることはなく，補助学習で独立した内容として位置づけられている。ただし，衛生領域の学習内容は，体育科から分離解体され中心学習に組み込まれている。

（4）広島市立己斐小学校

己斐小学校では，1948年11月より野瀬寛顯（教育技術連盟理事長）の指

導の下に，社会科を中心としたカリキュラム研究が行なわれている。まず，同校が1949年に発表した「わが校のカリキュラムと一日のプラン」[17]をみてみよう。ここでは，児童の生活と教科の関係について，次のように提示されている。「今日の社会が要求し，又現実生活にたえうる実践力のある人間形成が，教育の目標であってみれば，教科課程には四分五裂の教科の併立は排され，中核的統合的位置をしめるものが要請される。それによって実さいに生活による生活の学習が営まれねばならぬ。児童にとっては先ず生活があり，次いで教科があるのであって，生活経験は目的自体なのである。教科に奉仕する生活というものはあり得ない。その生活学習から派生したものとして基礎修練を要するとき，それを能率的系統的ならしめようとして教科が生れる」[18]。

次に，社会科をカリキュラムの中心とした理由について，次のように説明されている。「現行の諸教科は分化的教科になっているのではあるが，従前のそれとは意味が異なっている。とくに社会科は凡ゆる学習の出発点であり，個々の学習を包括しつつ生活の具体的発展に即して行われることが望ましいのであって，他教科と同列にあるものではない。児童の生活経験に意味を与え，重要な位置をもつものは何のこだわりもなく解放的に取りあげ，他教科で修練されたものはここで自由に駆使せられ，又新しい個々の問題を生むといった，二重三重の性格をもつ」[19]。このように，社会科の他教科に対する優位性が強調されている。

社会科と他教科との関連については，次のように捉えられている。「教育計画上教科の別を認めるとしても，それは現行教科を直ちに意味するのではないのであるが，文部省のコース・オブ・スタデーに依っている実状にあっては，混乱をさけ見透しをつける意味から取り敢えず現行教科に依存する方法をとった」[20]。このことから，社会科と他教科の関連は，図5－2のように把握されている。図5－2は，「中心に社会科を，周辺にはそれを支え生活に必須な基礎的修練としての教科を，そして学習全般にかかわるものとして健康を配し，それらが有機的連関の下に流れて行くものと考える」[21]と説明されている。具体的な教科課程は，社会科，社会生

活に必須なる基礎的修練(理科,国語,算数,音楽,図工),体育(運動,衛生)とされている[22]。図5－2と教科課程の構成を踏まえてみると,体育科は学習全般にかかわる「健康」を担う科目として構想され,具体的には運動と衛生を取り扱う領域と設定されている。

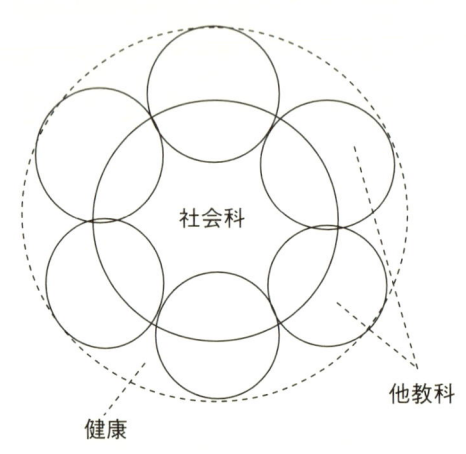

図5－2　社会科と他教科の関係

出典:広島市立己斐小学校「わが校のカリキュラムと一日のプラン」野瀬寛顯(編)『実験学校報告カリキュラム構成の技術』小学館,1949,223ページ,から引用者作成。

　続いて,同校が1950年に発表した「平和教育を目ざす『己斐プラン』の公開」[23]をみてみよう。1950年度は,「中心的学習として社会的総合的経験的問題解決的である単元の設定」,「各教科の要素系統能力の分析」を中心課題として,1949年度の研究に修正を加えることを目指している。教育課程(経験群)は,「社会生活課程」,「情操課程」,「健康課程」,「技能課程」に改訂されている。そして,それぞれが「しごと」と「みがき(おさらえ)」に分けられている(表5－4)。
　「しごと」は,「社会生活課程」が中心であり,「平和への希求のために

第5章　戦後初期広島県における小学校体育の実践

表5－4　1950年度の教育課程

時間	教育課程
しごと	「社会生活課程」……「社会生活」に必要なものとして 　・「社会課程」……　対自然・社会・人間の機能・機関・過程・問題等近代生活の主要領域に直面して問題を解決していくコース 　・「現実課程」……　日常身辺に起っている現実の問題，興味に応じる学習を採り上げ，これらの充実向上を期待するコース
みがき （おさらえ）	「情操課程」……生活を豊かにするために必要な美術，音楽，文芸等 「健康課程」……身体に直接的に必要な体育，衛生等 「技能課程」……技能として必要な言語，数量形，手技（家庭科的）

出典：水野諭「平和教育を目ざす『己斐プラン』の公開」教育技術連盟（編）『教育技術』小学館，1950年3月号，14-18ページ，から引用者作成。

意義ある生活をとりあげ実践的な生活者たらしめる」[24]ために設定されている。「みがき」は，「『しごと』のコースでは自然に順序よく伸ばすことの出来ない諸能力を区分して系統的にそれを強力にみがいて行く」[25]ために設定されている。

体育科の学習内容は「健康課程」として再編され，具体的には「健康教育」領域と「体育」領域が設定されている。「健康教育」領域は，次のように説明されている[26]。

　　新しい健康教育は積極的な教育作用として取上げ，唯単なる衛生の知識とか専門的な医療技術を教えるのではなく，寧ろ児童の生活そのものを健康的に指導してゆくことが正しい態度だと思う。従って児童が衛生上の良い習慣を身につけることであり，進んで能力を養いどこまでも実践的であるべきである。

このように「健康教育」の領域を位置づけた上で，「健康教育」領域は「『しごと』の時間」，「朝のつどい」，「行事」などで取り扱うことが示され，学校生活全般で行なうよう構想している。

そして，「体育」領域は，次のように示されている[27]。

181

「しごと」の時間に体育部面が全部入り込むとは考えられない。能率的であり合理的であろうとすると体育のカリキュラムを必要とする。そこで本校は、社会的要求と児童の心身発達段階とにより予想される身体的活動をとり上げ、活動を制限する季節、既有経験の程度、用具、行事、『しごと』等の条件を良く見て体育のカリキュラムを設定。

　ここでの「体育」領域は、いわゆる運動の学習であると考えられ、同校の昨年度（1949年）と同様に独立した科目として設定されている。ただ、「リズムあそび等、他要素連関あるものは『しごと』に『情操』に接近させ、経験学習として十分ならしめようと苦心している」[28]と補足しており、運動学習の領域も積極的に他領域との関連を持たせようとしていることが窺える。

（5）山県郡大朝町立大朝小学校

　大朝小学校は、同校を取り巻く環境から独自のカリキュラムを作成する困難さについて、次のように述べている。「特殊な学校に見られるような都合のいい職員の全体組織をもてない大多数の学校。こうした学校が、真にその学校の自主性のもとに、教育の客観性を踏まえて、しかもその郷土その学校に即した新しいカリキュラムを構成するということは極めて困難なことであるように思う」[29]。また、次のようにも述べている。「真似キ・ュ・ラ・ム・や借りキ・ュ・ラ・ム・の無謀はもとより、形の上だけで教科カリキュラムから経験カリキュラムへの飛躍も所詮は子供をぎせいにする以外の何ものでもあるまい。だからといって、カリキュラム構成の科学的な手順を着実に踏まえて行くことは、われわれの学校を始めとして多くの学校では殆んど不可能に近いことであるといってもいいほどに困難なコースである」（傍点引用者）[30]。

　このように、自らの学校の様々な困難さを認めたうえで作成された同校のカリキュラムは、社会科を忠実に実践することによる経験カリキュラムを指向している。このようなカリキュラムを指向した理由は、「誕生まだ日の浅い社会科を、系統的に忠実に経営して行くこと、そこにおのずから、

社会科や理科などによってとらえられる幅のひろい豊かな内容が見出されてきて，必然的にひきしまったまとまりのある経験カリキュラムが生まれるであろうことを予想した」[31]と説明されている。

実際のカリキュラムは，「中心学習」，「基礎学習（言語，数量，情操，健康，その他）」，「生活暦」が計画されている。「中心学習」については，社会，理科，家庭科の要素を多く含むことが示されている。また，理科，家庭科の中で中心学習に組み入れにくいもの，あるいはとくに基礎的に学習させたいものは，「基礎学習」の「その他」で学習することが示されている。ただ，「基礎学習」についての説明はされていない。

体育科の学習内容は，「基礎学習」の「健康」に含まれている。ここでは，中心学習との関連が明確に示されているわけでもなく，「健康」領域自体が系統的に配列されているのか，経験的に配列されているのかも示されていない。ただ，同校で構想された体育科の学習内容は，運動領域と衛生領域をあわせて「健康」として位置づけられている。

（6）広島大学三原分校附属三原小学校

広島大学三原分校附属三原小学校は，1946年に『学習形態の研究』を公表している。ここでは，どのような学習のすすめ方が望ましいのかという学習形態に研究の重点が置かれている。ただし，簡単ではあるが教科課程についてふれられている。教科課程は「国民科（公民訓練，地理，国史，国語科）」，「理数科（算数，理科）」，「体育科（座学一時間，午後体操）」，「芸能科（音楽，習字，図画，工芸）」，「生活科（家事，裁縫，作業，生活訓練）」に分けられている[32]。各教科の内容は別として，教科構成は，戦前の国民学校の形式をおおよそ踏襲していると考えられる。体育科の設置については，「体錬といふ鍛錬性を主としたものより体育を楽しむといったスポーツとして取扱ふ，自由な然も自己規制的なものとし且つ保健衛生思想の普及徹底と相俟って，健全な体育を目的とするものである。午前中一時間衛生講話の時間を特設した」[33]と説明されている。体育科の週あたりの時間数は，第1・2学年が2時間（衛生1時間），第3学年以降が4時間（衛生2時間）

と多く配分されている[34]。

　次に、同校は、1947年から1949年まで単元学習の研究を実施し、「学習別単元学習の欠陥に気づき、新しい教育目標の把握が明確化されると共に、必然的に教育課程が変更せざるを得なかった」[35]として、1951年1月に『小学校の教育課程』を公表する。『小学校の教育課程』で構想されたカリキュラムは、「総合、系統、日常生活の三課程を持つ広範囲教育課程」<3>というものであった。

　「広範囲教育課程」は、単元学習の欠陥を補完するために編成されたものである。単元学習の欠陥とは、「各学習の重複、冗長であって、その計画の三分の二で学習の時間が無くなること」、「技能を主とする図工、音楽、体育に於いての単元学習は導入、計画展開に於いて他の学習と重複すると共に技能学習としては冗長にすぎる通弊がある」<1>と認識されている。このような欠陥を補ったものとして、「総合学習」、「系統学習」、「日常生活学習」が企図されている。このカリキュラムは、図5-3のように構造的に把握されている。

　「総合学習」とは「社会理科学習」のことであり、「児童の生活の眼を、科学的な社会生活内に高める」<2>ために設けられている。また、「他の学習の総合統一を目的」としているが、「いわゆるコア・カリキュラムとは呼ばれ得ないもの」<2>と把握されている。その理由は、「他の学習もそれぞれ独自の目的と平等な価値を有し、その意味では中心に従属するものではない」<2>と説明されている。「系統学習」は、「総合学習」と平行して位置づけられており、「(各教科に) 対応する活動を現実の生活の中に考えて、これを出来るだけ系統的に学習する」(括弧内引用者)<2>と説明されている。体育科の学習内容は、「保健体育」として「系統学習(課程)」に位置づいている。この「保健体育」では、「体育学習」として運動学習の領域を、「保健学習」として衛生学習の領域を取り扱うこととなっている。また「保健学習」は、社会理科、家庭科との関連が示されている。

　「保健体育」の時間数は、『学習指導要領一般編(試案)』に準拠して設定されている。『学習指導要領一般編(試案)』では、年間105時間(週3時

間（1校時は60分）×35週）が配当されているが，同校では，週3時間（1校時は50分）の42週で105時間分が配当されている。

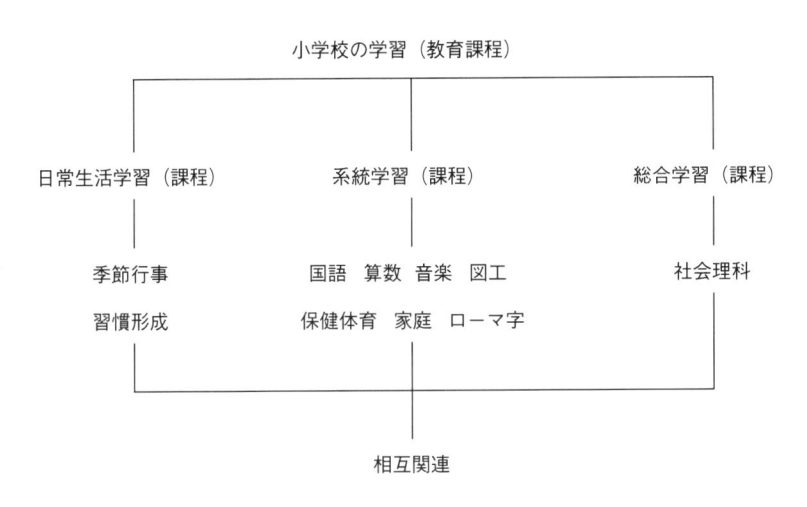

```
                    小学校の学習（教育課程）
        ┌─────────────────┼─────────────────┐
   日常生活学習（課程）    系統学習（課程）      総合学習（課程）

     季節行事          国語 算数 音楽 図工        社会理科
     習慣形成          保健体育 家庭 ローマ字
        └─────────────────┼─────────────────┘
                          相互関連
```

図5－3　「広範囲教育課程」の構造

出典：広島大学三原分校附属三原小学校『小学校の教育課程』1951，2ページ，から改変引用。

　ここまで，広島県内のいくつかの小学校における体育科の位置づけをみてきた。まず，体育科の教科名についてみてみると，己斐小学校や大朝小学校のように，「健康」とした小学校がみられた。また，広島大学三原分校附属三原小学校は，「保健体育」としている。

　次に，体育科の取り扱いをみてみると，カリキュラムの形態にかかわらず，体育科をカリキュラムの中核や他教科より重点的に位置づけた小学校は確認できなかった。ただ，広島高等師範学校附属小学校や西条小学校にように，体育科の内容の重要性を認識して強調する小学校はみられた。

　さらに，体育科の運動学習の取り扱いをみてみると，カリキュラムの形態にかかわらず，運動学習の系統性が重視され，他教科との関連が十分に

検討されないままに，教育の一分野として独立した位置づけがなされている。これは，「学校体育指導要綱が他教科との関連をよく検討することなしに，独自の立場で体育科の内容を決定した」[36]ことの影響であると考えられる。ただ，部分的であるが己斐小学校のようにリズム遊びなどを他教科と関連させて学習させようとする努力はなされていた。

最後に，体育科の衛生領域の取り扱いをみてみると，広島高等師範学校附属小学校のように体育科として系統的に衛生領域を取り扱うことを構想した場合もあるが，ほとんどの学校で他教科と関連させて取り扱ったり，内容を分離解体して他の学習に統合したりしている。

本節に基づいて，次節では，広島県下各小学校の体育科の方針と内容をみていきたい。その際，体育科の内容は，運動学習に内容に限定してみていくこととする。

第2節　広島県における小学校体育科の実践

第1項　広島県下小学校の体育科の方針と内容
（1）賀茂郡西条町立西条小学校

西条小学校は，1948年5月の段階で，「遊戯及び球技学年配当表」と「衛生教育学習単元」を作成している。「遊戯及び球技学年配当表」を，表5－5に示す。『学校体育指導要綱』（以下，『要綱』と省略）が1947年8月に公布されたことを考えると，広島県内では比較的早い段階で作成された配当表である。

特徴的なことは，「遊戯」と「球技」いう項目が設定されているが，『要綱』で「類別」として示された「体操」，および「形式」として示された「ダンス」と「水泳」に関する項目が設定されていないことである。「遊戯及び球技学年配当表」における「遊戯」に関しては，15項目の教材群が設定されている。ここで教材群として設定されたものは，『要綱』では「内容」として示されたものである。すなわち，同校では，『要綱』で示され

第5章　戦後初期広島県における小学校体育の実践

表5－5　遊戯及び球技学年配当表

	1年	2年	3年	4年	5年	6年
遊技	<かけっこ> 旗取り 日月あそび 棍棒移し まわりっこ <リレー> 受渡し競争 直線リレー サークル・リレー <鬼遊び> からかい鬼 動物あそび 追いかけ鬼 子殖し鬼 ねことねずみ <けん遊び> ジャンケン人取り ジャンケン跳び ジャンケン鬼 <とび遊び> 川跳びあそび ハンカチとり <球送り> メディシン・ボール 円陣球送り 落雷ボール <球入れ> 源平球入れ	<かけっこ> ポテトウレース 紅白球遊び <リレー> 円陣リレー 輪くぐりリレー <鬼遊び> 片手鬼 からかい鬼 円陣鬼 ボール鬼 つる・かめ遊び <けん遊び> 陣取り <とびっこ> ボール触れ <球送り> 投順球送り ボール落し 大球送り <球入れ> 追入れボール 関門通過	<かけっこ> 鉢巻取り遊び 障害競走 <リレー> 折返しリレー 回旋リレー <巾跳び> 幅跳び競争走 ポップレース <高跳び> 足切り跳び <なわとび> なわとび競争 短なわとびリレー <球投げ> 対陣球投げ キャッチボール 競争 <鬼遊び> 場所取り鬼 懸り鬼 <押し出し遊び> 押しあいあそび 登あそび 棒押しあそび 綱引き 俵引きあそび <其の他> ドリブル・ボール むかでボール取り	<かけっこ> 帽子取り遊び 二人三脚 <リレー> 回旋リレー <巾跳び> 片足跳びボール 取り遊び 走巾跳び競争 立巾跳び競争 <高跳び> 高跳び競争 馬跳び遊び <なわとび> 短縄跳び 長縄跳び遊び <球投げ> 網超しボール パスボール遊び 追いかけ ボール入れ <鬼遊び> 子捕り鬼 巴鬼 重なり鬼 <押し出し遊び> 押しあいあそび 人送りあそび 棒取りあそび <其の他> ドリブル・ボール むかでボール取り	<かけっこ> 追いかけ帽子取り 短距離競争 <リレー> リレー <巾跳び> 走巾跳び <高跳び> 走高跳び 馬跳び競走 <なわとび> 短・長なわとび <球投げ> プレーグランド ボール投げ <鬼遊び> 横切り鬼 リレー鬼 <馬乗り遊び> 馬乗り遊び <すもう> 片足すもう すもう 引き合い競争	<かけっこ> 八十米疾走 百米疾走 障害物競走 八十米障害走 <リレー> 二百米 四百米 <巾跳び> 三段跳び <高跳び> 走高跳び <なわとび> 短・長なわとび <球投げ> ドッジボール投げ <羽根つき> 羽根つき遊び <すもう> 押し出しすもう すもう
球技			<球技> 円形ドッジボール フットベース ボール 対列フットボール 混合ドッジボール	<球技> 方形ドッジボール キャプテンボール 攻城ボール ソフトボール	<球技> ポートボール ワンアウトボール 簡易フットボール ゴールハイ エンドボール ソフトボール	<球技> ソフトボール フットボール 簡易バレーボール 簡易バスケット ボール ワンアウトボール

注　：＜　＞で示したものは教材群の名称である。
出典：西条小学校『新教育研究第二集　実験学校西条教育の実際』1948，81-82ページ，から改変引用。

た「内容」を教材群として捉え，より授業実践に即した教材を具体的に配列したと考えられる。ただ，各学年に教材を配当した経緯は説明されておらず，また，月別の配当も示されていない。

　1949年から同校では，コア・カリキュラムによる実践を行なっている。同校のコア・カリキュラムにおける単元の設定は，スコープとシーケンス，能力表の三つが交わるところに各学年の単元が設定されるよう構想されている（図5－4）。まず，スコープは，「社会の機能であり，社会の活動実態」[37]と捉えられ，一般的要求，郷土地域社会要求，文献研究から決定することが示されている<22>。決定したスコープに応じて，それぞれ具体的な目標と各学年の課題が設定されることになる。次に，シーケンスは，文部省調査，児童調査，児童研究による一般的文献に基づき定められている<23>。さらに，能力表は，「学年毎に夫々如何なる能力を如何なる程度に

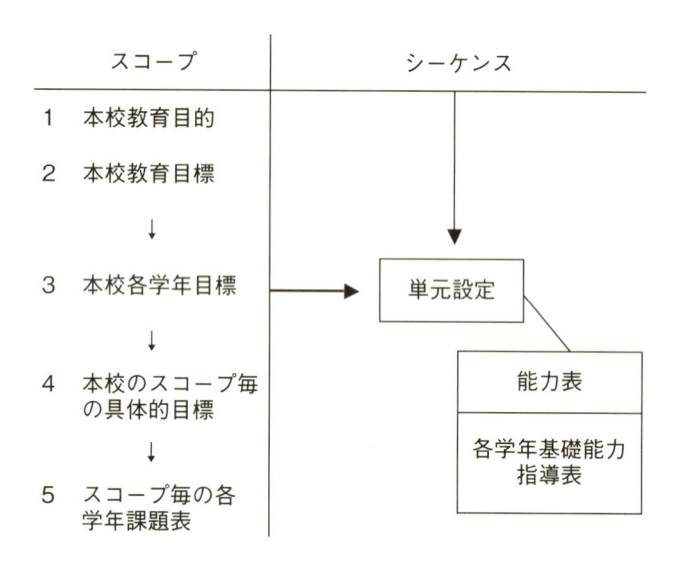

図5－4　単元設定の構想図

出典：西条小学校『新教育研究第三集　実験学校西条教育計画の実際』1949, 24ページ, から改変引用。

第5章　戦後初期広島県における小学校体育の実践

ねるべきかの能力を大まかに決定した表」<23>と説明されている。この能力表は，「諸文献，諸報告，本校児童の実態，コースオブスタディ等により研究を重ね」<23>て作成されている。そして，「能力表により更に具体的に各学年の基礎となる能力指導の程度内容を決定した表」<23>として，各学年の「基礎能力指導表」が作成されている。

体育科の学習内容に関しても，「体育能力表」と「体育衛生基礎能力指導表」を作成している。「体育能力表」は，「身体の諸神経及諸筋肉の能力」，「個人及社会的性格の能力」，「身体の健康を保つ能力」に分けて示されている。この中で「個人及社会的性格の能力」は，『要綱』における「体育の目標」の「精神の健全な発達」，「社会的性格の育成」という項目から選択して取り入れられたと考えられる。また，「身体の健康を保つ能力」は，『要綱』の衛生の内容から導き出したと考えられる。以下，「体育能力表」で示された項目の内容を示す<75-77>。

身体の諸神経及諸筋肉の能力
　走力（①強く速く走る，②持久的に走る），③跳力，④臂力（懸垂力），⑤押す力・引く力，投力（⑥強く投げる，⑦目標に正しく投げる），⑧巧緻性，⑨軽捷性・機敏性，⑩動作の繊細性

個人及社会的性格の能力
　①正義感及服従性，②明朗性，③礼儀，④性に対する正しい理解，⑤責任，⑥克己と自判，⑦情況に応じてよい指導者となり，よい協力者となる能力，⑧身体動作を支配する意志力，⑨情況を分析して要点を発明する力，⑩適切な判断と敢行力，⑪油断のない活発な心の働き

身体の健康を保つ能力
　①体をきれいにさっぱりとする，②眼，耳，足等の身体の各部を大切にする，③内部機能を正常に発達さす，④食物をおいしく戴く，⑤適切な身なりをする，⑥住居・光・空気に気をつける，⑦適当な睡眠と休養をする，⑧仕事にも健康にもよい姿勢と動作をする，⑨健康施設を最高度に利用する，⑩疾病其の他の身体的欠陥を除去する，⑪万一の場合の応急手当を施す

以上の「体育能力表」で掲げられた項目は，表5－6のように示されている。このように示した理由は，「濃度をはっきりし一見よくわかる様に示した」<23>と述べられている。すなわち，どの学年でどの能力を重点的に指導する必要があるのかを可視化したものと考えられる。

表5－6　「体育能力表」における「身体の健康を保つ能力」の項目

	能　力　分　類	1年	2年	3年	4年	5年	6年
1	体をきれいにさっぱりとする						
2	眼，耳，足等の身体の各部を大切にする						
3	内部機能を正常に発達さす						
4	食物をおいしく戴く						
5	適切な身なりをする						
6	住居・光・空気に気をつける						
7	適当な睡眠と休養をする						
8	仕事にも健康にもよい姿勢と動作をする						
9	健康施設を最高度に利用する						
10	疾病其の他の身体的欠陥を除去する						
11	万一の場合の応急手当を施す						

出典：西条小学校『新教育研究第三集　実験学校西条教育計画の実際』1949, 75-77
　　　ページ，から改変引用。

第5章　戦後初期広島県における小学校体育の実践

表5－7　体育衛生基礎能力指導表（第4学年・一部抜粋）

1	走力	駈足、置換競争、疾走、折返継走、回旋継走、リレー、鬼遊び〈拳鬼、子捕鬼、重なり鬼〉
2	跳力	高飛び、巾跳び〈男2m90cm、女2m50cm〉、縄跳び〈短縄で其の場で跳びつつ走る〈約30回〉、長い縄を跳ぶ〉
3	跳箱	跳び上り下り〈姿勢は体を伸ばす、高さ20cmとす〉、跳び上り前方に跳ぶ〈約50cm〉、開脚跳び〈縦約60cm〉、閉脚跳び〈横約40cm〉、前転〈立ちたるまま手をつけて行う〈膝を伸ばして手をつく〉、マットで助走しかけて行う〈手は前方50cm〉、跳箱で行う〈高さ約40cm、立ちたるまま手をつかずに行う〈高さ約30cm〉〉
4	棒登り	手足を用いて自由に登降す、足を用い両手を前へ同時に上に移し登り同様にして降りる
5	鉄棒	脚懸上り〈一回の振りで上る程度〉、逆上り〈逆手にて前後開脚の姿勢にて行う〉、脚懸回転〈後ろへ回転し臂と脚を伸ばして行う〉
6	押し合いずもう	押し出し、棒押し、平均くずし
7	球技	ソフトボール、フットベースボール、対列フットボール、ドッジボール、順送球、ポートボール
8	水泳	沈み方、浮き方、立ち方、呼吸のし方、犬かき
9	基本ステップ	ギャロッピングステップ〈後方、斜め前方〉、スライドステップ〈一拍子、二拍子、三拍子、四拍手にて。前方、側方、後方〉、マズルカステップ、ジャッティシュステップ、フォローステップ、ミニュエットステップ
10	自然運動	腕〈腕の緊張と開緊、腕の屈伸、臂の動揺〉、脚〈脚をふる運動、脚の回旋、回旋運動〉、体〈体の捻転、体の緊張・開緊歩、体の前後屈〉
11	表現遊び	模倣遊び〈体操とスポーツ〉、感情表現〈喜び〉、リズム遊び〈わか葉、田植、しょうじょう寺のたぬきばやし、きたえる足、村のかじや、きかい〉

出典：西条小学校『新教育研究第三集　実験学校西条校教育計画の実際』1949、126-127ページ、から引用者作成。

191

「体育衛生基礎能力指導表」は，各単元で何を教えるべきかについて具体的に示されたものである。一例として，第4学年の「体育衛生基礎能力指導表」の運動学習の領域を，表5－7に示す。

　このように同校では，体育科として取り上げるべき能力の種類を学年別に明らかにした「体育能力表」と，指導内容と到達目標を具体化した「体育衛生基礎能力指導表」を独自で作成し，体育科の学習内容を教師が客観的に決定できるように整備している。この取り組みは，『要綱』では示し得なかった教材選択の具体的基準を，学校独自の力量で設定することができたものとして評価できよう。この取り組みが可能となったのは，同校がコア・カリキュラムを採用し，他教科のカリキュラム構成手順を体育科に援用したためと考えられる。

（2）広島高等師範学校附属小学校

　1949年に広島高等師範学校附属小学校が公表した「新教科カリキュラム」で構想された体育科の単元構成をみてみたい。体育科の単元構成にあたって，「衛生面の単元」と「体育運動面の単元」が分けて考えられている。

　「体育運動面の単元」は，「運動群の選定→基準に照らして運動選択→基準に即して年間月別学年別に配列」という順序で設定されている。まず，「運動群」は，「球技」，「陸上運動」，「器械運動」，「リズム運動」，「水泳」[38]と選定されている。次に，各運動群の運動を選択する基準として，「生理的原則にかなったもの」，「児童の興味に合致するもの」，「将来とも，彼等（児童）が健全な運動を行うよう，その基礎に培うもの」（括弧内引用者），「土地の状況に応じ，学校の施設内ででき，しかも管理に困難でないもの」が示されている[39]。最後に，一年間に配列する基準として，「児童心身の発達に応じ，易より難にすすむようにする」，「発展的に指導できるよう，系統的組織的に配列する」，「季節的な配分に注意する」，「男女の特性に応じて，そのいずれも充たすようにする」，「（各学年の）興味の傾向，能力の程度に応ずるようにその％を決める」（括弧内引用者）が設定されている[40]。表5－8に，運動の選択基準，配列基準に即して作成された年間計

第 5 章　戦後初期広島県における小学校体育の実践

表 5 − 8　体育運動面の単元表（一部）

	4月	5月	6月	7月
1年	模倣遊び 一人鬼 かけっこ ぶらんこ 紅白玉入 むすんでひらいて	模倣遊び 手つなぎ鬼 かけっこ シーソージャングル遊び 鳩ぽっぽ	物語り遊び 日月遊び 折返しリレー 球投げ競走 かたつむり	物語り遊び ねことねずみ すもう らかんさん遊び 水あそび
3年	徒手体操 じゃんけんとび かけっこ サークルリレー 蹴塁球 春がきた	徒手体操 からかい鬼 折返しリレー 鉄棒遊び 跳箱遊び フットベースボール まりつき みんなでたのしく	徒手体操 重なり鬼 じゃんけんとび 蹴塁球 鉄棒，跳箱遊び 鬼ごっこ	徒手体操 重なり鬼 めかくし鬼 すもう 蹴塁球 水泳
5年	徒手体操 帽子とり 片足ずもう ソフトボール コーナーボール 春風	徒手体操 ソフトボール コーナーボール 走幅跳 走高跳 鉄棒，跳箱運動 リチカ	徒手体操 ソフトボール コーナーボール 継走 すもう 鉄棒，跳箱運動 ヴァージニアリール	徒手体操 場所かえ鬼 重なり鬼 すもう 水泳
	9月	10月	11月	12月
1年	水遊び 模倣遊び ねことねずみ 折返しリレー 鉄棒遊び おうま	整列競争 かけっこ 置換えリレー 紅白球入 大球ころがし 夕やけ小やけ	物語り遊び 子ふやし鬼 鉄棒遊び ボールけりリレー うさぎとかめ	模倣遊び からかい鬼 子ふやし鬼 川とび競走 球投げ競走
3年	水泳 場所とり鬼 平均くずし 棒登り ハンドベースボール 今日は皆さん	徒手体操 二人三脚 足切首切 かけっこ 蹴塁球 ぶらんこ	徒手体操 ボール鬼 迷い鬼 鉄棒遊び 蹴塁球 引くら	徒手体操 障害リレー からかい鬼 方形避球 陣とり ポルカステップ
5年	水泳 継走 競走 馬のり遊び 海	徒手体操 馬のり遊び 継走 ソフトボール 蹴塁球（女） ヴァージニアリール	徒手体操 ソフトボール 方形避球 鉄棒，跳箱運動 スクェアーダンス 雷スウィング 籠の小鳥	徒手体操 蹴塁 コーナーボール 持久走 スクェアーダンス

出典：広島高師附属小学校学校教育研究会『新教科カリキュラムの実際』目黒書店，1950，158-178ページ，から引用者作成。

画の一部を示す。

同校の体育運動面の単元表（年間計画表）で，特徴的なことをいつくかあげておく。ここで取り上げられた運動（教材）は，『学習指導要領小学校体育編（試案）』（以下，『小学校体育編（試案）』と省略）で示された教材である。ただ，「リズム運動」群の運動（教材）は，『小学校体育編（試案）』で示されていない教材が多く取り入れられている。また，同校の体育運動面の単元表では，第3学年の4月から9月にかけて，『小学校体育編（試案）』の第1・2学年で示された教材が多く取り入れられている。同じく，第5学年では，『小学校体育編（試案）』の第3・4学年で示された教材が多く取り入れられている。このように，同校における児童の発達段階に応じて運動（教材）が選択・配列されていることがわかる。さらに，第3学年から，徒手体操と鉄棒遊び・運動が継続的に取り入れられている。この理由については，同校の加藤清英が，次のように述べていることから推察できる。「とにかく鉄棒運動はもっと重視されてもよいのであり，スポーツを中心として体育の運営がなされる場合，如何にそのプランの中におりこむかが我々の工夫を要するところである」[41]。すなわち，教師の裁量と信念によって鉄棒運動が重点的に配列されたと考えられる。

このように，同校における体育運動面の単元（年間計画）は，具体的な基準と教師自らの裁量とのバランスを取りながら，最終的に運動（教材）が決定されたと考えられる。

（3）広島市立青崎小学校

青崎小学校は，『広島県教育時報』（1950年10月号）の紙面上に，「我が校の体育」[42]と題して体育科の運営内容を公表している。執筆者は青崎正行である。同校では，学校体育のあり方について，次のように考えている。「体育は，教育として行わるべきであるが，単にその一分野を担当するものではない。我々の全生活に於て，その基盤をなすものであり，教育全般を担うものでなければならぬ。総ての学習生活の時に於て，総ての指導者により，より良き体育的な指導がなされてこそ，始めて児童生活は，より

よき健康の維持増進も出来，その上に，理想的な教育活動も営まれる」[43]。このように，学校運営の基盤として，学校体育を重視していたことが窺える。そして，学校体育目標は，図5－5のように構想している。ここでは，運動と衛生に加えて，「躾」と「身嗜」が掲げられている。

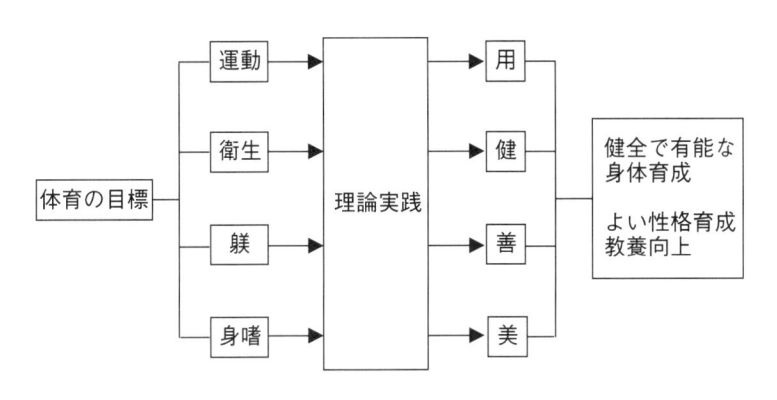

図5－5　学校体育目標の構想図

出典：吉崎正行「我が校の体育」広島県教育委員会（編）『広島県教育時報』1950年10月，18ページ，から引用者作成。

それでは，同校の体育科の年間計画についてみてみよう。「年間計画」は，「従来の死物化した細目同様のものであってはならぬ」という反省と，「学校の教科課程の中に溶け込み，全職員によって活用されるものでなければならぬ」という方針のもと作成されている[44]。作成するにあたって，次の項目が留意点としてあげられている[45]。

1．児童の欲求に合致する様に努めた。児童の興味調査を行い，資料を収集した。
2．児童の発達段階を考慮する。
3．教材の程度を考慮した。
4．教材の季節的性格に関心を払った。

195

表5－9　体育科年間計画（一部）

		春		夏
		基礎的調査と設備の充実 学習態度の育成		暑さに負けぬ強い子供 躾・身嗜の徹底
	教材群	4月	5月	6月
1年	鬼遊び	一人鬼	まね鬼，かごめかごめ	ねことねずみ，しゃがみ鬼
	リレー	かけっこ	ならび競争，まわりっこ	紅白球並べ，棍棒移し
	リズム遊び	むすんでひらいて，ちょうちょう	はとぽっぽ，かごめ	電車ごっこ，でんでんむし
	ボール遊び	ボール投げ	球ころがし，ティチャーボール	紅白球入
	模倣物語遊び	ちょうちょう	お家の人，野球	蛍狩り，交通巡査
	器械遊び		棒登り	鉄棒遊び，一本橋
	水遊び			
3年	鬼遊び	手つき鬼	場所取り鬼	場所取り鬼，横切り鬼
	リレー	幅跳び競争	折返しリレー，対抗直線リレー	置換え競争，ボール渡しリレー
	リズム遊び	春の小川	たんすの長持	羅漢さん遊び
	ボール遊び		送球競争	対列フットボール
	模倣物語遊び	花咲かじいさん	いなばの白兎	
	器械遊び	棒登り	脚懸上り，跳越え	逆上り 横回り
	水遊び			
5年	ボール運動	フットベースボール，ドッジボール	ドリブルボール，ソフトボール	ソフトボール，コーナーボール
	陸上運動	重なり鬼，徒競走	競走リレー，三回跳び	走幅跳，継走
	器械運動	跳越し，逆上り，脚懸回転	逆上り，脚懸回り，◎倒立	綱登り，振跳び，前回り
	リズム運動	春風	ぶらんこ ふるさと	○ヴァージニアリール，朝日は昇りぬ
	水泳			

出典：吉崎正行「我が校の体育」広島県教育委員会（編）『広島県教育時報』

第5章 戦後初期広島県における小学校体育の実践

◎男子, ○女子

	秋		
の育成	運動意欲の向上と体力の充実 体育を通しての正しい生活態度の育成		
7月	9月	10月	11月
かげふみ鬼	片手鬼	動物遊び	つるかめ鬼, 一人鬼
ハンカチ取	輪くぐりリレー	旗取競争	球拾い競争, ハンカチ取り
お星さま	まりなげ	うさぎとかめ, お店ごっこ	ぶらんこ, ぴょんぴょんとん
球けり	受渡し球送り	メディシンボール	ころがしドッジボール
山登り, おひる	お星さま, 車ひき	運動会	動物のまね
	跳箱遊び, はしご登り	ころころ回り	野超え山超え, 鉄棒遊び
水かけっこ, 水中歩き			
		ボール遊び	巴鬼, リレー鬼
	旋回リレー, 救助リレー	達磨運び	突出し遊び, 兎跳びリレー
盆踊り 七夕	通りやんせ	汽車	野菊, 村祭り
ハンドベースボール	順送球	ロングベースボール	フットベースボール
	十五夜, シーソー	浦島太郎	
脚懸上り 逆上り・後回り	懸垂跳上り, 前回り	跳越し	脚懸回り 逆上り
石拾い, バタ足, 犬掻き, 面かぶり			
ドッジボール, ソフトボール	ポートボール	ポートボール	ネットボール, ソフトボール
走高跳	三回跳, ◎馬乗り遊び	棒倒・棒押・帽子取, 縄跳	走幅跳, 継走
肘立横跳越 肘立回 (後方)	跳び上り下り, ◎倒立・蹴上り	肘立横跳越, 横回り, 肘立跳越	◎後回り, 肘立回り (後方)
○オースザンナ, ぼんおどり	幼き頃の思い出	牧場の朝	赤とんぼ
平泳・横泳・速泳・背泳・飛込			

1950年10月, 19ページ, から引用者作成。

5．学校の教科課程の構想に合せた。
6．指導者の指導能力を考慮する。各学校に於て相当の関心を払わねばならぬ問題であると思う。
7．郷土の特異性を活かした。
8．学校行事に関連をもたせた。
9．性別の指導を考慮した。
10．体育の目的を達するよう，各教材群の比重に基いて按配した。
11．循環漸進的に継続して指導する様にした。
12．用いた教材は教材選択の基準に照して選択したものをとった。

　これら方針と留意点に立脚して作成されたのが，表5－9に示した体育科の「年間計画」である。まず，「季節のねらい」が示されている。この「季節のねらい」は，同校の学校体育目標に基づいて立案されたものと考えられる。とくに目標に掲げられた「躾」と「身嗜」は，夏季に重点的に達成すべきと考えられている。次に，教材については，教材選択の基準が省略されているが，示された運動教材をみてみると，広島県が作成した『小学校体育の実際指導』に依拠して作成されていると考えられる。それは，同書で独自に示したリズム遊び・運動，模倣物語り遊びを数多く採用しているからである。

（4）広島市立草津小学校

　草津小学校では，1950年11月に『草津教育』[46]を公表している。同校では，「教育の根本使命が児童と環境の動的な相互交渉によって成立する生活経験の再構成であるならば教科課程には四分五裂の教科の併立は排され中核的統合的位置をしめるものが要請される」[47]として，社会科中心のカリキュラムを構想している。また，他教科との関連については，「社会科を中心として各教科の別を一応認めた立場にある」[48]として，広島市立己斐小学校における社会科と他教科との関係をが採用されている（図5－2参照）。同校の体育科の学習内容は，「基礎の学習」に位置づけられ，「運動」と「保健」に分けられている。「運動」領域の教材について，一覧に

したものを表5−10に示す。選択された教材は,『小学校体育編(試案)』に準拠している。ただ,第5・6学年の中で,『小学校体育編(試案)』では示されていない「ハンドボール」が教材として選定され,数多く配列されている。「ハンドボール」が重視された理由については示されていないが,指導可能な教師が在籍し環境が整っていたためと推察される。

(5) 広島大学三原分校附属三原小学校

　広島大学三原分校附属三原小学校は,1951年の『小学校の教育課程』で,単元設定の根拠を次のように説明している。「学習基準表に示す各学習項目が学習の領域(スコープ)を示し,その学年的発展が発達系列(シークエンス)を示し,これにより,学習要素を包括統一し,必要な能力を身につける機会を与える様な単元内至題材を設定した」[49]。体育科については,「体育能力表」および「体育要素表」を作成し,これらを基にして体育科で取り扱う題材(教材)を決定している。まず,「体育能力表」では,「運動の基礎的能力」として12項目,「健康を保つ能力」として8項目,「態度」として14項目,「その他」として8項目が提示されている。以下,その内容を示す[50]。

　　技能
　　　(1) 運動の基礎的能力
　　　　　①走力,②跳力,③投力,④懸垂力,⑤ける,⑥打つ,⑦巧技(倒立・転回),⑧押す力・引く力,⑨泳ぐ,⑩音楽にあわせ動作し表現する,⑪機敏性,⑫持久力
　　　(2) 健康を保つ能力
　　　　　①体をきれいにさっぱりとした習慣をつくる能力,②正しく食事をする能力,③適当な身なりをする,④適当な休養と睡眠をとる,⑤疾病及危害をさける,⑥規則的に用便をする,⑦異性に対して望ましい関係を保つ,⑧情緒の安定を保つ
　　態度
　　　　①責任感を高め完行の態度を養う,②他人の権利を尊重する態度,③礼儀を正しくする,④勝敗に対する正しい態度,⑤正義感,⑥状況に応じ

表5-10　「運動」領域に示された教材（一部）

	5　年	6　年
4月	競争・春風・組体操・鉄棒と跳箱・フットベース・ソフトボール	競走・継走・瀬戸内海・牧場の朝・組体操・鉄棒と跳箱・フットボール・ソフトボール
5月	継走・巾とび・仲よしぶらんこ・跳箱とマット・フットベース・ベースボール	巾跳・高跳・三回跳・ボール投げ・雷スイング・困った小人・跳箱とマット・フットベースボール
6月	カンガルーリレー・競歩リレー・麦かり・機械・鉄棒とマット・ソフトボール・ベースボール	すもう・競歩リレー・波魚・鉄棒とマット・ソフトボール・ベースボール
7月	重り鬼・迷い鬼・馬乗り遊び・帽子とり・水泳	重り鬼・迷い鬼・馬乗り遊び・帽子取り・水泳
9月	競走・継走・ボール投げこしリレー・おおスザンナ・鉄棒とマット・ポートボール	騎馬帽子取・競走・継走・大きな風車・鐘がなる・鉄棒とマット・ポートボール
10月	旗とり・煙のおどり・かげぼうし・組体操・跳箱と鉄棒・ドッジボール	棒倒し・夢・赤とんぼ・組体操・跳箱と鉄棒・ドッジボール
11月	高跳・三回跳・かげぼうし・マット跳箱・ポートボール・ドリブル競争	巾跳・高跳・秋風・マットと跳箱・ポートボール・ドリブル競走
12月	つなひき・ジグザグ競争・バージニヤリール・フィールドボール	つなひき・ジグザグ競走・追加回り・ハンドボール
1月	すもう・羽根つき・持久走・ハンドボール	すもう・羽根つき・持久走・スケーテング・フットボール・ハンドボール
2月	縄とび・棒押し・ヴァルソビーチ・フットボール・ハンドボール	縄とび・棒押し・幼き頃の思ひ出・フットボール・ハンドボール
3月	障害リレー・かごの小鳥・鉄棒と跳箱マット・フットボール・ハンドボール	障害リレー・さよなら皆さん・鉄棒と跳箱マット・フットボール・ハンドボール

出典：広島市立草津小学校『草津教育』白鳥社，1950，から引用者作成。

第5章　戦後初期広島県における小学校体育の実践

てよい指導者となり，よい協力者となる態度，⑦法及び正しい権威に服従する態度，⑧施設をよく活用する，⑨寛容の態度，⑩運動に興味をもつ態度，⑪運動会や遠足等を計画し参加する，⑫用具を大切に取扱う態度，⑬最後までやり通す態度（敢行力），⑭公衆衛生に対する協力の態度
（その他）
①身体の構造や機能を理解する，②運動の目的を理解する，③運動と休養の必要を理解する，④姿勢を正しくする理由について理解する，⑤運動の領域と特徴について理解する，⑥スポーツマンシップについて理解する，⑦安全について理解する，⑧余暇活動について理解する

「技能」と「態度」で示した各項目は，『小学校体育編（試案）』の「体育科の目標」で掲げられた内容に基づいて設定されている。しかしながら，「その他」の中で提示されている「～を理解する」という8項目は，同校の視点から定められたものと考えられる。また，どの学年でどの能力を重点的に指導する必要があるのかを可視化できるよう，指導の重点を6段階で明示している（表5-11）。

次に，「体育要素表」は，「身体の発達をはかる」，「社会的性格を育成する」，「健全な余暇活動をする」，「安全に必要な能力を身につける」，「スポーツ知識を身につける」という要素を示し，各学年の到達目標を提示している。以下，各要素の下位項目までの内容を示す[51]。

身体の発達をはかる
　（1）自分の身体を知る
　　　①構造，②機能
　（2）よい姿勢を保つ
　　　①正しい姿勢
　（3）運動によって身体を作る事を知る
　　　①運動と疲労，②運動の種類と特徴，③運動と身体的欠陥の矯正
　（4）いろいろの運動の基礎的技能を習得する
　　　①歩く，②走る，③跳ぶ，④投げる，⑤ボールを扱う，⑥巧技をする，⑦懸垂運動をする，⑧泳ぐ，⑨柔軟な体にする（徒手体操をす

表5－11　「体育能力表」における「態度」の項目（一部）

能　力	指導の重点					
	1年	2年	3年	4年	5年	6年
責任感を高め完行の態度を養う						
他人の権利を尊重する態度						
礼儀を正しくする						
勝敗に対する正しい態度						
正義感						
状況に応じてよい指導者となり，よい協力者となる態度						
法及び正しい権威に服従する態度						
施設をよく活用する						
寛容の態度						
運動に興味をもつ態度						
運動会や遠足等を計画し参加する						
用具を大切に取扱う態度						
最後までやり通す態度（敢行力）						
公衆衛生に対する協力の態度						

出典：広島大学三原分校附属三原小学校『小学校の教育課程』1951，718ページから改変引用。

第5章　戦後初期広島県における小学校体育の実践

(5) 音楽にあわせリズム的に表現する
　　①身体のリズム活動，②表現能力，③鑑賞
社会的性格を育成する
　　①他人の権利を尊重する，②勝敗に対する正しい態度，③責任を遂行する，④法及び正しい権威に対して服従する，⑤克己と自制の能力をしる，⑥寛容の態度をつくる，⑦指導性を発揮させる
健全な余暇活動をする
　　①余暇活動の価値を知る，②施設や用具を正しく利用する
安全に必要な能力を身につける
　　①危険をさける能力を養う，②水に対する安全の能力を養う
スポーツ知識を身につける

　具体的な表記の仕方については，第1学年，第3学年，第5学年における「社会的性格を育成する」の項を例に，表5-12に示す。
　以上の「体育能力表」と「体育要素表」に立脚して，「体育題材一覧表」[52]が作成され，次に各学年の「年間計画」[53]が決定され，「体育題材表」[54]が作成されている。
　「体育題材一覧表」で示された題材（教材）は，第1学年に71題材，第2学年に74題材，第3学年に77題材，第4学年に82題材，第5学年に79題材，第6学年に84題材である。このうち，第1学年の37題材，第2学年の37題材，第3学年の56題材，第4学年の59題材，第5学年の42題材，第6学年の53題材が，『小学校体育編（試案）』で示された教材である。『小学校体育編（試案）』で示されていない題材（教材）ついては，ほとんどが「模倣物語り遊び」あるいは「リズム遊び・運動」である。
　「年間計画」については，「季節のねらい」や実施時間，行事等が表記されている。ここでは，各題材（教材）を取り扱う時間数を明示している点および課外として取り扱う題材を提示している点が特徴的である。ただ，課外として取り扱う題材は，第4学年以上で示され，内容としては球技が中心となっている。また，他教科との関連を示す項目が設けられているが，

表5−12 「体育要素表」における「社会的性格を育成する」の項目（一部抜粋）

要　素	1　年	3　年	5　年
他人の権利を尊重する	きまり正しくみんな仲良く遊ぶ 運動のきまりに従う 弱いものをいじめない	運動の上手なものは下手なものをいじめない 友だちに乱暴をしない 走るのがおそい人やバトンをおとした人をわらわない	審判やリーダーの云うことをよくきく 相手を馬鹿にしたような応援はつつしむ
勝敗に対する正しい態度	ずるいことをしない 礼儀正しくする 人の悪口をいわぬ	敗者は勝者を認める 競技の始めと終りに礼をする	相手に礼儀をもって対する 試合は堂々と行い勝敗をいつまでも口にしない 負けてもくよくよしない
責任を遂行する	みんなのためにつくす 自分の役割がきまったら最後まで頑張ってやる	みんなと共通の目標に対して協力し頑張る	チームワークを理解してチームの一員として責任を遂行する
法及び正しい権威に対して服従する	先生のことばをよくきいてそれを守る	みんなで申し合せたことを守る	ゲームを気持ちよくするためにルールを守り審判に従う
克己と自制の能力をしる	口をとじてやらねばならない時はしゃべらない 順番を待つ時にはちゃんと待つ	できるだけ静かに練習する 応援の時列を乱さない	無駄話をしない 出来ない種目はつとめて出来るように努力する 寒暑に負けない強い心を養う
寛容の態度をつくる	他人があやまってしたことについては心よくゆるしてやる	相手チームの故意でない不正行為はそれを改めたら後で文句を云わない	
指導性を発揮させる	リーダー遊びなどで人の前に出てもはずかしがらない態度をつくる		

出典：広島大学三原分校附属三原小学校『小学校の教育課程』1951，719-723ページ，から改変引用。

第 1・2 学年でわずかに示されているだけである。

「体育題材表」では，題材（教材）毎の目標や学習活動と指導上の留意点，準備物と資料などが100ページ以上にわたって示されている。

（6）呉市立長濱小学校

長濱小学校は，1952年に『長濱教育課程』[55]を公表している。ここでは，まず，体育科の目標として，20項目を定めている[56]。

1. 身体の正常なる発育と発達。
2. 循環呼吸消化排せつ栄養の諸機能の向上。
3. 身体的能率の向上。
4. 個人的の健康なる姿勢の改善。
5. 動作の機敏器用さ正確さの養成。
6. 熟練せる迅速なる反応能力の涵養。
7. 自己の健康生活に必要なる知識の理解。
8. 身体動作を支配する意志力勇気の育成。
9. 精神的緊張を解消し精神の健全を図る。
10. 健全なるスポーツの理解。
11. 適切なる判断と敢行力の養成。
12. 勝利と敗北に対する正しい態度養成。
13. リーダーシップの養成。
14. 正直明朗快活な性格と態度の養成。
15. 同情礼儀誠実従順親切の道徳性の養成。
16. 公正なる態度正義感の育成。
17. 団体の福祉公衆衛生に対する態度養成。
18. 規則を守り正しい権限への服従心養成。
19. 克己と自制心の養成。
20. 責任感の育成。

同校の体育科の目標は，『要綱』および『小学校体育編（試案）』に立脚して作成されたと考えられる。ただ，文部省によって示された目標をそのまま掲げるのではなく，内容を再構成して示している。

次に，体育科の年間計画（表5－13）が提示されている。内容は，『小学校体育編（試案）』に依拠していると考えられるが，いくつか特徴的なところがある。内容に関するものとしては，第3・4学年では模倣物語り遊びが教材から除かれていることである。また，第1・2学年では「器械遊びは模倣物語り遊びの中に取入れ遊びとも修練する」[57]として，教材群が統合されて取り扱われている。そして，第3学年以降の器械遊び・運動が『小学校体育編（試案）』で示された内容よりも，難易度の高い内容となっている。さらに，第5・6学年におけるボール運動で，「ピンポン」が取り入れられている。これは，学校行事であるピンポン大会との関連で行なわれていると考えられる。ただ，1947年10月に行なわれた日本体育指導者連盟主催の体育研究会で「ピンポンを何故要項に入れなかったか」[58]との質問に，『要綱』の作成に携わった大谷武一が，「ピンポンはレクリエーションとしては適当であるが，学校体育として心身を鍛錬する運動は他に適当なものが沢山ある。要綱にあげた運動はその代表的なもので，ピンポンは業間か放課後に行えばよい」[59]と答えてから5年を経て，現場では「ピンポン」が正課の教材として取り入れられたことになる。このことは，教師が教材を選択するということに対する意識が高まった表れであると考えられる。

　また，行事との関連で，各学年で5月と10月に体力測定の時間を2時限設けている。ただ，女子の体力測定は第5・6学年から行なわれるようになっている。

　最後に，この年間計画では，「評価」に関する項目が示されている。評価内容として「理解」と「態度」の項目が掲げられ，第1・2学年，第3・4学年，第5・6学年に区分され提示されている（表5－14）。

（7）呉市立横路小学校

　横路小学校は，社会科，算数科，体育科のカリキュラムを掲載した『横路教育課程』[60]を1952年に公表している。体育科に関しては，まず，「独立後の体育科のねらい」として，次のように示されている。「体育の具体的

第 5 章　戦後初期広島県における小学校体育の実践

表 5-13　第 5 学年体育年間計画表（一部）

季節のねらい	運動に対する意欲をかきたて体力の増進につとめる　スポーツシーズンに当り各種運動の規則に習熟させい性格の育成につとめる			短時間に運動量を多くとるように指導し冬季も活動の継続により寒さにまけない抵抗力を養う　年間の反省を行い来学年度の覚悟を新たにする				
季　節	秋			冬				
	9 月	10 月	11 月	12 月	1 月	2 月	3 月
	眼の検診　座席変更　姿勢検査　眼の愛護デー　運動会　体重測定	体重測定　体力テスト　ソフトボール大会	体重測定　姿勢検査　座席変更　ジフテリヤ予防接種　ドッジボール大会　マラソン大会	体重測定　効果判定	座席変更　姿勢検査　座席変更　ピンポン大会	体重測定　就学児童身体検査	体重測定　効果判定　卒業生対在校生ソフトボール大会　ドッジボール大会
徒手体操	1 (1)	1 (1)	1 (1)			1 (1)	1 (1)
ボール運動	ソフトボール 2　簡易バレーボール 2 (3)	ソフトボール 2　簡易バレーボール 2 (3)	ポートボール 2　ドッジボール (2)	ゴールハイ 1　ドッジボール 2　ピンポン 1	ゴールハイ 2　ドッジボール 2　ピンポン 1	ゴールハイ 2　ドッジボール (2)　ピンポン 2 (1)	ゴールハイ 1　ドッジボール (1)　ピンポン 1
陸上運動	幅とび 1 (2)　トラックリレー 2　ムーすもう	幅とび 1 (1)　両腕とび (1)　リレー 2	組鬼 1 (1)　持久走 1	反応遊び 1	縄とび (2)　中脚すもう 2 (1)	縄とび 1 (2)	反応遊び 1
器械運動	開脚飛び越し 1　後まわり (両腕中)　伸膝前まわり (1)	開脚飛び越し 1　後まわり (両腕中)　伸膝前まわり (1)	両脚中かけ前まわり 1　跳箱上伸膝前まわり 1　閉脚飛び越し 1 (2)	跳び上がり下がり 1 (1)　跳箱上伸膝前まわり 1	跳び上がり下がり 1 (1)　腕立跳び上がり下がり 1	閉脚飛び越し 1 (1)	跳箱上伸膝前まわり 1 (1)
リズム運動	(5)	(2)	(1)	(1)	(1)	(1)	(1)
保健	食物と休養　運動会 2 (2)	近視予防 (1)　寄生虫予防 1	呼吸器予防 1 (1)	皮膚の摩擦と手当 1 (1)	冬の病気 (1)　公衆衛生 1	体重増加と欠席状況 1 (1)	健康生活の反省 (1)
其他		測定 2 (2)			雪あそび 1 (1)	雪あそび 1 (1)	
時間	15	13	9	6	9	9	6

注：教材横の数字は，取り扱う時間数を示している（括弧内は女子）。
出典：呉市立長濱小学校『長濱教育課程』1952，189-190ページ，から改変引用。

表5－14　「評価」項目に関する内容（抜粋）

	「理解」に関する内容	「態度」に関する内容
第1・2学年	どんなのがよいからだか。 病気にならぬようにするにはどうすればよいか。 けがをせないようにするにはどうすればよいか。 自分の体を知っているか。 遊びの方法の名称を知っているか。	非常に器用である。機敏である。正確である。 リズミカルである。作業変姿が相当長い間継続出来る。 我慢強い。いつもきれいなのがすせにかかっている。積極的に人の言うことを熱心にきく。自分のことは他人の分まで援助する。 友達をさそって運動しようとする。きまりが守られる。 天候其の他の条件により遊ぶ場所を教師の注意なくして選べる。 遊ぶ順番が守れる。正義感がある。学級の中心となっている。 常にのびのびして明朗な生活である。
第3・4学年	どうすればよい身体になるか。 どうすれば元気で暮らせるか。 危険を防ぐにはどうすればよいか。 自分自身のからだをよく知っているか。 運動の規則をよく知っているか。 体育的常識がよくあるか。 身体内部の名称を知っているか。	真面目にする。進んで校内の外の清潔につとめる。各技に長じている。 常に姿勢が正しい。常に規則正しい生活している。 いつも清潔でさわやかでる。積極的で人を誘って仲良く遊ぶ。 自分が不利になっても人の手伝いが出来る。進んで人の立場を考える。 全体のことによく気を配っている。自分の責任が果せる。仕事に継続性がある。 きまりがよく守られる。自分の場所が判断出来る。正義感がある。 自分の身体に適した運動をしている。遊びの場所の中心となって遊ぶ。 自発的に運動する。常に明朗で物にとにとらわれない。
第5・6学年	どうすればつりあいのとれる身体になるか。 健康生活をするにはどうすればよいか。 自分のからだをよく知っているか。 運動に対する規則をよく知っているか。 体育的常識をよく知っているか。 運動用具の手入れ法をよく知っているか。 運動の順序の諸機能を知っているか。 救急措置法を知っているか。	遵法意識を持ち、他人の権利をよく尊重することが行われる。 礼儀正しい。学校全体の体育を進んで公衆衛生に協力する。 非常に姿勢が正しい。指導手腕が富みスタミナルである。 常に姿勢が正しい。常に健康生活をよく望む。機敏でリズミカルである。 身体の弱い人に同情してやる。学年の誰でも仲良を遊ぶ。 自信に満ちて疲労感じない。自己をなげうって責任を果すことが出来る。 遊びのシーズンをよく区別して実行出来る。自分に適した体育を実行している。 きまりをよく守り注意される。自発的にされる。 町内においても進んで町内の体育指導にあたる。運動場の管理等によく協力する。 常に快活明朗で接し気持がよい。

出典：呉市立長濱小学校『長濱教育課程』1952, 71ページ, 151ページ, 226ページ、から引用者作成。

第5章　戦後初期広島県における小学校体育の実践

目標は独立後といえども健康で有能な身体の育成をすると共によい性格を育成し教養を高めることである」[61]。このように，占領教育政策の終了後も，『小学校体育編（試案）』で示された目標を一貫して継続することを明示している。次に，日々の授業で常に念頭に置くべき指針として，以下の8項目を掲げている[62]。

1．子供達を思う存分自主的に楽しく活動運動させる。
2．自由時間，家庭に帰っても行うことの出来る教材を沢山とり入れる。
3．学習時間を通じてよい性格，特に責任感，協同，礼儀，明朗，規則を守る，勇気等の性格を養う。
4．規則正しい動作，団体的な行動になれさせる。
5．子供達をして健康生活又は健康というものに目を向けさせる重要な機会とする。
6．身体を通じての道徳教育指導の場として考える。
7．身体の鍛錬と云うことも含味する。
8．体育運動に対する広く健全な興味と熟練を得させよい社会性格の基礎をつくる。

　この授業指針では，『アメリカ教育使節団報告書』以降に構築されてきた，学校体育改革に関連するキーワードである，生活との関連，自主性，楽しさ，健康などが包括的に取り入れられている。しかし，「身体を通じての道徳教育指導の場として考える」，「身体の鍛錬と云うことも含味する」については，スポーツ教材を中心としてきた学校体育改革の方針に対する反動が窺える。また，現実的に児童の非行問題があり，躾との関連を体育科で図る必要が要求されたとも考えられる。
　同校における体育科の「体育科指導計画」は，「教材」と「指導上の注意」で構成されている。「教材」は，正課で実施する教材と課外で実施する教材が示されている。正課の教材（表5－15）は，『小学校体育の実際指導』を参考にしていると考えられる。それは，第6学年5月のボール運動で「エスキーテニス」を採用しているためである。

表5－15　正課体育における教材（一部）

	4 月	5 月	6 月	7 月
第2学年	徒手体操 模倣遊び（追いかけ球入れ） 物語り遊び（潮干狩） ボール遊び（まりつき） リズム遊び（追いかけ球入れ） リレー（かけっこ） 課外（ボール遊び、鬼遊び）	徒手体操 鬼遊び（子とり鬼） リズム遊び（輪くぐりリレー） リズム遊び（おうま） 物語り遊び（潮干狩） ボール遊び（ボール投げ） 課外（ボール遊び、鬼遊び、ブランコ遊び）	徒手体操 鬼遊び（手ふやし鬼） リレー（置かえりリレー） リズム遊び（靴がなる） 模倣遊び（お家づくり） 物語り遊び（お店ごっこ） 課外（リレー遊び、鬼遊び、木登り遊び）	徒手体操 水あそび（水かけごっこ、波よけ、中あるき、伏面競争、石ひろい、もぐりっこ、浮きっこ、かけっこ、遊びっこ、鬼ごっこ） リズム遊び（かけっこトレース） 鬼あそび（かけこみ鬼） 物語り遊び（水泳）
第4学年	徒手体操（腕の屈伸・足の屈伸） 鬼遊び（場所取り） リレー遊び（馬とび遊び） ボール遊び（桜） 器械遊び（棒のぼり・逆上り・前転） 課外（ワンアウトボール）	徒手体操（腕の挙伸・胸の挙伸） 鬼遊び（挙鬼） リレー（高跳競争） ボール遊び（簡易ソフトボール） 器械遊び（麦刈） リズム遊び（跳び上り下り） 課外（ワンアウトボール、ソフトボール）	徒手体操（腕の回旋・胸の回旋（簡易コース）） リズム遊び（茶摘み） リレー（だるま運び） ボール遊び（足かけ上り） 器械遊び（足かけ上り） 課外（リレー遊び、器械運動運転回、跳躍、棒登り）	徒手体操（片脚とび・両脚とび） 水遊び（大あらい） リズム物語り遊び（ほたる狩り） 鬼遊び（リレー鬼） 課外（水泳、ボール遊び）
第6学年	徒手体操 ボール運動（ソフトボール） フットベースボール 陸上運動（カンガルーリレー、競争、幅跳び） 課外（野球、ソフトボール）	徒手体操 ボール運動（ソフトボール） 陸上運動（高跳び） ボール運動（エスキーテニス） 課外（野球、ソフトボール）	徒手体操 陸上運動（三回跳、すもう） 器械運動（腕立つな登り跳び上り下り） 課外（陸上競技、走投技、運動、跳箱）	徒手体操（馬乗り遊び、競走） 陸上運動（腕立て横跳び越し、けり上り） 水泳（平泳ぎ、直泳ぎ、遂泳ぎ、背泳ぎ、水中野球、潜水、飛び込み、水球、リレー） 課外（水泳、ゴールハイ、バレーボール）

出典：呉市立蒲路小学校『蒲路教育課程』1952, 231-234ページ, 247-250ページ, 265-267ページから引用者作成。

また，課外として示された教材は，球技以外の教材が多く示されていることが特徴的である。

ここまで，広島県内の小学校の体育科の方針と内容をみてきた。1949年に文部省から発行された『小学校体育編(試案)』では，「体育科の性格」として他教科との関連が強調されている。そのため，各小学校で体育科と他教科との関連を指摘し，体育科の教育的価値を言及するなかで，教育の一分野としての体育科を構想している。しかしながら，体育科の運動学習と他教科における関連については，具体的な内容にまで踏み込んで関連を図った小学校はほとんどみられなかった。それは，体育科の内容が教材(題材)単位で考えられ，まとまりある学習内容にまで深めることができなかったためであろう。

次に，『小学校体育編(試案)』は，附録として「年間計画例」を示しているが，教材を教材群単位で配列したものを示すにとどまっている。この「年間計画例」に類するカリキュラムを示したのが，広島高等師範学校附属小学校，草津小学校，長濱小学校である。ここでは，各小学校の実情と方針を踏まえて具体的な教材を選択・配列している。そして，青崎小学校，横路小学校では，広島県から発行された『小学校体育の実際指導』に依拠して，教材の選択・配列を行なっている。体育科における運動学習の教材が，各小学校の裁量で選択されるようになったのは，指導書の発行，各種講習会の開催にともなって，体育科の運動学習の内容がより鮮明になってきたことが要因の一つであると考えられる。

さらに，西条小学校では，学校体育で身に付けさせる能力の種類を学年別に明らかにした「能力表」と，到達目標を示した「基礎能力指導表」を独自に作成し，体育科の学習内容を決定している。同様に，広島大学三原分校附属三原小学校でも，独自に「体育能力表」と「体育要素表」を作成して体育科のカリキュラムを構成し，各教材単位の指導目標や指導上の留意点を加味して年間計画を作成している。これらの取り組みは，『小学校体育編(試案)』では示し得なかった体育科のカリキュラムの構成基準を，各小学校によって主体的に作成することができた一例といえよう。この背

景には，他教科におけるカリキュラム構成の手順の深化があり，これが体育科のカリキュラム構成に影響を与えたためと考えられる。

第2項　広島県下小学校の体育科の授業実践
（1）広島高等師範学校附属小学校

広島高等師範学校附属小学校は，1950年に『新教科カリキュラムの実際』[63]を刊行し，「体育科の単元学習」[64]と題して，体育科の授業に関連する内容を提示している。具体的には，「心身の発達」，「興味と関心」，「季節に応ずる学習指導」，「用具施設運動場の広さ」，「運動の特性に応じた学習指導」が検討され，同校の体育科の学習指導を展開するための条件が明らかにされている。また，1951年に同校から発行された『体育科教育の実際』[65]では，「良い体育の学習指導は，どんな条件を具えていなければならないか」[66]について検討している。内容は，「楽しい，よろこびに溢れた学習であること」，「運動量が適度であったか」，「個別指導がよく行きとどいているか」，「よい躾がなされているか」，「目標が，教師にも児童にも絶えず意識されているか」，「正しい競技精神が養われているか」，「健康生活の習慣が養われているか」，「天候に応じて学習指導がなされているか」が検討され，体育科における学習指導の要点が明らかにされている。

次に，同校では体育科における運動学習の学習形態について，「一斉学習」，「グループ学習」，「個人学習」が一般的に用いられると提示している。ただ，「実際の指導に当っては，一時間中においても，この各々がとり交えられて行われる」とし，内容と対象によって学習形態を柔軟に取り扱う必要性を示している[67]。

さらに，指導過程については，「生理的原則に則っとらなければならない」として，「準備運動——主運動——整理運動」が体育科の運動学習を進めていく上での原則であると規定している[68]。他方で，「興味による学習と自覚による学習」を強調している。ここでは，「体育の必要を自覚させなければならない。いろいろな運動の必要であることを自覚させなければならない。自分の現実の力をよく認めて，いかにそれを高めるか，この

自覚に立たせなければならない。常に，体育に関心を持たせ，必要を感じさせ，意志的・自覚的にこれを行う態度，これも，体育の学習においては，大切なことである」[69]と述べ，児童が主体的に学習できるような仕組みの必要性を主張している。

それでは，具体的な実践はどのようなものであったのだろうか。『新教科カリキュラムの実際』では，「模倣物語り遊び」（第2学年），「方形避球・走高跳」（第4学年），「蹴球」（第6学年）の授業記録が掲載されている。また，『体育科教育の実際』には，「日月遊び，組作り遊び，鉄棒遊び」（第1学年），「球遊び」（第2学年），「フットベースボール」（第3学年），「コーナーボール」（第4学年），「蹴球・コーナーボール」（第6学年）の授業記録が掲載されている。

これら授業記録では，教材の選定理由が明記されている（表5－16）。教材選定の理由を明記することは，自己評価を行なうためであり，他者評価を受けるために必要な作業である。また，教師が主体的に教材選択を行なった証であり，一方で教材選択の責任を負う根拠となるものである。

「日月遊び，組作り遊び，鉄棒遊び」（第1学年）は，当時一時限中に複数の教材を取り扱った実践の典型と考えられる[70]。さらに，「蹴球・コーナーボール」（第6学年）は，当時の班別（グループ）学習の典型と考えられる[71]。参考までに，『新教科カリキュラムの実際』に掲載された「模倣物語り遊び」（第2学年）の学習指導の記録を，以下に示す[72]。

「模倣物語り遊び」（第2学年）の学習指導状況
（イ）日時，五月中旬，三時限，よくはれている。さわやかな春の風が，ほほをなでて流れる，どこかで小鳥もないている。
（ロ）教材，模倣・物語り遊び（島へいこう）
（ハ）目標，せんどうさんになったり，うさぎさんと遊んだり，小鳥のなかまにはいったりする。想像性の豊かな子供の心にのっていろいろなこれらの表現をさせ，表現のよろこびを味わせつつ，なごやかな，快活な心情を養い，同時にかたよらない動作をくりかえすことにより，身体の正常な発育，発達を促す。

表5－16 教材と教材選定の理由

学年	教材	教材の選定理由
第1学年	日月遊び 組作り遊び 鉄棒遊び （6月上旬・3時限目）	低学年においては，一つの運動だけで一時間を，持ちきることはむずかしい。いくつかの運動を用意しておき，その中でもいろいろ変化をつけることを考えておかなければ，子供達はあきてくるものである。日月遊びは，新しい教材，組み作り遊びは，すでに練習しているものである。鉄棒遊びも三回程度実施している。
第2学年	球遊び （10月下旬・2時限目）	二年生の頃は，まだ，ボール遊びは困難である。それは，ボールがはずむために，それに体を応じて動かすことができないからである。だから，ボールを持ってリレーをするとか，ボールをけってリレーをするといった程度のものしかできない。勿論，中には上手なものもいるにはいるが，一般的には庭球ボールやドッジボールで面白く遊べるところまでにはいっていない。しかし，おぢやみ（紅白球入用の球）ならば，球遊びの興味をあまりそぐことなしにしかも，全児に投捕の基礎的な練習をさせることができるようである。
第3学年	フットベースボール （5月中旬・3時限目）	この頃になると児童達も組織立ったボール遊びを要求するようになる。技術はまだ殆んど幼稚だ。が，フットベースボールは，ソフトボールのルールをわからせる上にも，また，大きいボールに馴れさせる上にも，球技の初歩的なものとして，適当なものといえるであろう。
第4学年	主運動 　コーナーボール 補助運動 　巴鬼，器械体操 （11月上旬・不明）	（1）コーナーボールは，冬期の運動として，えらばれるべきものであるが，この頃に，初歩的な指導をしておいて，冬期には特別な指導をしなくても，ゆかいに運動できるようにしておきたいためである。なお，協同動作に相当の興味を持ち出したこの頃の児童には，一つの目標に向かって味方同志有機的な働きかけをするこの種の運動は，社会性を高める上においても適切なものであると考える。 （2）巴鬼は，短時間に，運動量を豊富に与えることができ，保温の上からも，また，学習のはじめに，児童の気分を活発にひき立てるためにもすぐれたものと思う。 （3）器械体操は，毎時間練習種目をきめて，すこしずつ，続けることにしているものである。巧緻性を高めるというよりは，懸重力をつめていくといったもの。
第6学年（男子）	蹴球 コーナーボール （2月上旬・5時限目）	コーナーボールは，割合せまい場所で，二十名のものが，一斉に練習ができ，運動量もこの学年にふさわしい程度に与えることのできるよさがある。これに比べると，蹴球は，運動場を殆んど一杯占領してしまうので，一方に試合練習をさせながら，他のチームは，分解練習をするようにしておくというのは，場所の上からも，保温の上からも，当を得ているとはいえないであろう。むしろ，このようなさむい日は，すでに，相当熟練の域に達しているものを選んで，常に全部の児童が，活動しているというように，学習の指導は，すすめなければならない。一般に，厳冬の頃になって，新しい運動の初歩指導からはじめるというのは，よいことではないといえるであろう。

出典：広島高師附属小学校学校教育研究会『体育科教育の実際』目黒書店，1951，155-175ページ，から引用者作成。

第5章　戦後初期広島県における小学校体育の実践

（二）指導の実際

　　鐘がなった。あちこちで遊んでいた子供達がとんでくる。いつも両手を横に上げて，くるっと回っても誰にもさわらないようなところに集るように約束してある。小さい人は前の方，大きい人はうしろの方，これも約束。

　　「今日もみんな元気そうだね」といってやる。子供達は一層元気そうな顔をしてみせる。「さあ，手はよく動きますか」といって，先生と一緒に，前・上・左右にふる。「脚もよく動くかね」といって挙踵屈膝の運動をする。「うまいぞ」とほめ「今度は，手と脚と一緒にやってみるかね」といって臀前振，挙踵屈膝の運動をさせる。「今日は海を渡って，島に遊びにいこうと思うのだが，みんなお舟がこげますか，どんなにしてこぐ」という。子供たちは，足を前後にひらいて，せんどうさんの真似をする。「さあ一緒にこいでいきましょう」と体前後屈の運動をはじめる。「ぐんぐんすすむ人と，ちっともすすまない人がいるね」といって動作の小さいものをなおしてあげる。「さあ，波がだんだん荒くなったぞ，元気を出せよ」とはげまして運動をくりかえす「えいさ，えいさ」と調子をとる。途中で足をかえる。

　　「さあ，ついたよ，おい，みんな，うさぎさんのまねをしよう，島のうさぎさん，仲間がたくさんきたといってよろこぶよ」といってうさぎになり，ぴょんぴょんとんでいく。「島のうさぎさんに僕らのおどりをおめにかけよう」といってうさぎのでんぽうのおどりをする。男子と女子が交互にうたったり，おどったりする。「うさぎの体操をおぼえておこう」といって，脚の屈伸にくびの動作をリズミカルにやったり，前・後・左右にとんで，その動作をくりかえす。こうしてダンスの基本動作をやってしまう。

　　「さあ，つかれたね，小鳥さんたちのところで休ませてもらおう」といって，めいめいすきな木の下へいって休む，この場合，五本ぐらいの木を指定して，一ヶ所に八人ずつときめる。笛の合図でかけっていくが，おくれたものは，あちこちはしりまわらねばならない。最後に二人残る。残ったものは先生のそばにくる。みんなをしばらく休ませてから，残った二人に相談させて，小鳥の名前をグループ毎につけさせる。「ここははとさんよ」「ここはすずめさんよ」といって歩かせる。自分達の名前がきまったら，八人はその名前の通りのとび方をき

215

め，リーダーに従って他の小鳥さん達のところへ遊びに行ったりする。ここではすきな表現をさせて自由にたのしませる。しばらくして，鉄棒のところへつれていって，おさるさんのまねをしてあそぶ。

　「てつぼうに足がつけられますか，おさるさんよりうまいぞ」といったりして。ここでいろいろな鉄棒遊びをする。「さあ，かえろう」「かえりはゆっくりこいでかえるよ」とかるく整理運動をする。舟からおりて，せのび運動をして静かにわかれる。

（2）賀茂郡西条町立西条小学校

　西条小学校では，学習方法として「相談学習」が採用されている。相談による学習方法は，「大正十年に案出し，今日迄二十七年間これを継続実施している」[73]と示されていることから，戦前から戦後にかけて連続的に実施された学習方法であることがわかる。具体的には，「教師と児童とが同じ立場で相談し，同一円周上に於て協議し，何の遠慮も何のわだかまりもなしに談合の上解決し実行すれば，お互が理解し同情し責任感を生じひいて信頼の情がわき教育は徹底する」[74]と説明されている。

　「相談学習」の学習過程としては，全ての教科で「自識」，「講案」，「解決」の段階が設定されている。教師の役割は「子供に新しい真理，新しい正善等を発見創作させること」であり，児童は「遠慮なく誠意をもって自己を主張し討論し徹底すべき」[75]である，と示されている。

　体育科の学習展開については，『新教育研究第四集　実験学校西条教育の実際』の中の「体育学習の栞」に，基本的な方針が提示されている。まず，授業実施前の計画段階の方針を，以下に示す[76]。

  1．何を研究するか目標を立てる
   ・皆んなでどんな運動をしたいか相談する。
   ・その運動についてどんな所に特に注意して行ったらよいか考える。
   ・主運動を行う為にはどの様な附随する運動をしたらよいかを考える。
   ・運動の時間的配分を考える。
   ・みんなで相談した事項を担任の先生に相談して先生の意見を聞き何を研究して行くかを決定する。

第5章　戦後初期広島県における小学校体育の実践

2．自分の計画を立てる
　・組で研究する事が決定したのでその項目に従って自分は特にどんな所が下手であるか又自分の健康や能力も考え併せて自分はどんなに研究を進めて行ったらよいか考える。

　このように，児童が主体となって，どのような運動をするのかを相談しつつ考え，さらに教師との相談によって具体的内容を決定するよう仕組まれている。同校の体育科の学習展開の指針を，表5−17に示す。このような問題解決的な学習の展開は，全国的にみても当時の小学校の体育科ではほとんど取り扱われていないと考えられる。

　それでは，同校の体育科の授業実践はどのように行なわれていたのであろうか。1947年に実施された「ボールけり」（第2学年）の実践記録をみてみたい。表5−18は，「ボールけり」の学習指導案である。

　まず，「始の運動」については，以下のように展開されている[77]。

　　児童　自由に遊んでいる。
　　教師　オルガンを弾く。児童は音楽に合せて，足ふみしつつ自由排列。音楽が止むと共に止まる。オルガンに合せてラジオ体操。
　　教師　再び行進曲を弾く。児童自由に行進。
　　教師　今度は先生の弾く音楽を良く聞いて，それに合う様に歩いても，飛んでも踊っても良いですからやって見てください。（蝶々をひく）
　　教師　大分面白いのを，している人がありますね。Ａさんに今の通りをして頂きますから見ていて下さいね。
　　教師　さあ皆さんどう思いますか。
　　児童　止ったのもいて良いです。
　　教師　良い所に気がつきましたよ，それでは止っている所はどういう風にしたら良いでしょうか。
　　児童　羽を休めて止ったら良いと思います。
　　児童　止っているより静かに歩いたら良いと思います。
　　児童　何故ですか。
　　児童　それは踊りですから止っていたのでは良くないと思います。

表5-17　「体育学習の栞」における学習展開の指針

進め方	内　　　容
集　合	・皆んな出来るだけ軽い運動し易い服装で集まる。 ・集合したら皆んなで計画した事柄を発表し目標を再確認する。 ・時間の使い方についても計画した事を発表し再確認する。
準備運動	・体全体の運動となるよう而も短時間に出来るよう考えて行う。 ・主運動に特に関係の深い運動は充分行う。 ・自分で運動の目的をよく認識してその目的に合致するよう行う。
構　案	・種目によっては個人的差異を考えて自分の計画を基にしグループに分かれてよく相談をして練習する。 ・高学年で複雑な種目は適当に段階を分けて順次練習を進めてゆく。 ・各段階の練習と総合的練習とをよく適宜組合わせ興味を失わないように行う。 ・低学年で簡単なものは全体を総合的に練習する。 ・常に他人の技術と自分の技術とを比較検討し技術の向上に向けて研究を進める。 ・自分の研究する問題を解決した者は，次のより高次な研究問題を持ってそれの解決の為に研究を進める。 ・自分の体力に応じて過労におちいらないようにする。 ・日常の休憩時間や放課後等の時間にも自分の問題を解決するよう常に研究を行う。 ・問題を解決した喜びを味う。 ・団体で行う種目では自分の果す位置をよく知り，スポーツマンシップの掲揚を心掛ける。 ・運動器具は丁寧に使用する。
整理運動	・講案の段階で主として使用した筋肉，及び体全体の調整を行う為余り強くならぬ程度に行う。
反　省	・研究した事項の難点を発表し合う。 ・難点を工夫して行い解決した事項を発表し合う。 ・感想を発表しあう。 ・次の時間にはどこを主として研究して行くか反省を基にして考える。 ・次の時間まで練習をしておく約束を皆んなで相談してきめる。

出典：西条小学校『新教育研究第四集　実験学校西条教育の実際』1950, 153-154ページ，から引用者作成。

表5−18 「ボールけり」（第2学年）学習指導案

日時　昭和二十三年十月二十七日[注]　第二校時
題材　ボールけり
目的　児童の自然的な遊戯としての「ボールけり」に依って，全身的な運動及び音楽，唱歌を伴う模倣的な表現等を中心として，遊びの中に，けり方を研究させ，明朗活発なスポーツ精神を養いたい。
準備　ドッジボール，ソフトボール，オルガン，小黒板二枚

区分		運　　動	留意点
方法	始の運動	ラジオ体操（第一） 自由表現	自由配列 音楽に合せて 自由な行動
	中の運動	ボールけり 自識　1. 研究範囲の限定 　　　2. 用具の準備 　　　3. 研究問題の設定 　　　4. 研究事項の確認 構案　1. 自由研究（分団→個人） 　　　　どうしたら正しい方向にけられるか 　　　　イ．かるくけって見る 　　　　ロ．強くけって見る 　　　　ハ．足の痛くない様にけるには 解決　1. 相互の検討 　　　2. 補説，反省	
	終の運動	整理運動	

注　：「昭和二十三年」とあるが，「昭和二十二年」の誤表記と考えられる。
出典：西条小学校『新教育研究第二集　実験学校西条教育の実際』1948，149-150ページ，から改変引用。

児童　「菜の葉に止れ」という所で止って，その次は又とんで行く様にしたら良いと思います。
教師　皆さんどう思いますか。
児童　それが良いです。
教師　良い意見が沢山出ましたけれど，音楽に合せるには第一番に，音楽をよく聞くこと，その次に色々な歌のことばを考えねばなりませんね。それでは，皆の今云った様な事に注意してもう一度，そう，今度は

ね，全部飛んでいる蝶々になって一つの大きな円を作ってごらんなさい。(蝶々)
　　　（以下，省略）

　「始の運動」では，留意点として示された「自由排列，音楽に合せて」を意識的に実施していることがわかる。また，音楽に合せながら集合してからラジオ体操を行ない，自由表現に展開する過程には，教師の言葉かけによる工夫が窺える。
　次に，「中の運動」における「自識」の展開が，どのように行なわれているかについてみてみよう[78]。

　　　教師　それではね，今度はこのボールで遊びたいのですけど，何をしましょうか。
　　　児童　天下。
　　　児童　あてっこ。
　　　児童　なげっこ。
　　　教師　そう，いろいろなものが出来ますね。ですが今日は，これをけって自分の前の人にいくように，前の人は，又けって送るようにします。そして，決してこの丸の外から出さないこと，出した方が負けですよ。さあ，上手にけって渡すのには，どうしたら良いでしょう。
　　　児童　しっかりけることです。
　　　児童　しかかりけると云われますが，そんなにしっかりけると，外に出ると思います。
　　　児童　外に出さない様にしっかり守ったら良いです。
　　　教師　只しっかりける丈で良いでしょうか。
　　　児童　真すぐけることです。
　　　児童　自分のところへ来そうなボールは，早く前に出て，にがさない様にうけるとよいと思います。
　　　児童　手で受けるのでなく，足でけったらよいと思います。

　「自識」の展開では，教師が「今度はこのボールで遊びたいのですけど，何をしましょうか」と，児童の意見を促したうえで，実際に行なう活動を

伝えている。また,「只しっかりける丈で良いでしょうか」などの教師による誘導的な疑問の投げかけがなされ,研究事項が確認されている。続けて「講案」の展開の一部をみてみたい[79]。

　　教師　今からボールを置きますから自分自分でけってごらんなさい。
　　児童　（思い思いにける）
　　教師　（笛の合図で）どうでしたか。
　　児童　しっかりけったら足が痛いんです。
　　教師　足が痛いですね,痛くないようにけるにはどうしたらよいか,今度はもう一度けってみて下さい。
　　児童　指だけでけると痛いんです。
　　児童　ちがいます,外の指でけると痛いんです。
　　児童　指に力を入れてけるとよいです。
　　教師　足先でけって,指を曲げると痛いのですから気を付けて,曲げないようにしてけって見ましょう。では,そのままで分団に分かれて,やってみましょう。円の外へ逃した方が負けですよ。
　　児童　（分団研究）
　　教師　どうですか。
　　児童　面白いんです。良くけれるようになったのです。
　　（以下,省略）

　「構案」の展開では,「しっかりけったら足が痛い」という児童の意見に対して,まず児童たちの意見を聞き,その後教師がどうすればよいかを指示してから,分団練習を展開している。最後の「解決」[80]の過程では,簡単に教師によってまとめが述べられ,その後,音楽の授業のような内容が展開され,授業が終了する。
　次に,1947年に実施された「ソフトボール,ドッジボール」（第5学年）の実施記録をみてみたい。学習指導案を,表5－19に示す。ソフトボール（男子）とドッジボール（女子）の学習指導案が示されているが,以下では女子のドッジボールの展開をみていくことにする。
　「自識」の展開では,教師と児童のやり取りの中から課題が確認されて

表5－19　「ソフトボール，ドッジボール」（第5学年）学習案

日時	昭和二十二年十月三十一日　第四校時（正味一時間）
題材	ソフトボール（男子），ドッジボール（女子）
目的	最近最も興味をもって来た，ソフトボール，ドッジボールの球技を通して，明朗なうちに，共同性，責任観念の諸徳を涵養し，併せて身体各部の巧緻，軽捷性を向上せしめたい。
準備	ソフトボール，バット，ベース板，ドッジボール，その他
区分	ソフトボール（男子） 第一次…予定立案 第二次…基礎練習 　　　　・投球，・打撃 第三次…総合練習（本時） 　　　　・守備攻撃，・試合	ドッジボール（女子） 第一次…予定立案 第二次…基礎練習（本時） 　　　　（各班で自由研究） 　　　　・投球練習（パスボール，攻撃ボール） 　　　　・捕球練習（パスボール，攻撃ボール） 第三次…総合練習 　　　　・攻撃守備，・試合
方法	第一ラジオ体操，集合，互礼（準備運動を兼ねて全員に行う） 　　ソフトボール（男子） 自識　1.　研究範囲の限定（ソフトボール総合練習） 　　　2.　自発問題提出（試合上の留意点） 　　　3.　自発問題統制 　　　4.　研究事項の確認（本時のめあて） 　　　5.　用具，諸準備点検（運動係） 　　　6.　服装調べ（爪，服装）（風紀係） 構案　1.　整列，互礼，先後決定 　　　2.　審判決定（児童より選出す） 　　　　球審二名，塁審四名， 　　　3.　試合開始 　　　　攻撃　バットの振り方 　　　　　　　　（眼，水平，定） 　　　　　　　スタート 　　　　　　　　走塁，盗塁 　　　　守備　捕球 　　　　　　　　恐れず落着くこと，腰をおとして投球目標を正しく確認 　　　　　　　投球 　　　　　　　　落着いて正確，機敏に 解決　1.　研究事項の発表補説　2.　反省，納得 　　　3.　整理運動，集合，互礼，解散　4.　後始末	ドッジボール（女子） 1.　用具，諸準備点検（運動係） 2.　服そう調べ（風紀係） 3.　研究範囲の限定 4.　研究事項の確認 1.　自由研究 　　（各班で相談研究） 2.　教師巡視指導相談 　　投球 　　　パスボール（はやく，正確） 　　　攻撃ボール（きつく，正確） 　　捕球 　　　パスボール（次の投球に便利，正確） 　　　攻撃ボール（確実（恐れない），いたくない捕球）

出典：西条小学校『新教育研究第二集　実験学校西条教育の実際』1948, 155-157ページ，から引用者作成。

第５章　戦後初期広島県における小学校体育の実践

いる様子がわかる。

 教師　女子でドッジボールの上手な人は誰ですか。
 児童　○○さんです。△△さんです。
 教師　はい，わかりました。では○○さんや△△さんはどんな所が上手ですか。
 児童　どんなのを投げてもとられます。
 児童　きつい，きついボールを投げられます。
 教師　そうですね，ドッジボールではうけとる事と投げる事が大切なのです。投げると言っても敵に投げつける時と味方の人にパスする時がありますが，今日はその投げ方，とり方をどんなにしたら一番良いか各班で相談して実際に練習しながら研究して行きましょう。
 児童　ハイ，ハイ。（手をたたくものあり，とび上がるものあり）
 教師　それでドッジボールを勉強するのは今日が始めてですから各班に一個宛ボールを貸して上げますから班長さんを中心にしてしっかり相談して見て下さい。

「講案」の展開における班別の自由研究では，班長を中心として，児童がお互いに相談するなかで課題を解決しようとしている。

 班長　今からドッジボールの投げ方と捕り方の研究をします。始めに投げ方の方からやります。投げ方には，どんな投げ方があるか始めに考えて見れば良いと思いますが皆さんはどうですか。
 児童　よいと思います。
 班長　それでは，それについて発表して見て下さい。
 児童　……（発表がない）
 班長　皆さんは何時もどんな投げ方をしていますか○○さんはどうですか。
 児童　ハイ，私は両手で投げています。△△さんはどうですか。
 児童　ハイ，私は片手で女投げをします。
 班長　まだありますか。
 児童　女子にはありませんが，男子の人は片手で肩の上から投げられる人があります。それ位だと思います。

班長	三通りありました。もうないでしょうか。
班長	では、この三通りを実際にやってみます。丸く輪になって下さい。自分に向かい合っている人に球を投げます。始めに両手で投げてみて下さい。
児童	むつかしいね。
児童	少しもとばないね。(練習する)
班長	今度は片手の女投げをやってください。
児童	やはりこれが一番やさしいね。
班長	男子の投げ方をやって見ましょう。○○さん、やって見て下さい。
児童	どうも変ですね、一寸違うようですね。
班長	あとで先生に聞いてみましょう。今練習をしてどう思われましたか。△△さん、どうでしたか。
児童	両手で投げるのはむずかしいし、あまりとばないから駄目だと思います。やはり女投げが一番良かったと思います。

また、教師の巡視指導では、示範をふまえながら児童の疑問（両手投げ、男子の投げ方）を解決しようとしている。

児童	両手で投げると、とてもむずかしいから、やらない方がよいと思います。
教師	そうですね、遠く投げたり、きつく投げたり出来ませんね、而しとって投げるには一番早く投げられるでしょう。だから、味方同志でははやくパスする時などには、役に立つ事があります。○○さん一寸出て見なさい、この様にやるのです。(示範する)
児童	男子の人が投げているのを教えて下さい。変なかっこうになるのです。
教師	そうですか、貴方一寸やってみなさい。ああ、足の構えが反対です、そうそうその様にするのです。この投げ方は捕って早く投げられるし、だいたい方向も決まり易いし、きつく投げる事も出来るし、攻撃にもパスにも両方使う事の出来る便利な良い投げ方だと思いますからしっかり練習して見て下さい。

最後に「解決」の展開では，本時の成果を発表させ，教師による総括が行なわれている。

 教師 大変良く研究出来ました。今日研究した事で気のついた事を言って見て下さい。（……中略……）
 児童 私達は投げ方には両手で投げるのと片手で投げるのとがあり，片手投げにも女投げと，肩の上から投げるのとある事がわかりました。
 児童 両手で投げるのはむつかしいし，あまりとばないから味方同志のパスに使うだけで攻撃には使えないこと，女子では仲々方向が定まりむずかしいこと，肩の上から片手で投げるのは良いが，私達にはむずかしい事が研究してわかりました。
 教師 良い研究でした。どの班も研究が出来ていると思いますが後で紙をあげますからまとめて見て下さい。今日は皆さんが皆さん同志で相談したり研究したりして面白かったと思います。先生も愉快でした。今の発表等をもとにして今からも大いに努力しましょう。

(3) 呉市立長迫小学校

長迫小学校では，「過去四か年に亘って，学校経営，教育課程の研究につとめると共に，昨年度は学習指導の問題を採り上げて，全体的な立場に立って，学習指導過程並に学習指導形態の問題にふれてみたのであるが，本年度は更に進んで各教科の学習指導過程を中心として，ささやかな歩をつづけて来た」という経緯から，1952年に『研究報告 第五号——各教科学習指導過程——』を公表している[81]。

体育科に関する研究報告としては，まず，「体育科学習指導の現状とその反省」が述べられている。この中で，同校の体育科における学習指導の現状と問題点は，以下のように示されている[82]。

 1．毎時間ソフトボールか，ドッジボールが行われているのが，体育の授業である。
 2．ルールが守られないで競技が行われている。
 3．体育の学習指導の時間しまりがない。

4．常にラジオ体操のみ徒手体操として行われている。
　　5．団体的朝会体操が思わしくない。
　　6．行進や後向きがバラバラで揃っていない。
　　7．音楽にあわせようとしないで行進が行われている。
　　8．砂場の砂が十分でない。甚だしいのは砂場もない。
　　9．ボールの数が少ない。
　　10．跳箱も体操腰掛も平均台も数が不足であったりなかったりする。
　　11．手洗場も足洗場も不完全である。
　　12．オルガンも二，三しかない。

　とりわけ，毎時間同じ教材を使用した授業が行なわれることについては，「『スポーツ即体育である』と見誤られた見方」であると指摘し，さらに「体育が自由で自然な一生を通じての，レクリエションにつながることを強調し過ぎた考え方があった」[83)]との反省がなされている。また，設備や用具の不足については，「市町村の経済力不足」，「PTAの負担に仰ぐことができない」，「戦災失業都市では，校舎建築でせい一ぱいである」[84)]という原因を指摘している。このような現状と問題点を踏まえたうえで，体育科の指導方針が再検討されることになる。同校で示された体育科の指導方針を，以下に示す[85)]。

　　1．目標をもって指導する。　2．計画的に指導する。
　　3．季節に応じて指導する。　4．健康生活に留意して指導する。
　　5．他教科と連関して指導する。
　　6．機会均等の原則を重んじて指導する。
　　7．性別や個人差に応じて指導する。　8．自発活動を重んじて指導する。
　　9．練習における条件（練習時間と回数，進歩の評価，特殊な工夫）。

　同校の指導方針は，「練習に於ける条件」を除いて，『小学校体育編（試案）』で提示された指導方針であり[86)]，具体的な内容については，日本体育指導者連盟が1950年に発行した『体育の学習指導　小学校編』の内容をまとめていると考えられる[87)]。

第5章　戦後初期広島県における小学校体育の実践

　次に，同校では「体育の躾の問題」が検討されている。同校の体育科における具体的な躾の問題とは，「授業がだらだらして，しまりがない」，「学習に協力，積極性がない」，「児童は持久心が少ない」，「習慣がよくない」，「体育の時間に他学級のことを省りみない」であった。これらの原因として，「戦後の激動に伴って食糧不足，経済不安，精神的動揺等に基づく不可避の現象であって，どうすることも出来ないという半ば諦観したということが体育においても，大いに影響した」と示し，戦後の社会混乱を指摘している。また，「教師が急激な教育変革に応じて，自らの精神的な変革を遂げることが困難であった」とし，占領教育政策への対応が難しかったことを明らかにしている。さらに，「自発性を重んじる戦後の新教育は荷が勝ちすぎて，優秀な教師に於て，はじめて可能であるが，その方面に熟練の足りない教師には，中々その真髄を発揮することが出来ない」と述べている[88]。

　同校では体育科における学習指導の問題点，あるいは体育と躾の問題を踏まえて，「体育科の学習指導過程」が検討されることになる。ここでは，第4学年のドッジボール単元の指導過程が一例として報告されている。

　単元を実施するために，「生活の実態調査」，「興味の調査」，「能力の調査」が行われている。生活の実態調査では，「学校で行う自由時間（休憩時間，放課後時）ではどんな遊びをしているか」，「家庭附近での遊び」を調査している。興味の調査では，「体育時間（正課の時間）にどんな運動に興味があるか」を調査している（表5−20）。能力の調査では，「投げる力」，「目標に向かって正しく投げる力」を調査している。

　これらの調査に基づいて，教師の学習指導目標と児童の学習目標が決定されている。教師の学習指導目標は，「目標が一方に偏したり，或は多くの目標を求めすぎて一時間の学習指導がうやむやに終ったりする事のないために必要である」[89]と説明されている。また児童の学習目標は，『体育の学習指導　小学校編』を参考に作成されている[90]。以下に，第4学年のドッジボール単元における教師の学習指導目標を示す[91]。

1．ドッジボールは子供達の欲求によるものが多いのでややもすると子供のすききらいにまかせ，又無秩序に行われ易い。秩序正しく，わがままな態度を是正し，他人の迷惑にならぬように指導することが必要である。
2．ボールを扱う種々の技能（投げる，掴む，走る，跳ぶ）を会得させ又身体的能力を高めるように努めること。技能を会得させるのにも子供達が楽しく愉快にゲームを行うようにすること。又たとえ技能が劣っても劣等感をもたせないように組分けやゲームの方法を考えて行うことが必要である。そうして皆に均等にゲームに参加する機会を与えるように指導することが大切である。
3．各個人の能力に応じて目標を与え成功の喜びを味わせる。
4．身体的発達を図ることは勿論であるが，とくに社会的性格（責任，協調，果敢積極，明朗，同情，犠牲）の育成に努めることが大切である。

表5-20　「体育時間（正課の時間）にどんな運動に興味があるか」の調査結果

(人)

種　類	男子	女子	種　類	男子	女子
ドッジボール	22	20	ジャングルジム	17	15
野球	24	17	ボール送り	15	19
リレー	22	17	幅跳び	16	17
なわとび	14	20	マット運動	19	12
ダンス	8	22			

注　：調査期日（10月中旬），調査人員（男子26名，女子24名），調査方法（興味のあるものを1人で1種類以上書く），結果（興味のあるものを9種目のみあげている）。
出典：広島県呉市立長迫小学校『研究報告　第五号——各教科学習指導過程——』1952，184ページ，から改変引用。

それでは，第4学年のドッジボール単元の具体的な学習展開をみてみよう。まず，前回の授業時の反省から，「ボールを受取る，ボールを正確に投げる，ボールを受取ったらすぐ投げる，腕を強くする運動」[92]という課題が掲げられている。これらの課題に基づいて，学習内容が「児童との話し合い」を経て，「パスの練習」，「腕を強くする運動，即ち鉄棒運動」と

第5章　戦後初期広島県における小学校体育の実践

決定されている。学習（授業）の展開を，表5－21に示す。このドッジボールの学習展開は，『体育の学習指導　小学校編』を参考に構想されたと考えられる[93]。ただ，指導の各項目については，より具体的に示されている。

最後に同校の体育科における評価についてみてみよう。評価に関しては，「教師はその学習が思うように行われなかった場合，一般的に『今日は面白くない，子供がぐずぐずしていた』と反省するのみで，なぜ本時のねらいを果たすことが出来なかったかと，一歩深くつきこんでみようとしない」[94]と述べている。そのため，同校では，教師の自己評価と児童の自己評価を実施している。第4学年のドッジボール単元における児童の自己評

表5－21　ドッジボールの学習展開

児　童　の　活　動	学習方法	指　　　　導
・両手間隔の四列横隊にならび準備運動 　（教師が指導する） ・鉄棒の前に整頓 ■　　■　　■　　■ ○○　○○　○○　○○ ○○　○○　○○　○○ ○○　○○　○○　○○ 一らんの鉄棒で一時に二名づつ行うようにする	共同学習 班別学習	・腕，胸，腰背，腕足の運動を運動部委員一名ずつに教えその者が列外の適当なところに出て教師の補助をしながら行っていく ・動きの充分でない者，間違っている者はなるべく早くなおさせる ・全体に上手でないときは互に向い合わせて練習させる ・あきれる者がいたら全員その者に向かってやらせる ・鉄棒を正しく握っているかどうかに注意する ・できない者には無理に行わせることなく腰をささえて静かに回してやる
・懸垂跳上—前回り下り 　数回練習 　　できないものは四班とし一番低い方に一組としてならぶ ・出来たものは大きな方につめて足かけ上り 　数回練習 　　できない者を三班とし前回同様の方法で組を編成 ・出来る者は足かけ逆上り，又は逆上り	同質の児童をもって班に編成	・何回足で体をふってもよいから上ればよいことにする ・四班三班にきめられた者は危険のないように互に補助し合って練習させるようにする ・鉄棒にさわりながら見学することは禁止する

数回練習 ・両種目できた者は一班，他の一方ができた者は二班とする ・班別にリーダーを定め，三，二，一班は各自で研究しながら練習する ・各班昇級テスト 　四班より逐次二名実施 　他の者はしゃがんで見学	個人学習	・四班は多分に危険性があるので一人一人に補助を与えてすみやかに三班に移行できるようにする ・できないものに応援するのはよいが，からかったり軽べつしたような言動はさせない ・できるようになった者には拍手を送り次の段階に班に編入させる
・ドッジボールゲーム 　外野五名選出 　礼 　ジャンプボール 　ゲーム 　二回戦実施	性別にジャンプボールの練習を行う	・外野を選ぶ場合は投力を考えて選出させる ・パスに重点を置く 　・ボールの速さ―なるべく一直線に投げること 　・ボールの高さ―手を上げた位の高さ 　・パスの方向―受けたボールを直ぐ投げられるようにその投げる方向を意識しながら次の行動の取り易い姿勢をとっていること 　　不規則　一定の方向などを混合する ・特別にゲームを中止して指導する必要がある時はその都度ゲームを中止して指導する ・ゲームは男女混合で行う
・反省		・きまりについて一時間中どうであったか（組全体として） ・今日の係の準備はどうか ・足かけ，逆上りの時間の時の個人研究の場合自分はどうして出来なかったか ・外野の選び方はどうか ・ボールの速さの練習は休憩時間にしたか
・次時の計画		・雨天時　運動と休養 ・晴天時　パスのみでなくチームワークのとり方
・整理運動		

出典：広島県呉市立長迫小学校『研究報告　第五号――各教科学習指導過程――』1952，189-190ページ，から改変引用。

価表を,表5-22に示す。ここでは,「社会的性格」と「技能」が点数化される仕組みになっている。「社会的性格」を評価項目に掲げた背景には,躾の問題が同校に顕在化していたからだと考えられる。

表5-22 ドッジボール単元の評価表

		+2	+1	0	-1	-2
社会的性格	懸垂運動の時順序よく行ったか	非常によかった	やや積極的に行った	普通である	少しぐずぐずしたりした注意をうけて行った	ぐずぐずしていたさわいだりした
	できないものに手伝ってやったか	親切にてつだってやった	親切に手伝ったが不平をやった	時々手伝ってやった	注意をうけてから手伝った	他人のことは何もしなかった
技　　能	逆上り,足懸け,逆上り,懸垂跳上り,前回り,下りの何れか出来たか	何れも四つの運動が一回に出来た	三つの運動が出来た	二つの運動が出来た	前回り,下りしか出来なう	先生に補助してもらって出来た友達に補助してもらって出来た
	ボールのパスの練習はどうか	一直線に手を上げた位の高さに投げられた	一直線に投げることが出来た	ボールが時々相手に捕えられないときがある	ボールが山のようになって一直線にどうも投げられない	ボールが相手まで届かない

出典：広島県呉市立長迫小学校『研究報告 第五号――各教科学習指導過程――』1952, 191ページ, から改変引用。

　ここまで,広島高等師範学校附属小学校,西条小学校,長迫小学校における体育科の運動指導の展開をみてきた。広島高等師範学校附属小学校では,教師による主体的な教材選択が行なわれていることが明らかになった。教師の主体性の確立は,戦後の「新体育」の具現化の一つの到達点であると考えられる。西条小学校では,戦前からの教育方法である相談学習を戦後も継続し,体育科の学習にも援用することで,当時の体育科としてはほとんど取り扱われなかった問題解決的な指導を展開している。児童中心の体育という,『要綱』以降に盛んに標榜されてきた理念を具現化した数少

ない実践の一つであると考えられる。長迫小学校では,『小学校体育編（試案)』，あるいは日本体育指導者連盟の『体育の学習指導　小学校編』に依拠しながらも，学校独自の調査と現実的な問題点を基に実践を展開している。とくに学校体育と躾の問題は，占領教育政策から生じたものであり，実践に影響を与えた問題点の一つであった。

注
──────

1）広島県教育委員会事務局指導課（編）『第一回初等教育研究集会報告』1950。以下，本項に限り同書からの引用は,本文中に<10>のようにページ数だけを示す。
2）「本郷プラン」については，1948年4月までの実践成果が，大田堯『地域教育計画（広島県本郷町を中心とする実験的研究)』福村書店，1949，にまとめられている。以下，本項（1）に限り同書からの引用は,本文中に<70>のようにページ数だけを示す。
3）広島高師附属小学校学校教育研究会『新教科カリキュラムの構想　教育の新設計　第一集』目黒書店，1950，1-97ページ。以下，本項（2）に限り同書からの引用は,本文中に<60>のようにページ数だけを示す。
4）広島県賀茂郡西条町立西条小学校『新教育研究第三集　実験学校西条教育計画の実際』1949，8ページ。
5）同上書，8ページ。
6）同上書，5ページ。
7）同上書，5-8ページ。
8）同上書，5ページ。
9）同上書，9ページ。
10）同上書，10ページ。
11）広島県賀茂郡西条町立西条小学校『新教育研究第四集　実験学校西条教育の実際』1950，24ページ。
12）同上書，25ページ。
13）同上書，24ページ。
14）同上書，26ページ。
15）同上書，153ページ。
16）同上書，26ページ。
17）広島市立己斐小学校「わが校のカリキュラムと一日のプラン」野瀬寛顯（編）『実験報告カリキュラム構成の技術』小学館，1949，219-228ページ。

18) 同上書，219-220ページ。
19) 同上書，220ページ。
20) 同上書，223ページ。
21) 同上書，223ページ。
22) 同上書，224ページ。
23) 水野諭「平和教育を目ざす『己斐プラン』の公開」教育技術連盟（編）『教育技術』小学館，4巻12号，1950年3月号，14-18ページ。
24) 同上書，16ページ。
25) 同上書，16ページ。
26) 同上書，18ページ。
27) 同上書，18ページ。
28) 同上書，18ページ。
29) 広島県山県郡大朝小学校「わが校のカリキュラム構成態度」教育技術連盟（編）『教育技術』小学館，4巻12号，1950年3月号，35ページ。
30) 同上書，35ページ。
31) 同上書，36ページ。
32) 広島師範学校女子部附属国民学校『学習形態の研究』1946，4-5ページ。
33) 同上書，5ページ。
34) 同上書，8ページ。
35) 広島大学三原分校附属三原小学校『小学校の教育課程』1951，1ページ。以下，本項（6）に限り同書からの引用は，本文中に<5>のようにページ数だけを示す。
36) 岸野雄三，竹之下休蔵（共著）『近代日本学校体育史』東洋館出版，1983，253ページ。
37) 前掲書4），23ページ。以下，本項（1）に限り同書からの引用は，本文中に<20>のようにページ数だけを示す。
38) 広島高師附属小学校学校教育研究会『新教科カリキュラムの実際 教育の新設計 第二集』目黒書店，1950，156ページ。
39) 同上書，156-157ページ。
40) 同上書，157ページ。
41) 加藤清英「鉄棒運動の指導計画」広島高師附小学校教育研究会『学校教育』373号，1948，45ページ。
42) 吉崎正行「我が校の体育」広島県教育委員会（編）『広島県教育時報』1950年10月，18-19ページ。
43) 同上書，18ページ。
44) 同上書，18ページ。

45) 同上書, 19ページ。
46) 広島市立草津小学校『草津教育』白鳥社, 1950。
47) 同上書, 7ページ。
48) 同上書, 8ページ。
49) 前掲書35), 8ページ。ルビも本文に掲載されているものを引用した。
50) 同上書, 718ページ。
51) 同上書, 719-723ページ。
52) 同上書, 455-456ページ。
53) 同上書, 457-462ページ。
54) 同上書, 466-575ページ。
55) 広島県呉市立長濱小学校『長濱教育課程』1952。
56) 同上書, 3ページ。
57) 同上書, 36ページ, 71ページ。
58) 浅川正一「第二回体育研究会を観る」『新体育』1947年11・12月合併号, 45ページ。
59) 同上書, 45-46ページ。
60) 広島県呉市立横路小学校『横路教育課程』1952。
61) 同上書, 184ページ。
62) 同上書, 184ページ。
63) 前掲書38)。
64) 同上書, 235-243ページ。
65) 広島高師附属小学校学校教育研究会『体育科教育の実際』目黒書店, 1951。
66) 同上書, 103-109ページ。
67) 同上書, 111-112ページ。
68) 同上書, 112-114ページ。
69) 同上書, 116ページ。
70) 拙稿「戦後初期の広島高等師範学校附属小学校における体育実践」『スポーツ史研究』第17号（2004）, 96ページ。
71) 同上書, 97ページ。
72) 前掲書38), 238-240ページ。
73) 広島県賀茂郡西条町立西条小学校『新教育研究第二集　実験学校西条教育の実際』1948, 12-13ページ。
74) 同上書, 12ページ。
75) 同上書, 12ページ。
76) 前掲書11), 153ページ。
77) 前掲書73), 150-151ページ。

第 5 章　戦後初期広島県における小学校体育の実践

78）同上書，151-152ページ。
79）同上書，152-153ページ。
80）同上書，153-155ページ。
81）広島県呉市立長迫小学校『研究報告　第五号――各教科学習指導過程――』1952。第一号から第四号が公表されていると考えられるが，未見である。
82）同上書，162ページ。
83）同上書，163ページ。
84）同上書，176ページ。
85）同上書，172-176ページ
86）文部省『学習指導要領小学校体育編（試案）』大日本図書，1949，8ページ。
87）日本体育指導者連盟『体育の学習指導　小学校編』上巻，金子書房，1950，94-103ページ。
88）前掲書81），178-179ページ。
89）同上書，186ページ。
90）前掲書87），343ページ。
91）前掲書81），186ページ。
92）同上書，188ページ。
93）前掲書87），360-362ページ。
94）前掲書81），190ページ。

終　章

第1節　戦後初期広島県における小学校体育の特色

　本研究の課題は，次の二つであった。一つは，広島県の教育行政機関が，GHQ / SCAP・CIE や文部省による敗戦直後の教育政策課題をどのように受け止めたのか，そして戦後初期の学校体育の方向と枠組みを提示した『学校体育指導要綱』(以下，『要綱』と省略）の具現化をどの程度サポートできたのか，である。もう一つは，広島県下の小学校で学校体育がどのように具体化されていったのか，さらに実際の内容がいかなるものであったのか，である。

　第一の課題については，次のようにまとめることができる。広島県の教育行政機関は，敗戦後に軍国主義学校体育を撤廃するために学校体育に関する検討会を実施している。しかしながら，多くの教師に対しては，文部省からの通牒を通知するにとどまっている。そのため，多くの現場の教師は，通牒で示された内容を最終的に自己判断しなければならず，主体的に新しい学校体育の姿を見出すことが困難であった。

　『要綱』の具現化をどの程度サポートできたのかについてみてみると，広島県では「学校体育学習指導要領」を雑誌『芸備教育』の紙面上で公表し，現場の教師に『要綱』の内容の一部を事前に周知する努力がなされている。また，広島県として『小学校体育の実際指導』という指導書を発行することで，『要綱』の理念の普及に寄与し，現場で指導する教師の教材選択とその指導に貢献している。一方で，エスキーテニスという独自の教材が，1951年の文部省の『中学校高等学校学習指導要領保健体育科体育編（試案）』に採用されており，中央に対する貢献もなされたと言えよう。

第二の課題については，次のようにまとめることができる。広島県下の各小学校における体育科はどのように具体化されたのかという問題については，まず，現場の教師自ら「新体育」の構想を試みる努力がなされている。また，IFEL や小学校教員研究集会の参加者が地域の指導者となり，主体的に学校体育を構想する必要性を示したと考えられる。さらに，広島県下全域を対象として，広島県発行の『小学校体育の実際指導』に基づいた講習会が開催されたことで，体育科の内容と授業の方向性が定まったと言えよう。

　実際の学校体育の内容についてみてみると，まず，各小学校のカリキュラムにおける体育科の位置づけについては，運動領域については系統性が重視され，他教科との関連なく独立して位置づけられている。ただ，衛生領域については，主に体育科として取り扱うことを構想した小学校もあったが，大部分の小学校が他教科や他領域に一部統合して取り扱うことを構想している。

　次に，体育科の方針と内容については，独自に参加した民間教育団体の考えや，戦前に確立した教育方法が反映している小学校がみられた。地域カリキュラム研究やコア・カリキュラム研究の成果は，主体的で新しい体育カリキュラム構成の方法を創出する契機となっている。また，指導書や各種講習会が充実することで，学校や教師の裁量で体育科の運動領域の内容を決定するようになっている。さらに，教師が自ら教材の選定理由を掲げ授業に臨んだことは，授業の責任を教師が負うという自覚と主体的な実践の創造を生み出すものであった。

　戦後初期の広島県における小学校体育の形成と展開過程を鳥瞰的に眺めると，学校間に取り組みの差があったことがわかる。どの学校の実践が優れていたかということは問題にならないが，主体的に実践できたかできなかったかという差は大きいであろう。

　戦前あるいは戦中の学校体育が全面的に改められ，さらに占領教育政策の枠内にありながらも，これらを相対化し，実践を積み重ねるなかで独自の体育科を創出していく作業が広島県で展開された意義は大きい。

終 章

　最後に，広島県の小学校を手掛かりとしてみえてきた，戦後初期における学校体育の形成と展開について述べておきたい。敗戦後，日本の学校体育は，アメリカを中心とした占領軍の主導によって，軍国主義的あるいは国家主義的な学校体育の理念と実践を排除することから始まった。ただし，軍国主義学校体育を排除する作業が強調されるあまり，軍国主義学校体育に代わる新しい学校体育を創出する作業がバランスよく行なわれたとは言い難い。そのため，多くの現場の教師は，軍国主義学校体育の排除を機械的に行なわなければならなかったと考えられる。もちろん，一部の教師は，学校体育が戦争へ加担したことを真摯に反省し，新しい体育の創出に向けて自主的な努力を行なっている。

　1947年の文部省による『要綱』は，戦後の学校体育の起点となるものであり，その後の学校体育を方向づけた。この『要綱』の理念や方向性を基本としながら，都道府県単位あるいは各学校で新しい学校体育が模索された。具体的には，都道府県の教育行政機関では，指導書の発行や講習会の開催などで『要綱』の理念の普及に努めた。各学校の教師に関しても，自主的な研究や各種講習会への参加などから，地域や生活に根ざした学校体育実践を創出しようと努力した。このような取り組みは，全体としてみれば遅々としていたが，継続的に行なわれ，1949年の文部省による『学習指導要領小学校体育編（試案）』の発行以降，一定の成果がみられるようになった。一方で，この時期に盛んに行なわれた地域カリキュラム研究やコア・カリキュラム研究の成果，民間教育団体の理念や実践，戦前に確立した教育実践の再構成などが，学校体育カリキュラムの構成や指導法の発展に貢献している。

第2節　本研究のまとめ

　本研究の目的は，広島県内の小学校で主体的に取り組まれた学校体育実践を取り上げ，戦後初期における学校体育の形成と展開を明らかにするこ

とであった。

　まず，戦時下の広島県における軍国主義学校体育の状況を，「国民学校体錬科教授要項」の講習会と国民学校における体錬科の取り組みから把握した。そして，敗戦後に軍国主義学校体育がどのように清算されたのかを，当事者の回想と戦後の国民学校期における学校体育実践から明らかにした。

　次に，『アメリカ教育使節団報告書』，『新教育指針』，『要綱』の内容を把握したうえで，広島県における教育行政が，『要綱』の普及と浸透にどのように取り組んだのかを明らかにした。また，広島県内で発行された教育・体育雑誌の記述から，戦後の「新体育」を現場の教師がどのように理論化していったのかを明らかにした。さらに，戦後初期の広島県で学校体育がどのように展開されたのかを，講習会や研究集会を手掛かりにして明らかにした。最後に，広島県内の小学校における具体的な体育科の方針と内容，さらには具体的な実践について，報告書や実践記録から明らかにした。

　これまで，戦後初期の学校体育改革に関する研究は，政策や学校体育の理念の解明に重点が置かれていた。本研究では広島県という一地域ではあるが，地方という視点から，戦後初期の学校体育改革の内実の一端を明らかにすることができた。また，本研究で使用した資料の中には，これまでの学校体育史研究のなかでも初見のものも含まれており，その意味で新資料の発掘という意義もあると思われる。

　さらに，本研究で取り上げた地域カリキュラム研究の実態は，現在の「総合的な学習の時間」や「特色ある教育」における体育科の在り方を探る上での好個な比較資料となると思われる。また，本研究で取り上げたIFELは，体育科教育学の基礎となるものである。それゆえに，本研究は現在の体育科教育学研究に意義ある成果をもたらすと思われる。

補遺　「エスキーテニス」の成立と普及

はじめに

　本研究の目的は,「エスキーテニス」の成立過程および初期普及過程を明らかにすることである。エスキーテニスは,被爆後の広島市で誕生し,その後全国的に普及活動が行なわれたレクリエーションスポーツである。

　エスキーテニスに関する先行研究は,菊地邦雄の『エスキーテニス──広島で生れ育ったスポーツ技術と科学的分析』(杏林書院, 1978) がある。菊地は,「エスキーテニスの誕生」[1]と1947年から1975年までの「歴史的歩み」[2]について言及している。

　本研究では先行研究の成果を参考にしつつ,第一の課題として,エスキーテニスの成立過程（ゲーム概要,道具,組織,規約）を明らかにする。第二の課題として,エスキーテニスの初期普及過程を学校体育と社会体育に分けて明らかにする。学校体育におけるエスキーテニス普及過程については,学習指導要領への導入過程を考察する。社会体育におけるエスキーテニス普及過程については,名称の普及,施設の拡充,組織の拡充について検討する。

　本研究で使用する資料は,日本エスキーテニス連盟所蔵資料[3]と,エスキーテニス創設期の関係者からのインタビュー[4]である。

I. エスキーテニスの成立過程

1. 国際平和大学の設立構想

　1945年8月6日，広島市に原子爆弾が投下された。原子爆弾は，広島市を一瞬にして破壊し，多くの死傷者を出した。この広島市を原爆被害から復興するにあたり，広島市を平和の発信地として復興することが望まれていた[5]。このような中で，広島市を平和の発信地とするための一つの構想として，「国際平和大学」を設立しようとする動きがなされている。国際平和大学の設立構想は，当時呉市長の水野甚次郎や高良とみ[6]によって発起されている[7]。国際平和大学の設立構想が発起された正確な期日は不明であるが，水野の就任期間から推測して1946年1月14日から同年11月15日までの間であると考えられる。そして，国際平和大学の初代総長として尾崎行輝（政治家）を迎えようとしていた[8]。尾崎と親交が深かったのが，事業家の宇野本 信である[9]。そのため，宇野本は国際平和大学の設立構想に参加することになる。1947年9月10日，宇野本の自宅に森戸辰男文部大臣を迎え，浜井広島市長を会長として「国際平和大学誘致期成同盟」が結ばれている[10]。その後，国立総合大学（現広島大学）が設置されることとなり，国際平和大学は設立に至らなかった。

2. 教育科学文化研究所の設立構想

　国際平和大学の設立は構想に終ってしまったが，長崎英造（広島大学設立東京促進会会長）は，広島には大学院に匹敵すべき研究所を創設すべきだと提唱している[11]。宇野本は，この研究所の設立を佐伯好郎（宗教史学者）に相談している。その結果，中江大部（広島工業専門学校長）のほか多数によって，「教育科学文化研究所」（Education, Science and Culture Institution，略称「ESCI」）が構想されることになる[12]。この教育科学文化研究所が構想された正確な期日は不明であるが，国際平和大学誘致期成同

盟が結ばれた1947年9月10日からエスキーテニスの草案が完成する1948年までの間であると推測される。そして,「ESCI創設期成同盟会」が結成されるが,当時のインフレに喘ぐ経済状況では,研究所の設立は困難であるという理由から,教育科学文化研究所も構想にとどまっている[13]。

3.エスキーテニスの誕生

　教育科学文化研究所も設立されなかったが,教育科学文化研究所の必要性を啓蒙するため,ユネスコ精神を採入れた平和を目的としたゲームを創出することが提案されている。このゲームの創出は誰が発起したかは不明であるが,「平和問題はスポーツに持つところが多い」[14]という理由から新しいスポーツを案出することになる。具体的な作業は,宇野本に依頼されている[15]。彼が依頼された理由は,戦前,実用新案特許をおよそ120以上取得しており,「発明家の宇野本」として広島にその名が知れわたっていたからだと考えられる[16]。一方,スポーツの経験が無かった彼が,平和を目的としたスポーツの考案に協力したのは,原爆で娘をなくし,「平和運動に全身全霊を捧げたい」[17]と考えていたためである。

　宇野本は,狭い場所でも十分に楽しめて,お金がかからず,有り合せのもので簡単にできるスポーツはないかと思案している[18]。また,その際に当事の広島県体育課長の吉岡隆徳から指導をうけ研究している[19]。このようにして創出された平和ゲームは,教育科学文化研究所(Education, Science and Culture Institution)の頭文字を付けて「エスキーゲーム(ESCI Game)」と称されることになった。エスキーゲームの中心となる種目が,「エスキーテニス」である。エスキーテニスの特徴は,狭い場所でもできること,ボールに羽根が着いていること,失点を数えることである。また,1951年からは段級制度が採用されている。

　エスキーテニス以外のエスキーゲームとして,エスキーテニスよりネットを高くし日本古来の羽根突きに類似した「はねつきエスキーゲーム」,三人一組を三組集めて行なう「はねつきトリオゲーム」,はねつきエスキーゲームを簡易化した「エスキーロビー」,エスキーロビーを利用しラケッ

トを卓球のように持って行なう「エスキーピンポン」が案出されている。

　エスキーテニスに必要な用具は，1948年までにはすべて考案・作成されている[20]。スポンジボールは，宇野本の依頼により西川ゴムが余った材料で製作している[21]。羽根は，スポンジボールだけだと狭いところでは飛びすぎてやりにくいため，にわとりの羽根をむしってつけたのがきっかけとされている[22]。また，ラケットおよびその他の用具は，宇野本工業で製作されている[23]。

　このように創出されたエスキーテニスは，1948年8月6日，広島児童文化会館前広場で誕生大会が開催される[24]。大会には，当事広島軍政部教育課長であったヘイガー（Robert. M Hager）が参加している[25]。そして，この大会を機に，中江大部を会長とする「エスキー軽スポーツ連盟」が発足する。エスキー軽スポーツ連盟の組織は，総裁に森戸辰男（広島大学長），顧問に佐伯芳郎（英文学博士），名誉会長に尾崎行輝（参議院議員），会長に中江太部（広島大学工学部長），副会長に山崎正晴（県会議員）と宇野本信（宇野本産業社長）である[26]。このように，教育界や県関係者の支援を受ける体制が整えられている。また，エスキー軽スポーツ連盟は，1951年以降「日本エスキーテニス連盟」と称されるようになっている[27]。

　エスキー軽スポーツ連盟規約は，全5章（26条）で構成されている。この第2章「目的及び事業」の第3条には「本連盟はエスキー軽スポーツ団体の中枢機関となりエスキー軽スポーツの健全な普及発達国民体位向上並びにレクリエーションの衆知徹底を図ると共に世界平和運動に協力し国際平和に寄与することを以って目的とする」[28]と記されている。このように，エスキーゲームは，「スポーツを通じて平和に寄与する」ことを主目的とすることが明確にされている。

II．学校体育におけるエスキーテニスの普及

1．『小学校体育の実際指導』（広島県，1949）へエスキーテニスの導入

　1947年に文部省は『学校体育指導要綱』（以下，『要綱』と省略）を制定している。『要綱』は，戦後の学校体育の理念とあり方を方向づけ，学校体育の民主化構想を具体化したものである。そして，『要綱』の特徴は，戦前の教授要目のように強い拘束性を持たず，「試案」として示され，「地方，その学校の実情に応じた適切な指導計画の作製と運営」[29]を求めていることである。『要綱』の「非拘束性」および「参考」という性格は，都道府県による「学習指導要領」の作製を促すものであった。

　広島県では，1947年に「学校体育学習指導要領」[30]を構想し，1949年4月には『小学校体育の実際指導』[31]（以下，『実際指導』と省略）を刊行している。『実際指導』の中で，エスキーテニスは第5・6学年の教材として取り上げられている[32]。具体的には，第6学年の5月の教材としてエスキーテニスを配列するよう例示されている[33]。エスキーテニスが，『実際指導』の中で教材として採用されたのは，エスキー軽スポーツ連盟関係者が『実際指導』の編纂委員として参加していたからと考えられる。エスキー軽スポーツ連盟における参与の吉岡隆徳，常務理事の瀧口五郎，理事の富田功が，『実際指導』の編纂委員であった。

　エスキーテニスが，実際どの程度行なわれたのかは不明であるが，「広島県学校生活協同組合は（エスキーテニス用具を）1校10台宛の配給の許に1万台発注」（括弧内引用者）[34]という資料もみられる。また，呉市横路小学校は，正課体育の教材としてエスキーテニスを採用している[35]。

2．『中学校高等学校学習指導要領保健体育科体育編（試案）』（文部省，1951）へのエスキーテニスの導入

　エスキーテニスは，1951年の文部省による『中学校高等学校学習指導要

領保健体育科体育編（試案）』(以下,『中高体育編（試案)』と省略）の中で，中学校と高等学校女子の中心種目に採択されている[36]。しかしながら，エスキーテニスではなく，「追羽根(ハネツキ)」と示されている。この名称変更については，次のような経緯があった。「前文部省体育課長栗本義彦先生がエスキーと言えば語源の説明を要するが，ハネツキと言えば古来のはねつきが進化したものとして分かり安いと言うので斯くなっています」[37]。

　ただ，エスキーテニスには派生ゲームがあり，その中には「エスキーはねつき」がある。この「エスキーはねつき」は，バドミントンからヒントを得て案出されている。そして，『中高体育編（試案)』における教材評価でも「バドミントン・追羽根」[38]と併記されており，「エスキーはねつき」が『中高体育編（試案)』に採用された可能性もある。エスキーテニスと「エスキーはねつき」は，ルールに若干の違いがあるものの用具等については全く同じである。

　それでは，『中高体育編（試案)』にエスキーテニスが導入された経緯をみてみよう。『中高体育編（試案)』の編集委員の一人であった佐々木吉蔵は，1950年に2月に広島を訪れた際，エスキーテニスを『中高体育編（試案)』の中心種目に採択し，名称を「ハネツキ」に変更したことを宇野本に伝えている[39]。佐々木と宇野本との関係は不明であるが，両者の仲介役として吉岡隆徳の存在が考えられる。それは，吉岡がエスキーテニスの創出に関与し，またエスキー軽スポーツ連盟の参与であり，かつ戦前からと佐々木と親交が深かったためである。吉岡が通っていた東京高等師範学校では，一年生は全員で寮生活をすることになっていた。吉岡と佐々木は，このときの寮の同期生であった[40]。また，吉岡と佐々木は，1932年ロサンゼルス・オリンピック，1936年ベルリン・オリンピックの100m走日本代表選手であった[41]。このように，宇野本，吉岡，佐々木の三者の関係によって，エスキーテニスは『中高体育編（試案)』に導入されたと考えられる。

Ⅲ．社会体育におけるエスキーテニスの普及

1．社会体育におけるエスキーテニスの普及

　エスキーテニスが，社会体育でどのように普及していったのかをみていきたい。まず，エスキー軽スポーツ連盟は，1949年11月に設立した広島県レクリエーション協会に，設立時から加盟団体として参加している。また同協会役員にエスキー軽スポーツ連盟の宇野本が理事として参画している[42]。

　また，1951年の文部省による『社会体育指導要項』の中で，エスキーテニスに関する記述がみられる。『社会体育指導要項』の「第五章　種目の解説」「4．徒手体操とスポーツ」「(2) スポーツ」「フリーテニス」の解説の最後に，次のように紹介されている。「これ（フリーテニス）とよく似た方法で，ボールの代りに羽根をつけたボールを球に用いて行なうエスキー・テニスというものがある」（括弧内引用者）[43]。しかしながら，エスキーテニスのルール等の詳細な説明は掲載されていない。

　さらに，日本エスキーテニス連盟は，エスキーテニスの普及のために，1951年10月27日から5日間，広島県で行なわれた第6回国民体育大会秋季大会（以下，第6回国体と省略）に協賛している。具体的には，1951年3月25日から開催された第6回国体協賛「体育文化博覧会」で，入場者への賞品として「エスキーセット」を100セット出品している[44]。また，1951年10月27日には，日本エスキーテニス連盟から『エスキーテニス』（瀧口五郎監修）を発行し，第6回国体の参加団体に配布している[45]。そして，1951年10月27日と28日に，広島市公民館広場で「第6回国体協賛エスキーテニス大会」を開催している。この大会の趣旨は，「平和の都広島が生んだ『エスキーテニス』は誰でも出来るレクリエーションゲームで面白く全国から集られた選手諸兄に是非このスリルを味わって頂いてこのゲームの通りを全国に持って平和親善に寄与致し度く本大会を開催する」[46]と示さ

れている。第6回国体の参加選手は，当日受付が可能であり，参加費は無料となっている。参加人数は正確にはわからないが，宇野本は「連盟の総裁に森戸広島大学長がなられた挨拶をせられて，選手諸公の意気高揚となり熱の大会となりました」[47]と，その様子を記している。

　第6回国体の閉会式に広島に訪れた高松宮殿下は，1951年11月1日にエスキーテニスを体験し，「このテニスは羽があるのでテンポが弛やかになる。それで面白い，ここに生命があるのだから，ここをもっと改良せよ」[48]と指導している。この指導により羽根に改良が加えられている。また，1951年11月12日に第6回国体協賛大会の反省会として，約30名の同好者が集まり「エスキーゼミナール」が行なわれている[49]。ここでは，森戸辰男（広島大学長）が「ユネスコとレクリエーション及エスキーテニスの意義」を講演し，懇談会では「エスキーテニスの普及方法」，「エスキーテニス部設置」，「エスキーテニス専門コート」などが話し合われている。この懇談会で，「全国一斉普及」と「常時コートの必要」が議決されている。

2．エスキーテニスの施設拡充とエスキーテニス連盟の組織拡充

　1951年11月27日，日本エスキーテニス連盟理事長の高村喬雄は，広島市長である浜井信三に「市有地使用許可申請書」と「エスキーテニスコート常時使用嘆願書」を提出している[50]。「嘆願書」は前述の第6回国体協賛大会の反省会である「エスキーゼミナール」の中で「常時コートの必要」が議決されたことから提出されたものと考えられる。常時コートが必要である理由として，エスキーテニスの普及状況が「同好者数が数万人」，「普及台数が四千台を越える」ためと示されている[51]。

　このように，エスキーテニスの常時コート設立を求める動きの中で，1952年6月12日付の中国新聞に，広島市緑地課の計画が掲載されている。「鶴見橋──平和大橋間三・三キロを市民のレクリエーションの中心地にしようと目下頭をひねっている，その計画によると幅約三十メートルもある道路内の緑地帯にテニスコート二面，<u>エスキー・テニスコート十六面をつくり</u>，周囲を金網で囲って交通妨害にならぬようにするもので全国最初

補遺　「エスキーテニス」の成立と普及

の試み」（下線引用者）[52]。この計画の実行を推進するために，佐伯好朗，楠瀬常猪，鈴川貫一，山崎正晴，中津井眞，結城康治，中江大部，秋田国之，加藤新市，高村啻雄，西川儀貫，松本晴美，和田甚一，宇野本信によって「エスキーテニス育成会」が発起されている[53]。そして，1952年10月28日に広島県教育委員会会議室でエスキーテニス育成会設立総会が開かれている[54]。総会では，「規約制定の件」，「従員選定の件」，「立太子礼奉祝エスキーテニス大会開催に関する件」が議題となっている。エスキーテニス育成会は，「日本エスキーテニス連盟の事業の援助育成」，「エスキーテニスコートの維持運営」，「競技大会並其の他の競技会」，「講習会等の開催」，「各地方との連絡並びに援助指導」，「エスキーテニスの普及，指導，発達を図る」，「此の種のレクリエーションを通じ平和目的に関する調査，研究，資料の収集，印刷物の発行」を行うことを目的としている[55]。このように，施設の拡充と連動して組織の拡充が図られている。

Ⅳ．まとめ

　本研究の第一の課題は，エスキーテニスの成立過程（ゲーム概要，道具，組織，規約）を明らかにすることであった。エスキーテニスの創出に関しては，宇野本信の功績が大きい。「狭い場所でも十分に楽しめて，お金がかからず，有り合せのもので簡単にできるスポーツ」という宇野本の理念がなければ，エスキーテニスは成立しなかったであろう。また，エスキーテニスの特徴の一つは，ボールに羽根が着いていることである。それは，宇野本がスポンジボールを採用したからこそ羽根をつけることとなったのである。エスキーテニスの組織は，教育界や県関係者の支援を受ける体制となっている。そして，組織の規約について特徴的なことは，「スポーツを通じて平和に寄与する」ことを主目的としている点である。

　本研究の第二の課題は，エスキーテニスの初期普及過程を学校体育と社会体育に分けて明らかにすることであった。学校体育におけるエスキーテ

ニスの普及については，まず，エスキー軽スポーツ連盟関係者が『実際指導』の編纂委員として参加していたことによって，エスキーテニスが広島県の独自教材として採用されている。次に，1951年の文部省による『中高体育編（試案）』へのエスキーテニスの導入は，宇野本，吉岡，佐々木の三者の関係からなされたと考えられる。これらのことから，学校体育におけるエスキーテニス普及については，文部省や広島県教育委員会の公的機関が活用され，とくに吉岡隆徳の果たした影響が大きい。

社会体育におけるエスキーテニス普及については，まず，エスキーテニスを普及するために，エスキー軽スポーツ連盟は広島県レクリエーション協会へ加入している。また，エスキーテニスは，1951年の文部省による『社会体育指導要項』に紹介されている。さらに，第6回国体へ積極的に協賛することで，エスキーテニスの知名度を高めようと試みられている。一方で，広島市におけるエスキーテニス施設の拡充状況をみてみると，広島市のメイン道路の一つである平和大通りにコートが新設されている。また，施設の拡充と連動して日本エスキーテニス連盟は「エスキーテニス育成会」を設立し組織の拡充に努めている。

最後に，エスキーテニスは，平和をより実感するために企図されたレクリエーションスポーツである。エスキーテニスの原点には，悲惨な原爆被害があり，その悲惨な状況からの復興と平和への希求があることを忘れてはいけない。

注

1) 菊地邦雄『エスキーテニス――広島で生れ育ったスポーツ技術と科学的分析』杏林書院，1978，9ページ。
2) 同上書，10-15ページ。
3) 拙稿『日本エスキーテニス連盟所蔵資料目録』（私書版，2002），『日本エスキーテニス連盟所蔵資料目録補遺』（私書版，2003）。これらは，日本エスキーテニス連盟に所蔵されていた未整理の資料（約1800点）についての資料目録である。内容は，1951年から1995年までの，連盟発行の印刷物，大会要項，地方との連絡書類等を目録化している。

補遺　「エスキーテニス」の成立と普及

4 ）連盟理事等を中心として，エスキーテニスの普及振興に尽力した人物にインタビューを行なった。平野亨三，小河芳明，柴田和充，村西勝雄，浅川忠男，金山亘，中島博之，吉田幸司，井川義則，矢野良市。（敬称略，順不同）
5 ）1946年8月6日に「広島平和復興祭」が行なわれている。占領行政によって市民の集会が規制されるなか，「世界平和は広島から」などのスローガンを書いた横幕や弔旗を掲げて約数千人が広島平和復興祭会場である広島護国神社境内に集合している。広島市役所（編）『広島原爆戦災誌』第1巻　第1編総説，1971，624ページ。
6 ）高良とみに関する正確な役職名については不明確な点が多いとされており，実質的には呉市助役の役割を果たしていたと言われている。呉市史編纂委員会『呉市史』呉市役所，69ページ。
7 ）宇野本信「エスキーテニスの由来記」（発行年不明），5ページ。本書の発行年は不明であるが，内容から判断して1955年から1959年の間であると推測される。
8 ）同上書，5ページ。
9 ）同上書，4ページ。
10）同上書，5ページ。「国際平和大学誘致期成同盟」の趣意および発起人等の詳細は不明である。
11）同上書，5ページ。
12）同上書，5ページ。
13）同上書，5ページ。「ESCI創設期成同盟会」の趣意および発起人等の詳細は不明である。
14）同上書，5ページ。
15）同上書，5ページ。
16）野村如水「宇野本信氏」『広島人物伝』中国評論社発行，1948，5ページ。代表的な発明として「総ゴム草履」，「千日履」がある。
17）宇野本信「考案の動機」『エスキーテニス説明書』，1960，6ページ。
18）エスキーテニス選手会編集部「E・S・C・Iだより」第2号，1972。
19）前掲書7 ），5ページ。
20）前掲書18）。
21）同上書。
22）同上書。
23）同上書。
24）前掲書7 ），5ページ。
25）前掲書17），6ページ。
26）宇野本信「E・S・C・INEWS」エスキー軽スポーツ連盟，1950。

27) 「日本エスキーテニス連盟」という名称の初出は，瀧口五郎監修『エスキーテニス』(日本エスキーテニス連盟，1951) である。
28) 前掲書26)。
29) 文部省『学校体育指導要綱』東京書籍，1947，1ページ。
30) 吉岡隆徳「学校体育学習指導要領」『芸備教育』復刊4号，1947，25ページ。
31) 広島県『小学校体育の実際指導』郷友社，1949。
32) 同上書，48ページ。
33) 同上書，50ページ。
34) 宇野本信「エスキーテニス生立記」(発行年不明)，1ページ。
35) 呉市横路小学校『横路教育課程』1952，266ページ。
36) 文部省『中学校高等学校学習指導要領保健体育科体育編 (試案)』講談社，1951，12-13ページ。
37) 前掲書34)，2ページ。
38) 前掲書36)，232ページ，238ページ。
39) 前掲書34)，2ページ。
40) 辺見じゅん『夢未だ盡きず』文藝春秋，1998，163ページ。
41) 同上書，153ページ。
42) 稲垣昇 (編)『レクリエーションの在り方』広島県レクリエーション協会，1950，26ページ。
43) 文部省『社会体育指導要項』1951，78ページ。
44) 前掲書34)，3ページ。
45) 前掲書7)，6ページ。
46) 「国体協賛エスキーテニス大会要項」1951。
47) 前掲書34)，3ページ。
48) 同上書，3ページ。
49) 「エスキーゼミナール要項」1951。
50) 高村畜雄「市有地使用許可申請書」，「エスキーテニスコート常時使用嘆願書」1951。
51) 同上書。
52) 『中国新聞』1952年，6月12日付け。
53) 「エスキーテニス設立総会開催について」1952。
54) 同上書。
55) 「エスキーテニス育成会規約」1958。

あとがき

　広島を中心として生活するようになって，15年が過ぎようとしている。大学に入学してから広島に住むようになったのだが，その時には，当然なのだが，広島を対象とした学術書を発行するなど思いもしなかった。15年間を振り返ってみて，私自身の今の思いを言葉にすることは難しいが，「よくがんばった」という気持ちと，「まだまだ努力がたりない」という気持ちである。

　本書は，広島大学大学院教育学研究科に提出し，2006年（平成18年）3月に博士（教育学）の学位を授与された論文に修正を加えたものである。学位論文のタイトルは，「戦後初期における学校体育の形成と展開に関する研究――広島県の小学校を手掛かりとして――」である。内容に関して，いくつか認識不足の点があると思われる。多くの方々からのご批判を仰ぎたい。

　本書の成立に至るまでの研究では，多くの先生方の学恩と多くの人々の支えがあった。一人ひとりの名前を記すことはできないが，この場をかりて是非とも言及しておきたい方々がいる。広島大学の楠戸一彦先生には，厳しいなかにもあたたかさのあるご指導を，公私にわたってしていただいた。心から感謝申し上げたい。先生との出会いがなければ，今の自分はないものと思っている。岩国短期大学元学長の黒田耕誠先生，広島大学の松岡重信先生，樋口聡先生，広島国際大学の甲田純生先生，これまでの研究に貴重なアドバイスを与えて下さった方々，物心両面から支援して下さった方々に，心より感謝申し上げたい。

　また，本書のような書物に理解を示され，出版を引き受けてくださった株式会社渓水社代表取締役の木村逸司氏，具体的な作業を担当してくださった木村斉子氏のご尽力がなければ，本書はこのような形で公開される

ことはなかったと思う。心から御礼申し上げたい。

　最後になったが，父と母，そして妻の寛子と息子の光誠へ。ありがとう。

　　2009年8月　広島にて

崎　田　嘉　寛

資　　料

1．(IFEL)『保健体育の動向　第四期文部省教育長等講習研究集録』1949。
2．(IFEL)『第4回 Institute For Educational Leadership 研究要録初等科』1950。
3．(IFEL)『教員養成学部 体育科研究集会 研究要録』1950。
4．(IFEL)『第五回教育指導者講習研究集録 保健体育』1950。
5．(IFEL)『第六回教育指導者講習研究集録 保健』1950。
6．(IFEL)『第七回（前期）教育指導者講習研究集録 保健科体育』1951。
7．(IFEL)『第七回　教育指導者講習研究集録 体育科教育』1951。
8．浅井浅一ほか『新しい学校体育』高須書房，1949。
9．江橋慎四郎，宇土正彦（共著）『アメリカ学校体育の研究：紐育洲体育指導要領』草美社，1949。
10．大田堯『地域教育計画（広島県本郷町を中心とする実験的研究)』福村書店，1949。
11．大田堯『地域社会と教育』金子書房，1949。
12．大田堯『近代教育とリアリズム』福村書店，1949。
13．大照完『教師のワークショップ――参加・計画・指導のために――』教育問題調査所，1950。
14．海後宗臣（監）『日本カリキュラムの検討』明治図書出版，1950。
15．学校教育研究会（編）『興亜日本の教育』宝文館，1939。
16．学校教育研究会（編）『国民学校の研究 第1集 国民学校案の研究』宝文館，1940。
17．学校教育研究会（編）『国民学校の研究 第2集 皇道帰一の研究』宝文館，1940。
18．学校教育研究会（編）『国民学校の研究 第3集 皇国臣民の基礎的練成』宝文館，1940。
19．学校教育研究会（編）『国民学校の研究 第4集 国臣学校教育方法の研究』宝文館，1940。
20．学校教育研究会（編）『国民学校 初等一二年の教育』宝文館，1941。
21．学校教育研究会（編）『国民学校に於ける錬成の本道』宝文館，1942。

22. 学校教育研究会（編）『国民学校施設経営の実際』宝文館，1942。
23. 学校教育研究会（編）『国民学校 初等三・四年の教育』宝文館，1943。
24. 学校教育研究会（編）『国民学校体錬教育の實際』宝文館，1944。
25. 学校教育研究会（編）『国民学校戦力増強の教育』宝文館，1945。
26. 学校体育研究同好会『小学校・中学校 体育指導の手引』1948。
27. 学校体育研究同好会『学校体育関係法令並びに通牒集』体育評論社，1949。
28. 木宮乾峰ほか『小学校各教科の学習指導法』東洋館出版，1951。
30. 玖村敏雄『教育職員免許法 同法施行法解説』学芸図書，1949。
31. 来馬欽吾『体錬教育の原理と方法』啓文社，1941。
32. 呉市立吉浦小学校『生産性に培う本校教育の構想』1954。
33. 児玉三夫（訳）『日本の教育（連合国軍占領政策資料）』明星大学出版，1983。
34. 島根県教育委員会（編）『中国五県小学校教員研究集会記録』報光社，1950。
35. 新体育刊行会『新体育』目黒書店，第6巻第1号—，1946—。
36. 戦後教育資料Ⅰ−7（国立教育政策研究所，以下同様）「新日本教育建設ニ関スル意見（茗渓会）」，1945。
37. 戦後教育資料Ⅱ−3「終戦に伴う学徒体育運動振興に関する懇談会概況」1945。
38. 戦後教育資料Ⅱ−9「体育関係廃止通牒一覧」1945。
39. 戦後教育資料Ⅱ−9「体育関係廃止通牒一覧」1945。
40. 戦後教育資料Ⅱ−9「学校体錬科関係事項の処理徹底に関する件」1945。
41. 戦後教育資料Ⅱ−10「終戦に伴ふ体錬科教授要項（目）取扱に関する件」1945。
42. 戦後教育資料Ⅱ−12「体育担当地方事務官会議関係資料——次官訓示と答申，建議案等——」1946。
43. 戦後教育資料Ⅱ−13，「体育局体育課，マックロイ博士に協力する日本側体育研究委員会候補者」，1946。
44. 戦後教育資料Ⅱ−15「学校体育研究委員会関係資料」1946。
45. 戦後教育資料Ⅱ−16「本邦学校衛生の沿革（未定稿）」。
46. 戦後教育資料Ⅱ−17「学校体育研究委員会設置について」1946。
47. 戦後教育資料Ⅱ−25「国民学校，中等学校，高等専門学校，大学体育要綱案ほか」1946。

資　料

48. 戦後教育資料Ⅱ－26「柔道，剣道，弓道関係資料」1946。
49. 戦後教育資料Ⅱ－28「学校校友会運動部の組織運営に関する件」1946。
50. 戦後教育資料Ⅱ－29「秩序，行進，徒手体操等実施に関する件」1946。
51. 体育調査研究会（編）『学校体育の調査——体育調査の理論と方法』金子書房，1951。
52. 竹之下休蔵『体育のカリキュラム』誠文堂，1949。
53. 竹之下休蔵ほか『小学校体育指導計画と運営』新体育社，1951。
54. 丹下保夫『教育文化新書（四）体育單元の構成と展開』教育文化出版社，1950。
55. 東京都『東京都学校体育指導要目』国民健康厚生協会，1948。
56. 鳥取県教育委員会事務局『中国五県小学校幼稚園教員研究集会記要』馬場印刷，1951。
57. 中尾勇『健康教育の基準』寶文館，1939。
58. 中尾勇『国民学校教育体系　第9巻　国民学校体錬科体操式道教育』晃文社，1940。
59. 中尾勇『国民学校体錬科の教育』明治図書，1940。
60. 中尾勇『国民学校私の体練科体操・武道の研究授業』晃文社，1941。
61. 新潟縣『昭和二十三年度　学習指導要領体育科編　伝達講習要項』1948。
62. 日本体育指導者連盟『体育の学習指導　小学校編』（上巻・下巻），金子書房，1950。
63. 桧高憲三『西条教育』第一出版会，1941。
64. 広島教組神石支部『神石教育』1948。
65. 広島県『健康手帖　中学校用』広島県学校衛生会，1948。
66. 広島県『わたしの体　小学校用』広島県学校衛生会，1948。
67. 広島県『小学校体育の実際指導』郷友社，1949。
68. 広島県安芸郡瀬野尋常高等小学校『我校の体育施設　研究冊子』第四号，1940。
69. 広島県賀茂郡西条町立西条小学校『新教育研究　実験学校西条教育の実際』第1－11集，1948-1959。
70. 広島県教育委員会（編）『広島県教育時報』創刊号—，1949.11－1952.2。
71. 広島県教育委員会事務局指導課『第一回初等教育研究集会報告』1950。
72. 広島県教育会『芸備教育』復刊第1号—復刊第9号，1947.5-1947.12。
73. 広島県呉市立長迫小学校『研究報告　第五号——各教科学習指導過程——』

1952。

74. 広島県呉市立長濱小学校『長濱教育課程』1952。
75. 広島県呉市立横路小学校『横路教育課程』1952。
76. 広島県『広島県通牒公報（号外）』1949。
77. 広島県山県郡大朝小学校「わが校のカリキュラム構成態度」教育技術連盟（編）『教育技術』小学館，4巻12号，1950年3月号，35-39ページ。
78. 広島高師附小学校教育研究会『学校教育』348号（1946）－403号（1951）。
79. 広島高師附属小学校学校教育研究会『新教科カリキュラムの構想 教育の新設計 第一集』目黒書店，1950。
80. 広島高師附属小学校学校教育研究会『新教科カリキュラムの実際 教育の新設計 第二集』目黒書店，1950。
81. 広島高師附属小学校学校教育研究会『体育科教育の実際』目黒書店，1951。
82. 広島師範学校女子部附属国民学校『学校形態の研究』1946。
83. 広島市大河国民学校『体錬科経営要録 附視察日程表及授業案』1943。
84. 広島市立草津小学校『草津教育』白鳥社，1950。
85. 広島市立己斐小学校「わが校における学級経営」教育技術連盟（編）『教育技術』小学館，5巻3号，1950年6月号，44-47ページ。
86. 広島市立己斐小学校「わが校のカリキュラムと一日のプラン」野瀬寛顕『実験報告カリキュラム構成の技術』小学館，1949，219-228ページ。
87. 広島女子高等師範学校附属校内新教育研究会『新教育の実際』1949。
88. 広島女子高等師範学校体育研究会（編）『体育と指導』郷友社，創刊号（1949.4）―第2号（1949.7）。
89. 広島大学教育学部附属小学校学校教育研究会『学習評価の実際 3巻 体育科編』明治図書出版，1953。
90. 広島大学教育学部附属小学校学校教育研究会『新しい教室と教育（第一学年）（第二学年）』明治図書出版，1953。
91. 広島大学三原分校附属三原小学校『小学校の教育課程』1951。
92. 広島大学三原分校附属三原中学校『中学校の教育課程』1951。
93. 福山市教育研修所『福山市教育研修所概要』1951。
94. 福山市各小学校ほか（編）『福山市に於ける研究集会概要：年間を通じて行われる』1951。
95. 前川峯雄『アメリカ教科書の研究』金子書房，1948。
96. 前川峯雄・丹下保夫著『体育カリキュラム』（上巻・下巻），教育科学社，

1949。
97. 前川峯雄，浅川正一（共編）『I. F. E. L. 体育科教育法』新思潮社，1952。
98. 松永国民学校『学校経営概案』1946。
99. 水野諭「平和教育を目ざす『己斐プラン』の公開」教育技術連盟（編）『教育技術』小学館，4巻12号，1950年3月号，14-18ページ。
100. 三原市立深小学校『深小学校の教育 実際教育計画編』1952。
101. 文部省『学校体育指導要綱』東京書籍，1947。
102. 文部省『学習指導要領小学校体育編（試案）』大日本図書，1949。
103. 文部省『中学校保健計画実施要項（試案）』大日本図書，1949。
104. 文部省『小学校保健計画実施要項（試案）』北陸教育書籍，1951。
105. 文部省『中学校高等学校 学習指導要領 保健体育科体育編（試案）』大日本雄弁会講談社，1951。
106. 文部省『小学校学習指導要領体育科編（試案）』明治図書，1953。
107. 文部省『高等学校学習指導要領 保健体育科編』教育図書，1956。
108. 文部省教育長等講習連絡室『教育長等講習報告書』1951。
109. 文部省大学学術局教職員養成課『教育指導者講習小史』1953。
110. 山崎博『小学校のモデルスクール』明治図書出版，1950。
111. （不明）『学徒征空体錬実施要綱』天照皇道報恩会事業部三井商会，1944。

参考文献

1. 日本語文献（五十音順）

1. 安在武八郎「現代学校体育カリキュラムの性格」『山形大学紀要（教育科学）』第1巻第1号（1952），53-61ページ。
2. 天川晃，増田弘（編）『地域から見直す占領改革——戦後地方政治の連続と非連続——』山川出版社，2001。
3. 阿部彰『戦後地方教育制度成立過程の研究』風間書房，1983。
4. 井上一男『学校体育制度史（増補版）』大修館書店，1970。
5. 入江克己『日本ファシズム下の体育思想』不昧堂出版，1986。
6. 岩田靖，竹田清彦「戦後の体育科における教材概念の検討——昭和22年学校体育指導要綱から昭和28年小学校学習指導要領体育編まで——」『筑波大学体育科学系紀要』第12巻（1989），49-57ページ。
7. 今村嘉雄『日本体育史』不昧堂出版，1970。
8. 碓井岑夫「教育方法史覚書——戦後初期の基本文献を中心に——」『鹿児島大学教育学部 研究紀要 人文・社会科学編』第28巻（1976），117-138ページ。
9. 碓井岑夫「教育方法史覚書（Ⅱ）」『鹿児島大学教育学部 研究紀要 人文・社会科学編』第29巻（1977），41-60ページ。
10. 碓井岑夫「教育方法史覚書（Ⅲ）」『鹿児島大学教育学部 研究紀要 人文・社会科学編』第32巻（1980），139-158ページ。
11. 碓井岑夫「地域における『新教育』理論の受容過程について——教員研究集会（ワークショップ）を中心に——」『特別研究 戦後教育改革資料の調査研究 報告書』国立教育研究所（1985），97-113ページ。
12. 扇田博元『独創教育への改革——真の実力とはなにか——』第一書房，1983。
13. 大津一義「保健体育カリキュラム編成に関する研究——そのⅠ．IFEL保健班のカリキュラム型式案を中心にして——」『順天堂大学保健体育紀要』第20号（1977），37-51ページ。
14. 大塚美栄子「対日占領下における教育指導者講習（Institute of Educational Leadership）=IFEL－アイフェル・保健体育部門について」『北海道体育学研

究』No.29（1994），49ページ。
15. 大西國男「戦後体育科指導要項の変遷史」『茨城大学教育学部教育研究所紀要』13号（1986），57-66ページ。
16. 大橋伸次「配属将校制度の成立過程について」『教育学雑誌』第19号（1985），118-130ページ。
17. 大矢一人「占領期広島県の教育改革に関するアメリカ側文章の分析」『教育学研究紀要』34巻（1989），105-110ページ。
18. 小原友行『初期社会科授業論の展開』風間書房，1998。
19. 岡津守彦（編）『教育課程（各論）戦後日本の教育改革7』東京大学出版，1969。
20. 岡本秀隆『小学校体育の授業構成に関する史的研究——広島師範学校附属小学校・西条小学校の創造教育を中心に——』広島大学学校教育学部修士論文，1988。
21. 金城文雄「戦後日本学校体育史序説（その1）——体育における学力の検討——」『琉球大学教育学部紀要』第26集，第二部（1983），125-139ページ。
22. 刈谷三郎ほか「体育カリキュラムの変遷に関する研究——1945年以降の学習指導要領の考察を中心として——」『高知大学教育学部研究報告』第42号（1990），1-16ページ。
23. 川島虎雄『日本体育史研究』黎明書房，1982。
24. 川村英男，井川功『体育科教育法』柳原書店，1955。
25. 岸野雄三，竹之下休蔵（共著）『近代日本学校体育史』東洋館出版社，1959。
26. 木下茂昭「体育の目的・目標論に関する比較研究」『東京学芸大学附属学校研究紀要』第12集（1985），160-169ページ。
27. 木下秀明（監）『戦後体育基本資料集』第1-44巻，大空社。
28. 木原成一郎「『学校体育指導要綱』(1947)の成立過程についての一考察——『学校体育指導要綱』の成立過程における『学校体育研究委員会』の役割——」『湊川女子短期大学』第24集（1991），1-15ページ。
29. 木村吉次「米国の対日占領政策における民主化の理念」『体育学研究』第6巻第1号（1958），21ページ。
30. 木村吉次「戦後日本の体育改革に関する一考察——C.H.マックロイの体育理論と関連して——」『中京大学体育学論叢』第36巻第1号（1994），1-13ページ。

31. 近代日本教育制度史料編纂会（編）『近代日本教育制度史料』第1巻―第35巻，大日本雄弁会講談社，1956-1959。
32. 草深直臣「戦後日本体育政策研究序説―1―戦後初期の体育政策」『立命館大学人文科学研究所紀要』第25号（1977），3-44ページ。
33. 草深直臣「戦後日本体育政策研究序説―2―戦後体育の『民主化』過程」」『立命館大学人文科学研究所紀要』第29号（1979），1-77ページ。
34. 草深直臣「戦後改革に貢献したアメリカ人」『スポーツ科学と人間』（立命館経済学会編），1982，89-116ページ。
35. 草深直臣「CIE体育担当教官覚書にみる戦後初期の保健・体育・レクリエーション計画の総括と課題」『立命館大学人文科学研究所紀要 保健・体育研究』第2号（1983），117-154ページ。
36. 草深直臣「戦後日本の社会体育行政の成立――占領期を中心に――」『教育改革研究』（名古屋大学教育学部編），第4号（1986），460-482ページ。
37. 草深直臣「体育・スポーツにとっての戦後」『戦後価値の再検討 講座現代日本社会の構造変化⑥』（西川長夫ほか編），有斐閣，1986，76-95ページ。
38. 草深直臣「体育・スポーツの戦後改革」『スポーツの自由と現代』下巻，青木書店，1987，460-482ページ。
39. 草深直臣（代表），『体育・スポーツにおける戦後改革の実証的研究』平成2年度科学研究費補助金研究報告書，1991。
40. 草深直臣，『『野球統制令』の廃止と『対外競技基準』の制定過程の研究」『立命館教育科学研究』第2号（1992），111-126ページ。
41. 草深直臣「『学校体育指導要綱』制定を巡る問題点」『立命館産業社会論集』第31巻第3号（1995），23-64ページ。
42. 草深直臣「体育・スポーツの戦後改革に関する『第一次米国教育使節団報告書』の作成過程」『体育学研究』第41巻（1996），59-67ページ。
43. 草深直臣「体育・スポーツの戦後初期改革とCIE計画の形成過程」『体育学研究』第41巻（1997），360-368ページ。
44. 久保健「戦後民主体育の展開と戦前の体育の本質把握――体育科教育におけるからだの問題を中心に――」『宮城教育大学紀要』第16巻（1982），200-210ページ。
45. 久保義三『対日占領政策と戦後教育改革』三省堂，1984。
46. 久保義三『新版 昭和教育史――天皇制と教育の史的展開――』東信堂，2006。

47. 栗原武志，森博文「戦後『新体育』の展開——1950年までの学習指導要領——」『京都女子大学教育科学紀要』第44号（2004），125-133ページ。
48. 呉市史編さん室（編）『呉の歩み』呉市役所，2002。
49. 高津勝「日本近代体育・スポーツ研究における歴史意識と歴史像」『岸野雄三教授退官記念論文集 体育史の研究』（岸野雄三教授退官記念論文集刊行会（編）），1982，371-389ページ。
50. 国立教育研究所『戦後教育改革資料（1）『文部時報』記事総目録（昭和二一年一月-昭和二七年十二月）』国立教育研究所，1983。
51. 国立教育研究所『戦後教育改革資料（2）連合国軍最高司令官総司令部民間情報教育局の人事と機構』国立教育研究所，1984。
52. 国立教育研究所『戦後教育改革資料（3）連合国軍最高司令官総司令部民間情報教育局編集・発行『民間情報教育局広報』総目録』国利教育研究所，1985。
53. 小玉一彦「戦後学校体育史研究序説（Ⅰ）——戦後体育改革の一前提——」『東北福祉大学紀要』第5巻第1号（1981），335-348ページ。
54. 小玉一彦「戦後学校体育の理念に関する一考察」『東北福祉大学紀要』第6巻第2号（1982），265-280ページ。
55. 小玉一彦「戦後学校体育の実践化過程——カリキュラム研究の進展と生活体育の主張——」『東北福祉大学紀要』第7巻第1号（1983），253-266ページ。
56. 坂入明「戦後初期の学校体育改革について——『学校体育指導要綱』の成立過程を中心として——」『一橋論叢』第82巻第6号（1979），648-666ページ。
57. 坂入明「『学校体育指導要綱』（1947年）に関する歴史的考察」『東京家政大学研究紀要』第21集（1）（1981），3-11ページ。
58. 坂入明「戦後体育改革に関する一考察——『米国教育使節団報告書』の意義を求めて——」『東京家政大学研究紀要』第22集（1）（1982），33-38ページ。
59. 坂入明「戦後初期民間体育教育研究運動に関する歴史的研究——教育科学研究会『身体と教育』部会と『学校体育研究同志会』を中心に——」『東京家政大学研究紀要』第39集（1）（1999），25-32ページ。
60. 崎田嘉寛『日本エスキーテニス連盟所蔵文献目録』自費出版，2002。
61. 崎田嘉寛『日本エスキーテニス連盟所蔵文献目録補遺』自費出版，2003。
62. 崎田嘉寛「戦後初期広島県における『小学校体育の実際指導』（広島県，1949.4）の発行と講習会の開催」『体育史研究』第21号（2004），27-39ページ。

63. 崎田嘉寛「戦後初期の広島高等師範学校附属小学校における体育実践」『スポーツ史研究』第17号（2004），89-97ページ。
64. 崎田嘉寛「IFELにおける保健体育部門に関する一考察」『スポーツ史研究』第20号（2007），125-137ページ。
65. 崎田嘉寛「CIE文書からみたIFEL保健体育部門に関する一考察」『スポーツ史研究』第21号（2008），57-72ページ。
66. 佐々木宏ほか「安佐地区バレーボール運動の成立と展開－広島市安佐地区におけるバレーボール運動の発展とその教育的影響に関する総合的研究」『広島修道大学総合研究所』1999。
67. 佐藤広美（編），『資料日本の戦後教育改革：松本喜美子資料』第１－５巻，緑蔭書房，1998。
68. 下西茂樹，「『己斐プラン』にみる社会科」『広島文教教育』第８巻（1993），1-12ページ。
69. 城丸章夫「戦後教育三〇年と学校体育」『体育科教育』第26巻第12号（1978），大修館書店，４ページ。
70. 城丸章夫「いのちを大切にすること」『体育・スポーツ評論1985年版』不昧堂出版（1985），６ページ。
71. 城丸章夫ほか（共編）『戦後民主体育の展開』（実践編・理論編），新評論，1975。
72. 新野守，草深直臣「『第一次米国教育使節団報告書』におけるC.H.マックロイの役割」『立命館教育科学研究』第１号（1991），147-162ページ。
73. 鈴木明哲「戦後日本体育・スポーツにおける自由主義教育者をめぐる問題：ミリタリズムの連続」『体育学研究』第47巻第６号（2002），593-606ページ。
74. 鈴木英一『日本占領と教育改革』勁草書房，1983。
75. 関春南「戦後における『新体育』の理念――体育にとって戦後の改革とは何か――」『一橋論叢』第67巻第３号（1972），40-60ページ。
76. 関春南「前川峯男の『生活体育』論について」『一橋論叢』第67巻第５号（1972），24-43ページ。
77. 高橋寛人「CIEの戦後日本教育民主化政策におけるIFELの位置と機能」『研究集録』（東北大学教育学部），第15号（1984），１-21ページ。
78. 高橋寛人「占領下の教職員現職教育におけるワークショップ」『研究集録』（東北大学教育学部），第16号（1985），17-32ページ。
79. 高橋寛人『占領期教育指導者講習基本資料集成』第Ⅰ－Ⅲ巻，すずさわ書

房，1999。
80．竹之下休蔵『体育五十年』時事通信社，1950。
81．丹下保夫「体育科教育論争（上）」城丸章夫『戦後民主体育の展開〈理論編〉』新評論，1975，11-20ページ。
82．丹下保夫「戦後における学校体育の研究——特に新教育制度までの体育について——」『東京教育大学体育学部紀要』第4巻（1964），1-14ページ。
83．丹下保夫「戦後における学校体育の研究（2）——特に1948-9年における新体育理念とカリキュラムについて——」『東京教育大学体育学部紀要』第5巻（1965），1-12ページ。
84．趙乃虹，永田靖章「日本の体育学習指導要領の変遷に関する研究」『愛知教育大学体育教室研究紀要』第23巻（1998），1-9ページ。
85．辻野昭「小学校体育科における運動教材の変遷とその選択について——学習指導要領を通じて——」『大阪教育大学紀要』第18巻第Ⅴ部門（1969），99-130ページ。
86．寺崎昌男（編）『米国教育使節団報告書（付・英文）第一次・第二次』日本図書センター，2000。
87．寺崎昌男（編）『新教育指針（付・英文)』日本図書センター，2000。
88．徳永隆治「体育授業における教授活動の史的研究——『学校教育』誌にみる戦前の変遷——」『教育学研究紀要』第二部，第33巻（1987），372-377ページ。
89．中屋紀子「対日占領期の教育指導者講習会（IFEL）と家庭科教育 第1報・第2報」『日本家庭科教育学会誌』第25巻第2号（1982），第30巻第2号（1987）。
90．中村哲夫「アメリカ教育使節団員チャールズ・H・マックロイ——その体育理論と改革構想——」山本徳郎（監）『多様な身体の目覚め——身体訓練の歴史に学ぶ——』アイオーエム（2006），222-240ページ。
91．中村敏雄（編）『戦後体育実践論第1巻　民主体育の探求』，創文企画，1997。
92．野上完治「西条小学校（東広島市）における社会科教育実践の研究」『研究紀要』（中国四国教育学会（編)），第24巻（1979），260-261ページ。
93．野上完治「初期社会科教育実践の成立——西条小学校（東広島市）の場合——」『社会科研究』（日本社会科教育研究会（編)），第27号（1979），41-49ページ。
94．蜂須賀弘久ほか「体育教材としての球技運動の変遷についての考察」『京都

教育大學紀要 人文・社会』第57巻第1号（1980），171-186ページ。
95. 馬場桂一郎「第二次世界大戦後の小学校体育における器械運動についての考察――小学校体育指導書をもとにして――」『大阪信愛女学院短期大学紀要』第36集（2002），19-26ページ。
96. 肥田野直，稲垣忠彦（編）『教育課程（総論）戦後日本の教育改革6』東京大学出版，1969。
97. 平田宗史・平田トシ子「教育指導者講習会（IFEL）の基礎的調査研究 一・二」『福岡教育大学紀要』第4分冊教職科編第44号（1995），177-195ページ，第45号（1996），170-187ページ。
98. 平田嘉三「初期社会科教育の展開――西条小学校（東広島市）における社会科作業単元について――」『社会認識教育の探求』第一学習社，1978，162-180ページ。
99. 平田嘉三「初期社会科教育の展開――西条小学校における転換期の学力構造――」『史学研究五十周年記念論叢』（広島史学研究会（編）），1980，629-653ページ。
100. 平田嘉三ほか（編）『初期社会科実践史研究』教育出版センター，1986。
101. 広島高等師範学校附属小学校『創立四十七年史』広島高等師範学校附属小学校，1952。
102. 広島県『広島県史近代現代資料編Ⅲ』，凸版印刷，1976。
103. 広島県『広島県史現代通史Ⅶ』凸版印刷，1983。
104. 広島県教育委員会『広島県教育委員会三十年の歩み』1979。
105. 広島県体育同好会60周年記念誌編集員会『広島県体育同好会60周年記念誌』1993。
106. 広島市教育委員会『広島市教育委員会三十年の歩み』1981。
107. 広島市退職校長会「戦中戦後における広島市の国民学校教育」編纂委員会『戦中戦後における広島市の国民学校教育』1999。
108. 広島市役所（編）『広島原爆戦災誌』広島市，1971。
109. 広島大学教育学部附属小学校『創立六十年史』広島大学教育学部附属小学校，1965。
110. 広島大学附属小学校八十周年記念誌編纂委員会『広島大学附属小学校八十年誌』広島大学附属小学校記念事業委員会，1985。
111. 福井雅英『本郷地域教育計画の研究 戦後改革期における教育課程編成と教師』学文社，2005。

112. 福山市史編纂会（編）『福山市史』福山市史編纂会，1978。
113. 藤本昌司ほか（訳）『戦後教育の原像』鳳書房，1995。
114. 藤原浩修「戦後広島県の教育改革」『広島県史研究』第6号（1982），15-49ページ。
115. 古屋正「新聞社説から見た戦後の体育の変遷」『山梨大学学芸学部研究報告』第15号（1964），215-224ページ。
116. 辺見じゅん『夢未だ盡きず』文藝春秋，1998。
117. マーク・T・オア，土持ゲーリー法一訳『占領下日本の教育政策』玉川大学出版部，1993。
118. 前川峯雄（編）『戦後学校体育の研究』不昧堂出版，1973。
119. 前川峯雄「民主体育の原点をもとめて——とくに占領時代を中心として——」『国士館大学体育学部紀要』通号 4（1978），53-60ページ。
120. 牧野共明「戦後初期における体育・スポーツの改革に関する研究——1946年11月17日から1946年12月30日までのSCAP, Conference Reports の訳の概略の報告を中心として——」『山口短期大学紀要』第10号（1988），45-49ページ。
121. 牧野共明「戦後初期における体育・スポーツの改革に関する研究II——『Physical Education in Japan』の訳の概略を中心として——」『山口短期大学紀要』第11号（1989），53-58ページ。
122. 牧野共明「『第1次米国教育使節団報告書』の作成過程に関する研究——『第1次米国教育使節団報告書』の『体育』部分の作成過程を中心に——」『山口短期大学学術研究所報告』（1991），27-33ページ。
123. 増田忠夫（編）『広島県高体連20年の歩み』文化印刷株式会社，1965。
124. 丸地八潮ほか「体育科教育の文献に見られる『目的・目標』領域の内容構成に関する研究」『愛知教育大学教科教育センター研究報告』第6号（1982），253-261ページ。
125. 丸地八潮「文献に見られる『体育科教育学』の内容構成に関する研究」『愛知教育大学教科教育センター研究報告』第5号（1981），169-178ページ。
126. 丸山真司「小学校学習指導要領（体育）にみられる『跳び箱』教材観の変遷史」『愛知県立大学児童教育学科論集』第29号（1996），107-117ページ。
127. 三浦正行「戦後初期改革における学校保健確立へ向けた基礎的作業の検討」『立命館教育科学研究』第1号（1991），107-146ページ。
128. 三浦正行「戦後改革と保健所機構の確立—— GHQ/SCAP の役割を中心に，学校保健確立の背景の問題として——」『立命館教育科学研究』第2号

(1992), 127-141ページ。
129. 水田嘉美「体育におけるプラグマティズム——特にわが国戦後の体育理念と学習指導要領を中心として——」『東海大学紀要 体育学部』第2巻 (1972), 13-23ページ。
130. 三宅啓介「広島県における初期社会科教育実践の展開——津部田小学校, 長迫小学校の場合——」『教育学研究紀要』361-363ページ。
131. 三宅啓介「戦後初期社会科教育実践史研究——広島県深安郡教育研究所と御野小学校の場合——」『社会科研究』第32号 (1984), 90-101ページ。
132. 三好信浩「戦後における日本教育史研究(第一報)」『広島大学教育学部紀要』第1部第41号 (1992), 35-47ページ。
133. 三好信浩「広島県教育雑誌に関する研究——『芸備教育』を中心に——」『広島大学教育学部紀要』第1部第43号 (1994), 17-27ページ。
134. 明星大学戦後教育史研究センター(編)『戦後教育改革通史』明星大学出版部, 1995。
135. 文部省『資料臨時教育会議』1979。
136. 矢野久英「小学校体育カリキュラム構成の一考察(その1-3)」『東京学芸大学紀要』第8集—第10集, (1957-1959), 15-19ページ, 17-33ページ, 1-11ページ。
137. 矢野久英「体育の学習指導の諸問題——主として歴史的過程と指導構造について——」『東京学芸大学紀要』第19集第5部門 (1968), 132-154ページ。
138. 矢野久英「体育の学習指導の諸問題(4)——戦後の学習指導法の変遷について——」『東京学芸大学紀要』第23集第5部門 (1971), 190-199ページ。
139. 山本徳郎「体育・スポーツの歴史と一九四五年」『体育・スポーツ評論1985年版』(国民スポーツ研究所編), 不昧堂, 1985, 8-22ページ。
140. 依田精一「占領下の大分県教育行政改革資料(Ⅱ)」,『東京経大学会誌』第106号 (1978), 183-198ページ。
141. 渡辺一郎『武道史研究資料Ⅲ』1982。

2. 英文文献
1. Haslett, Jacqueline G. *A history of physical education and sports in Japan, from 1868 through 1972*, Vol.1-2, Boston, Boston Univ. School of Education, 1977.

事項索引

【あ行】
青崎小学校　194,211
アメリカ教育使節団　6,81-82
エスキーゲーム　243
エスキーテニス　5,58,104-105,161,
　　209-210,237,241-250
大朝小学校　182,185

【か行】
解決　32,216,219,221-222,225
学習指導要領体育編（小学校之部）伝
　　達講習会〔伝達講習会〕153,
　　155-156,158,161-162
「学徒軍事教育並戦時体錬及学校防空
　　関係諸訓令等の措置に関する件」
　　42-43
「学徒徴空体錬実施要綱」17
学校教育研究会（広島高等師範学校附
　　属小学校）　24,108,116
学校教育法　6
「学校体育学習指導要領」97,237,
　　245
学校体育研究委員会　86
学校体育研究同好会　7,48,102
学校体育の戦時訓練化　16
「学校体操教授要目」（1926）　11-12
「学校体操教授要目」（1936）　13
「学校体錬科関係事項の処理徹底に関
　　する件」46
教育委員会法　6,131
教育科学文化研究所　242-243
教育課程〔教科課程〕179,183,225
教育基本法　6,88
教育指導者講習会→IFEL

教育職員免許法　131
教育長等講習会→IFEL　131
教員養成学部教官講習　体育の部〔IFEL〕
　　132
教科カリキュラム　167-170,174-175
教科カリキュラム批判　175
教学刷新評議会答申　12
教練　11-12
極東委員会〔Far Eastern Commission〕
　　48
草津小学校　198,211
グループ学習　212
軍国主義学校体育　3,11,52,240
軍国主義学校体育の自主的処置　42
経験カリキュラム　182
系統学習（課程）　184-185
決戦教育措置要綱　18
健康　84,88-89,179
健康（課程）　180-181,183
健康教育　103,117,139,142,144,148-
　　149,151-153,160,174-175,181
献身奉公の実践力　15,22-23,25,34
コア・カリキュラム　3,5,167-170,
　　173,175-178,188,192
コア・カリキュラム研究　238-239
己斐小学校　168,178,185-186,198
己斐プラン　180
構案　32,216,218-219,221-223
広域カリキュラム　169
皇国民錬成〔皇民錬成〕　23,25
広範囲教育課程　184-185
国際平和大学　242
「国民学校,師範学校及幼稚園に関す
　　る件」14

「国民学校体錬科教授要項実施細目」
　　16, 24
「国民学校教員講習会実施要網」　18
「国民学校体育要網案」　87, 91, 93,
　　96
「国民学校体錬科教授要項」　11, 13,
　　16, 18, 20, 24, 29, 34, 240
「国民学校体錬科体操教材の指定追加
　　に関する件」　17
「国民学校令」　15, 31
「国民闘力錬成要項」　18

【さ行】
西条国民学校　31
西条小学校　5, 175, 185-186, 211, 216,
　　231
シーケンス〔発達系列〕　188, 199
シーズン制　90, 116
しごと　180-182
自識　32, 216, 219-220, 223
躾　15, 25-26, 152, 195-196, 198, 209,
　　212, 227, 231-232
「終戦に伴ふ体錬科教授要項（目）取
　　扱に関する件」　44, 60, 90, 95
「集団疎開児童に関する件」　53
「集団疎開学童引揚げに関する件」
　　53
小学校教員研究集会〔小学校幼稚園教
　　員研究集会〕　145-146, 148, 152-
　　153, 238
「小学校武道指導要目」　12-13
「小学校武道指導要目の趣旨徹底に関
　　する件」　13
情操　87, 162
情操（課程）　180-183
初等教育研究集会　167
新教育研究会（広島女子師範学校内）
　　108, 115
新教科カリキュラム　173-174, 192
新体育　6, 23, 108, 112, 117-118, 120-
　　122, 231, 238, 240
身体の陶冶　174
「新日本建設の教育方針」　42, 86
スクエアダンス　161, 192
スコープ〔領域〕　171, 188, 199
スポーツマンシップ　51, 79-80, 83,
　　112, 116-117, 201, 218
生活体育　6, 111
瀬野尋常高等小学校　21
戦後教育資料　4, 7
「戦時学徒体育訓練実施に関する件」
　　17
戦前・戦後の連続性と断続性　4
占領軍による学校視察　54
相関カリキュラム　169
総合学習（課程）　184-185
総合的な学習の時間　240
相談学習〔相談による学習（教授）
　　方法〕　34, 216, 231
相談による体操教授　32

【た行】
体育運動主事会議　12
体育衛生基礎能力指導表〔基礎能力指
　　導表〕　189, 191-192, 211
体育科教育学　240
体育科教育法　133, 141-142
「体育担当地方事務官の学校体育教授
　　要目制定に関する改正意見」　86-
　　87, 90, 95
体育能力表〔能力表〕　188-190, 192,
　　199, 202-203, 211
体育の生活化　23, 85-86, 96
体育要素表　199, 201, 203-204, 211

大学体育の必修化　80
大河国民学校　34
第6回国民体育大会〔第6回国体〕　247-248, 250
体錬科　15
体錬科体操　16, 20, 25-26
体錬科体操指導案　29-30, 33
体錬科武道　16, 26, 30
体錬科武道授業案　31
たのしい体育　85-86
「秩序, 行進, 徒手体操等実施に関する件」　46-47
地方体育担当事務官会議　87, 97
中心学習　176-178, 183
中等教育研究集会　145
津部田小学校　168-169
ドリル　171, 173
尚武の精神　12

【な行】
長迫小学校　168, 225, 231
長濱小学校　205, 211
日本エスキーテニス連盟　241, 244, 247-250
「日本教育制度改革に関する政策」　48
「日本教育制度に対する管理政策に関する件」　44
日本体育指導者連盟　6, 95, 206, 226, 232

【は行】
班別（グループ）学習〔班別指導〕　85-86, 96, 213, 229
広島県教育委員会　7, 100-101, 155, 158, 167, 249-250
広島県教育会　97, 108

広島県体育指導者連絡会議　59
広島県体育同好会　5
広島県レクリエーション協会　247, 250
広島高等師範学校附属国民学校　24, 67
広島高等師範学校附属小学校　173, 185-186, 192, 211-212, 231
広島市戦災児育成所　53
広島師範学校女子部附属国民学校　64
広島女子高等師範学校体育研究会　100, 108, 120
広島大学現職教育講座　144
広島大学三原分校附属三原小学校　183, 185, 199, 211
武道精神　12, 22, 26
プランゲ文庫　7
「兵式体操振興に関する建議」　11
平和教育　180
保健科教育法　133, 143
補助学習　176-178
ポツダム宣言　41
本郷プラン　170-171, 173

【ま行】
松永国民学校　62
みがき　180-181

【や行】
横路小学校　206, 211

【ら行】
ラジオ体操　47, 72, 217, 219, 220, 223, 226
「陸軍現役将校学校配属令」　11
レクリエーション　48, 88, 95, 103, 138-139, 160, 206, 244, 247-249

【わ行】
ワークショップ 144, 146-148, 153, 167

【その他】
CIE〔民間情報教育局〕 3, 6, 44, 81, 83, 137, 146, 237

GHQ/SCAP〔連合国軍最高司令官総司令部〕 3, 6, 41, 44, 237
IFEL〔Institute for Educational Leadership〕 131-136, 138, 140, 143-145, 238, 240
PHW〔公衆衛生福祉局〕 136-137

人名索引

【あ行】
赤木千里　112
浅川正一　136, 143
浅藤きく子　144
アンブローズ（Ambrose, E. V.）　146
井川　功　115
石津　誠　49
石山脩平　139
宇野本信　242-244, 246-247, 249-250
大田　堯　170
大谷武一　20, 50, 91, 95, 136, 139, 206
岡崎護朗　111

【か行】
加藤清英　67, 69, 72, 116, 162
亀田正秋　168-169
川村英男　101, 120, 157, 160
菊池邦雄　241
北浜　章　136, 139
来馬欽吾　24-26
楠戸一彦　253
熊谷春雄　108, 110
栗本義彦　105, 136, 246
小林砂雄　153-154

【さ行】
坂本彦太郎　51
桜井栄七朗　144
佐々木吉蔵　105, 246, 250
佐々木武男　18
ジャドソン（Judsin, F. B.）　146
城丸章夫　41, 61
菅沼　昇　144
杉本良一　136, 140

惣明君徳　101, 121, 153-154, 157

【た行】
竹之下休蔵　45, 139
丹下保夫　50-51
富田　功　101, 157, 245

【な行】
中尾　勇　24-26
難波俊雄　153-154
ニューフェルド〔W. Neufeld〕　136-138, 140
ノヴィール（Norviel, J. W.）　81-82
野口源三郎　20
野瀬寛顯　178

【は行】
橋田邦彦　19, 51
馬場四郎　139
平田　喬　101, 144, 157
ヘイガー〔Robert. M Hager〕　101, 244
本間茂男　20, 49

【ま行】
前川峯雄　136, 139, 143
マックロイ〔Charles H. McCloy〕　79-80, 82
三宅えつ　136
森悌次郎　50
森戸辰男　242, 244, 248

【や行】
ヤイデー（Jeidy, P.）　146

273

山田　栄　139
ユアーズ（Ewerz, R. R.）　146
湯浅謹而　136, 140

吉岡隆徳　59, 97, 101, 105, 243, 245-246, 250
吉崎正行　153-154, 194

書名索引

【あ行】
『アメリカ教育使節団報告書』〔『報告書』〕 79-83, 86-87, 91, 109, 209, 240

【か行】
『学習指導要領一般編（試案）』 98-100, 111, 184
『学習指導要領小学校体育編（試案）』〔『小学校体育編（試案）』〕 6, 49, 102-103, 106-107, 161, 194, 199, 201, 205-206, 209, 211, 226, 231, 239
『学徒体育』 49
『学校教育』 24, 69, 108, 116, 153
『学校体育指導要網』〔『要網』〕 5-6, 49, 66, 86-92, 94, 96-98, 100, 107, 109, 113, 119, 122, 153, 173, 186, 189, 193, 205-206, 231, 237, 239-240, 245
『神石教育』 108, 111
『芸備教育』 97-98, 108, 237
『国民学校体錬教育の実際』 24

【さ行】
『社会体育指導要項』 247, 250
『小学校・中学校体育指導の手引』〔『体育指導の手引』〕 102-103, 106
『小学校学習指導要領体育科編（試案）』 5-6
『小学校体育の実際指導』〔『実際指導』〕 100-104, 106-108, 153, 155, 160-162, 198, 211, 237-238, 245, 250
『新教育指針』〔『指針』〕 6, 83, 86, 90, 95, 109, 240
『新教育の実際』 108, 115
『新教科カリキュラムの実際』 212-213
『新体育』 50-51, 98

【た行】
『体育科教育の実際』 212
『体育科教育法』 143
『体育と指導』 100, 108, 120
『体育の学習指導 小学校編』 226, 229, 232
『中学校高等学校学習指導要領保健体育科体育編（試案）』〔『中高体育編（試案）』〕 5, 105, 237, 245-246
『中等学校保健計画実施要領（試案）』 133

【は行】
『広島県教育時報』 194

著者略歴

崎田　嘉寛（さきた　よしひろ）

1976年　福岡県行橋市生まれ
2004年　広島大学大学院教育学研究科単位取得退学
2006年　広島大学より博士（教育学）の学位授与
現　在　広島国際大学講師

戦後初期学校体育の研究
―― 広島県の小学校を手掛かりとして ――

平成21年8月15日　発　行

著　者　崎　田　嘉　寛
発行所　㈱溪水社
　　　　広島市中区小町1-4（〒730-0041）
　　　　電　話　082-246-7909
　　　　FAX　082-246-7876
　　　　E-mail:info@keisui.co.jp

ISBN978-4-86327-050-3　C3037